汽车检测与诊断技术

主 编 王远明

内容简介

本书根据汽车类专业教学标准及从事汽车职业的在岗人员对基础知识、基本技能和基本素质的需求，结合汽车专业人才培养的目的，重点介绍发动机电控系统的检查与故障诊断、自动变速器电控系统的检查与故障诊断、ABS 和 ESP 系统的检查与故障诊断、电控悬挂系统的检查与故障诊断、电控助力转向控制系统的检查与故障诊断、空调控制系统的检查与故障诊断、安全与保护系统的检查与故障诊断、汽车检测站检测等内容。

全书讲解清晰、简练，配有大量的图片，明了直观。本书按照汽车维修作业项目的实际工艺过程，结合目前职业院校流行的模块化教学的实际需求，理论联系实际，重视理论，突出实操。

本书适合作为职业院校汽车专业教材，也可作为汽车售后服务站专业技术人员的培训教材。

版权专有　侵权必究

图书在版编目（CIP）数据

汽车检测与诊断技术 / 王远明主编 . —北京：北京理工大学出版社，2018.8 重印
　ISBN 978-7-5682-2700-1

　Ⅰ. ①汽… Ⅱ. ①王… Ⅲ. ①汽车－故障检测－高等职业教育－教材 ②汽车－故障诊断－高等职业教育－教材 Ⅳ. ① U472.9

　中国版本图书馆 CIP 数据核字（2016）第 178281 号

出版发行 / 北京理工大学出版社有限责任公司
社　　址 / 北京市海淀区中关村南大街 5 号
邮　　编 / 100081
电　　话 /（010）68914775（总编室）
　　　　　（010）82562903（教材售后服务热线）
　　　　　（010）68948351（其他图书服务热线）
网　　址 / http://www.bitpress.com.cn
经　　销 / 全国各地新华书店
印　　刷 / 北京佳创奇点彩色印刷有限公司
开　　本 / 787 毫米 × 1092 毫米　1/16
印　　张 / 15
字　　数 / 353 千字
版　　次 / 2018 年 8 月第 1 版第 3 次印刷
定　　价 / 47.00 元

责任编辑 / 陈莉华
文案编辑 / 孟祥雪
责任校对 / 周瑞红
责任印制 / 边心超

图书出现印装质量问题，请拨打售后服务热线，本社负责调换

前言 PREFACE

截至 2016 年 12 月，我国汽车保有量已经突破了 1.63 亿辆。在这种形势下，汽车维修、售后服务以及汽车销售人才所存在的缺口问题越来越严重。特别是建立在先进传感技术基础上的故障诊断系统在各种汽车上大量应用之后，各种现代化检测诊断仪器和维修技术也应运而生，现代汽车已发展成为机电一体化的高科技载体。这给汽车维修业带来了极大的机遇和挑战，同时也对汽车维修人员的技术水平提出了更高、更新的要求。

同时，为了解决学生学不懂、学习兴趣不浓、教材内容枯燥乏味，老师不好教等问题，北京理工大学出版社特邀请一批知名行业专家、学者以及一线骨干老师结合新的专业教学标准，规划出版了该套图解版汽车职业教育系列教材。

本系列教材坚持如下定位：

◇以就业为导向，培养学生的实际运用能力，以达到学以致用的目的；

◇以科学性、实用性、通用性为原则，以使教材符合职业教育汽车类课程体系设置；

◇以提高学生综合素质为基础，充分考虑对学生个人能力的提高；

◇以内容为核心，注重形式的灵活性，以便于学生接受。

本系列坚持理论知识图解化的基本理念，教材配有大量的插图、表格和立体化教学资源，介绍了大量的故障诊断、维修服务和营销案例。

◇在内容上强调面向应用、任务驱动、精选案例、严控质量；

◇在风格上力求文字简练、脉络清晰、图表明快、版式新颖；

◇在理论阐述上，遵循"必需"、"够用"的原则，在保证知识体系相对完整的同时，做到知识讲解实用、简洁和生动。

汽车检测与故障诊断技术是汽车电子控制技术的重要组成部分，在汽车维修工作中起着越来越重要的作用。现代汽车的技术性能变得越加完善，电气系统也变得越来越复杂，导致故障诊断的难度增加不少。人们迫切需要提高系统的可靠性、可维修性和安全性，因而有必要建立一个监控系统来监控整个系统的运行状态。

一般汽车控制单元含有自诊断系统，用于检测传感器信号、执行器甚至本身的故障。当电控系统出现故障时，仪表上相应的故障指示灯或警告灯将点亮或闪烁。系统可通过人工或专用故障诊断仪进入自诊断，即可通过故障指示灯的闪烁次数或诊断显示读取故障代码。

　　本书重点介绍了目前车型应用较广的电控系统，共分为 8 个课题。包括发动机电控系统的检查与故障诊断、自动变速器电控系统的检查与故障诊断、ABS 和 ESP 系统的检查与故障诊断、电控悬挂系统的检查与故障诊断、电控助力转向控制系统的检查与故障诊断、空调控制系统的检查与故障诊断、安全与保护系统的检查与故障诊断、汽车检测站检测等内容。

　　本书图文并茂、通俗易懂，适合作为职业院校汽车专业教材，也可作为汽车售后服务站专业技术人员的培训教材。

　　由于作者水平有限，书中可能会有疏漏和不妥之处，欢迎读者批评指正。

编　者

目录 CONTENTS

课题一　发动机电控系统的检测与故障诊断 ················ **1**

　　任务一　发动机电控系统的万用表检测 ················ 2
　　任务二　发动机电控系统的组成原理与检测诊断 ········ 13
　　任务三　发动机电控系统常见故障的诊断 ·············· 72

课题二　自动变速器电控系统的检测与故障诊断 ············ **81**

　　任务一　自动变速器的诊断原则与程序 ················ 82
　　任务二　自动变速器电控系统的故障自诊断 ············ 85
　　任务三　自动变速器试验 ···························· 89
　　任务四　自动变速器电控系统的检测 ·················· 99

课题三　ABS 和 ESP 系统的检测与故障诊断 ·············· **105**

　　任务一　防抱死制动系统的检测与故障诊断 ············ 106
　　任务二　ESP 系统的检测与故障诊断 ·················· 127

课题四　电控悬架系统的检测与故障诊断 ·················· **137**

　　任务一　电控悬架系统概述 ·························· 138
　　任务二　电控悬架系统的检测与故障诊断 ·············· 146

课题五　电控助力转向系统的检测与诊断 ·················· **154**

　　任务一　电控液压助力转向系统的检测与诊断 ·········· 155
　　任务二　电动助力转向系统的检测与诊断 ·············· 162

课题六　空调控制系统的检测与诊断 ······················ **167**

　　任务一　空调系统的检测与诊断 ······················ 168
　　任务二　自动空调系统的检测与诊断 ·················· 195

课题七　安全与保护系统的检测与故障诊断…………………………………**199**

　　任务一　安全气囊系统的检测与故障诊断……………………… 200
　　任务二　中控门锁和防盗系统的检测与故障诊断……………… 206

课题八　汽车检测站检测………………………………………………**220**

　　任务一　安全与环保性能检测…………………………………… 221
　　任务二　综合性能与全自动汽车检测…………………………… 228

课题一

发动机电控系统的检测与故障诊断

[学习目的与要求]

1. 掌握发动机电控系统万用表检测的操作方法和万用表在发动机故障自诊断中的应用。
2. 了解发动机电控系统的组成和工作原理。
3. 掌握发动机电控系统的自诊断方法。
4. 学习发动机电控系统常见故障的诊断流程。

任务一　发动机电控系统的万用表检测

一、汽车万用表

1. 汽车万用表的功能要求

在发动机电控系统故障的检测与诊断中，除经常需要检测电压、电阻和电流等参数外，还需要检测转速、闭合角、频宽比（占空比）、频率、压力、时间、电容、电感、温度和半导体元件等。这些参数对发动机电控系统的故障检测与诊断具有重要意义，但是这些参数用一般数字式万用表无法检测，需用专用仪表即汽车万用表检测。

 汽车万用表应具备的功能

● 测量交、直流电压。考虑到电压的允许变动范围及可能产生的过载，汽车万用表应能测量大于 40 V 的电压值，但测量范围不能过大，否则读数的精度会下降。
● 测量电阻。汽车万用表应能测量 2 MΩ 的电阻，测量范围大一些使用起来较方便。
● 测量电流。汽车万用表应能测量大于 10 A 的电流，若测量范围太小则使用不方便。
● 记忆最大值和最小值。该功能用于检查某电路的瞬间故障。
● 模拟条显示。该功能用于观测连续变化的数据。
● 测量脉冲波形的频宽比和点火线圈闭合角。该功能用于检测喷油器、怠速稳定控制阀、EGR 电磁阀及点火系统等的工作状况。
● 测量转速。
● 输出脉冲信号。该功能用于检测无分电器点火系统的故障。
● 测量传感器输出的电信号频率。
● 测量二极管的性能。
● 测量大电流。配置电流传感器（霍尔式电流传感夹）后，可以测量大电流。
● 测量温度。配置温度传感器后可以检测冷却水温度、尾气温度和进气温度等。

目前，国内生产的汽车万用表，如胜利-98、笛威 TWAY9206、TWAY9406A 和 EDA-230 等型号都具有上述功能。有些汽车万用表，除了具有上述基本功能外，还有一些扩展功能。例如，EDA-230 型汽车万用表在配用真空/压力转换器（附件）时可以测量压力和真空度，并且它还具有背光显示功能。

2. 汽车万用表的基本结构

汽车万用表（见图1-1）主要由数字及模拟量显示屏、功能按钮、测试项目选择开关、温度测量座孔、公用座孔（用于测量电压、电阻、频率、闭合角、频宽比和转速等）、搭铁座孔、电流测量座孔等构成。

图1-1 汽车万用表及电流传感器

◆ 汽车万用表的量程

直流电压：400 mV ~ 400 V（精度为 ±0.5 %），1 000（1±1%）V；

交流电压：400 mV ~ 400 V（精度为 ±1.2%），750（1±1.5%）V；

直流电流：400（1±1%）mA，20（1±2%）A；

交流电流：400（1±1%）mA，20（1±2.5%）A；

电阻：0.4 kΩ ~ 4.0 MΩ（精度为 ±1%），400（1±2%）MΩ； 频率：4 kHz（精度为 ±0.05%），最小输入 10 Hz；

二极管检测：精度为 ±1% dgt；

电路通断音频信号测试；

温度检测：18 ℃ ~ 300 ℃（精度为 ±3 ℃），301 ℃ ~ 1 100 ℃（精度为 ±3%）；

转速：150 ~ 3 999 r/min（精度为 ±0.3%），4 00 ~ 1 000 r/min（精度为 ±0.6%）；

闭合角精度：±0.5°；

频宽比精度：±0.2%。

3. 汽车万用表的选择及使用方法

（1）选择方法

汽车万用表各功能挡的具体要求见表1-1，供选择时参考。

表1-1 汽车万用表各功能挡的具体要求

序号	测量功能	具体要求说明
1	电阻测量	要能够测量2 MΩ左右的电阻，测量范围尽量大一些
2	电流测量	要能够测量大于10 A的电流，测量范围尽量大一些
3	交、直流电压测量	要能够测量大于48 V的电压，但应控制测量范围不要太大，以防测量精度降低
4	转速、输出脉冲信号的测量	要具有转速、输出脉冲信号测量功能，以便对无分电器点火系统故障进行检测
5	占空比、闭合角测量	要具有占空比（频宽比）、闭合角测量功能，以便对脉冲波形的占空比、点火线圈闭合角进行测量
6	最大值、最小值记忆	要具有最大值、最小值记忆功能，用于对电路的瞬间不良故障进行检查
7	模拟条显示功能	要具有模拟条显示功能，用于观测连续变化的数据
8	温度测量	应具有温度测量功能，以便与温度传感器配合来对冷却水温度、进气温度、汽车尾气温度等进行测量
9	频率测量	应具有频率测量功能，以便测量各种传感器输出信号的频率
10	压力测量	应具有扩展压力测量功能（如EDA-230型汽车万用表等），以便和真空/压力转换器配合来对气压、真空度等进行测量

（2）基本测量功能的正确使用方法

汽车万用表是检测汽车常用电子设备较为理想的仪表，但使用方法必须正确，使用不当则得不到正确的数据。汽车万用表基本测量功能的使用方法见表1-2，供使用时参考。

表1-2 汽车万用表基本测量功能的使用方法

序号	测量项目	测量方法
1	温度测量方法	1）将项目选择开关置于温度（Temp）挡，按下功能温度（℃/℉）按钮； 2）将黑线搭铁（即接地），探针线插头插入汽车数字式万用表的温度测量插孔内，然后把探针端与被测量物体进行连接，显示屏上显示的数值就为被测温度
2	频宽比测量方法	1）将项目选择开关置于频宽比（Duty Cycle）挡，将万用表的黑线搭铁（即接地），红线接需要测量电路的信号输出端上； 2）起动发动机使其运转，观察汽车万用表，显示屏上就可以显示出脉冲信号的频宽比
3	转速测量方法	1）将项目选择开关置于转速（RPM）挡，把转速测量专用插头插入搭铁座孔与公共座孔中，然后将汽车万用表的配套附件——感应式转速传感器夹在汽车发动机某一缸高压点火线上； 2）起动发动机使其运转，显示屏上就可以显示出发动机的转速
4	起动电流的测量方法	1）将项目选择开关置于400 mV（1 mV相当于1 A的电流，这里采用测量电压的方法来测量起动机的起动电流）挡，将霍尔式电流传感器夹在蓄电池正极连接线上，其引线插到万用表电流测量插孔内，然后按下汽车万用表的最大/最小功能键； 2）将点火线圈上中央插孔内的高压导线拆下（以保证发动机不会被起动）后，采用起动机带动发动机曲轴转动2~5s。此时，显示屏上显示的数据即起动电流值
5	信号频率的测量方法	1）将项目选择开关置于频率（Freq）挡，将汽车万用表搭铁插座孔引出的黑线搭铁（接汽车地线），将从汽车万用表公共插座孔引出的红线与被检测的信号线连接； 2）使被测电路进入工作状态，此时显示屏上显示的数据即被测频率
6	点火线圈一次侧电路闭合角的测量方法	1）将项目选择开关置于闭合角（Dwell）挡，将汽车万用表搭铁插座孔引出的黑线搭铁（接汽车地线），将从汽车万用表公共插座孔引出的红线与点火线圈负极接线柱连接； 2）起动发动机，使其平稳运转后，此时显示屏上显示的数据即被测点火线圈一次侧电路的闭合角
7	电阻的测量方法	1）将项目选择开关置于电阻（Ω）挡适当的量程，对表的零点进行校正以后就可以对电阻值进行测量了； 2）汽车上电子元器件与电路的短路、断路（开路）故障均可以采用汽车万用表测量电阻的方法来查找故障部位或原因。 必须注意的是，绝不能带电对电阻进行测量，以防损坏检测仪表
8	直流电压的测量方法	1）将项目选择开关置于直流电压（V）挡适当的量程，两只检测表笔连接到被测量电路或元器件的两端，就可以对电压值进行测量了； 2）采用测量直流电压的方法对汽车电路上各点电压、信号电压、电源电压、电子元器件或零部件上的电压进行检测，以判断故障原因或大概部位

（3）使用注意事项

采用汽车万用表检测汽车电器故障虽然十分方便、有效，但在实际使用中还应注意表1-3中的一些具体问题。

表1-3 使用汽车万用表应注意的问题

序号	应注意的项目	具体要求说明
1	熟悉检测仪表的使用方法	使用之前应认真阅读其使用说明书，以熟悉其各项检测功能的使用方法。汽车万用表的类型虽然较多，但它们的检测机理与操作方法十分相似，故只要熟悉某一种表的使用方法，其他不同型号汽车万用表的使用也就不成问题了

续表

序号	应注意的项目	具体要求说明
2	先排除熔断器、线束连接器异常的可能性	在对汽车电器故障进行检测之前,应先检查车辆相关系统中的熔丝、线束连接器(插接件)是否完好,可以按照所修车辆维修手册说明的安装位置对各个相关熔丝、线束连接器的状态进行检查,以确认其完好
3	排除供电量不足的可能性	检查电气系统的供电连接线(应重点检查蓄电池正极连接线与搭铁线,这两处发生故障的概率较高,一般多为氧化而接触不良)接触是否良好,测量蓄电池的电量是否充足,如果供电电压低于 11 V,就会使检测误差增大,甚至会出现错误的检测结果
4	输入阻抗应满足的要求	如果使用的汽车万用表输入阻抗较低,轻者会使检测的数据不准确,严重时甚至会造成电控系统中的微型计算机集成电路、传感器或其他元器件等损坏,故在检测故障之前,一定要认真阅读所用汽车万用表的使用说明书,以确认其输入阻抗的数值符合检测要求
5	测量仪表的连接应正确	汽车万用表面板上的插孔都标有极性标记,但在测量电流时,一定要注意连接正负极性的正确性
6	测量的量程应正确	在进行参数测量时,选择的量程应从高量程向低量程挡位逐步变换,根据测量观察到的情况来选择最佳的量程挡,这样可以防止仪表受损。选择的量程挡要尽可能处于满量程的 1/2 位置处
7	断电后再拆卸线束连接器	在检测电子控制器、传感器、执行器时,往往需要断开控制电路的线束连接器,但必须要在断开电源的情况下进行,也就是应先拆下蓄电池负极搭铁线后再进行断开控制电路线束连接器的操作,千万不要带电断开电子控制器的外围电路,以防损坏电子控制器或有关元器件
8	正确分清连接器的插头与插座	汽车上使用的线束连接器分为两部分(插头与插座),一部分与车辆的线束进行连接,另一部分与电子控制器、传感器、执行器等元器件或零部件等进行连接,两者插到一起就起到了电路连接的作用,故在进行故障检测时,一定要分清是哪一部分连接器,以防错判
9	防止高电压进入电子控制器内部	对电子控制器各引脚电阻进行测量时,不能采用普通万用表进行测量,应该使用高阻、高精度的数字式万用表,最少要有 10 MΩ 的内阻,尤其是不能将较高的电压引入电子控制器内部,以防损坏电子控制器内部的有关元器件
10	应带负载进行电压测量	对电子控制器各引脚电压进行测量时,不能断开其外接的传感器和执行器,必须处于连接状态下进行测量,这样得的数据才会准确、可靠
11	正确测量 ECU 参数的方法	汽车上使用的传感器、继电器、执行器等装置都是通过连接器与电子控制单元 ECU 进行连接的,故在进行故障检测时可在 ECU 连接器的相应端脚上进行测量

二、发动机电控系统万用表检测的使用方法

1.检测直流电压的方法

(1)检测方法

在检测直流电压时,应先把量程选择开关拨到直流电压挡上,红表笔与被检测线路或设备电源的正极相连接,黑表笔与被检测线路或设备电源的负极相连接(见图1-2),其他方法与上述检测交流电压时的方法相同,不再重述。

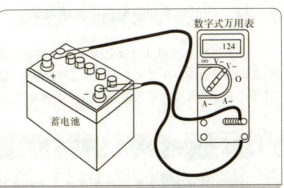

图1-2 普通数字式万用表检测蓄电池电压的方法

（2）需要注意的问题

在采用数字式万用表检测直流电压时，选择量程不同，检测到的精度也不一样，这一点必须注意。

采用数字式万用表对一节 1.5 V 的干电池的直流电压进行检测时，采用不同的量程所检测到的电压结果如表 1-4 所示。从该表中可以看出，用 2 V 挡测量的精度最高，故不能采用大量程去检测直流小电压。

表 1-4　数字式万用表测 1.5 V 干电池采用不同量程所检测到的电压结果

数字式万用表的挡位	2	20	200	1 000
检测到的电压值 / V	1.552	1.55	1.6	2

2. 测量电流时选择合适挡位与插孔的方法

在使用和测量中，要特别注意选择开关的挡位和表笔的 4 个插孔位置，在 4 个插孔旁所标的警示号"△"和最大限量"MAX"的意义就在于此。尤其是测量大电流、大电压时的挡位和插孔要与实际相符合，否则将导致万用表损坏。

3. 测量电阻的方法

采用数字式万用表检测直流电阻时，应将其红表笔插入"V·Ω"插孔内，黑表笔不动，以下均同，不重述。

（1）检测方法

检测电阻时，将被测电阻和其他元件或电源脱开，合理选择欧姆挡的量程，然后单手持数字式万用表的两表笔，并将其跨接在被测电阻两端。

（2）测量电阻时不能用手接触表笔

用手握住电阻测量将造成测量上的误差。由于人体与大地之间存在较大的分布电容，容易感应出较强的 50 Hz 交流干扰信号，屏显会出现几伏乃至十几伏的电压，所以极易造成量程超限。同理，不能用数字式万用表测量人体等效电阻，即双手不能分别握住红、黑表笔两端金属部分。

（3）测量小于 200 Ω 电阻时应将表笔短路，检查初始值

数字式万用表两表笔导线也存在一定的电阻值，测量阻值大的电阻时表笔导线的阻值可忽略不计，但测量几欧的电阻时应减去表笔导线的阻值。当使用 200 Ω 挡测量小于 200 Ω 电阻时，

应先将两表笔短路，屏幕会显示出一定的阻值，一般为 0.2～0.5 Ω，将所测得的电阻值减去此导线电阻值，才是实际被测电阻值。

4. 选择合适的量程与正确读数的方法

（1）显示数值比较稳定后再读数

数字式万用表在测量时，显示屏的数值会有跳动现象，这是正常的，应待显示数值比较稳定后（1～2 s）再读数。

此外，被测处与表笔接触不良或有氧化物、污物等，也会使显示屏产生长时间的跳数现象。此时，应先清除污物，使表笔接触良好后再测量。

（2）换挡不可用力过猛、过快

由于数字式万用表的量程转换开关挡位多（DT-890 有 30 个测量挡位），相邻两挡之间的位距很小，使用中手感不如模拟式万用表明显，很容易造成跳挡和拨错挡位，所以使用时换挡不可用力过猛、过快。

5. 检测电路通断的方法

将数字式万用表的量程开关拨到标有"●）)"符号的位置，红表笔插入"V·Ω"插孔内，然后使两表笔与电路被检测的两端相连接。但应注意：检测条件是开路电压为 0.5～0.6 V。

（1）电路导通

如果被测电路的两点是导通的，则当将数字式万用表两表笔与电路两端点接触时，数字式万用表内部的蜂鸣器会发出声响。

（2）电路不通

如果被测电路的两点是不通的，则当将数字式万用表两表笔与电路两端点接触时，数字式万用表内部的蜂鸣器不会发出声响。

6. 检测汽车搭铁点接触不良故障的方法

（1）挡位的选择

采用数字式万用表检测搭铁点接触不良故障时，应采用直流 20 V 电压挡（或其他相应挡位）。

（2）检测方法

采用数字式万用表两表笔检测搭铁点两端的电压值，该电压正常值为0，如图1-3所示。如果检测到的电压大于0.3 V，则说明被检测的搭铁点存在接触不良现象，该处出现的接触电阻已经对线路的正常工作产生了影响。

7. 检测汽车线路导通性的方法

图1-3 检测搭铁点接触不良故障

（1）挡位的选择

检测汽车线路的导通性时，应采用蜂鸣器挡，然后断开需要检测线路导线的两端。

（2）检测方法

检测汽车线路的方法为：将数字式万用表两表笔与被测线路导线的两端相连接，如果蜂鸣器发出蜂鸣声，则说明线路导通性良好；反之，则说明被检测导线不良。

8. 检测汽车信号线对电源短路故障的方法

（1）挡位的选择

检测汽车信号线对电源短路故障时，应采用直流20 V电压挡（或其他相应挡位）。

（2）检测方法

检测汽车信号线对电源短路故障的方法：断开需检测线路导线的两端插接件（见图1-4）等，以检测进气（空气）流量传感器连接线路为例，如图1-5所示，将数字式万用表负表笔可靠地与搭铁点连接，正表笔碰触怀疑线路导线的某一端，同时观察万用表显示的电压值。如果该电压超过1 V，则表明信号线路对电源有短路现象存在。

图1-4 断开插接件

图1-5 检测汽车信号线对电源短路的故障

9. 测量汽车静态电流排除漏电故障的方法

采用数字式万用表测量汽车的静态电流时，应在先记住音响防盗系统（或装置）密码的情况下，再按以下步骤进行操作。

● 断开点火开关，关闭车载电话以及车门灯开关等所有用电电器的开关。

● 确认发动机舱盖下面的灯、杂物箱灯和行李舱灯处于关闭状态。

● 先把数字式万用表的两端与蓄电池的负极极柱和负极连接电缆连接好，然后从蓄电池的负极上脱开负极电缆再进行检测。初测时，将表的量程设定在最大，逐步设定在 mA／ADC。

● 读取车辆的静态工作电流时，如果放电电流为 20～40 mA，则说明静态电流基本正常；如果测得的电流很大，则说明蓄电池的放电电流很大，应查找故障原因。

● 采用逐一断开蓄电池负载各分支电路的方法来判断问题出在哪一支路，通常可采用逐一拔下分支电路熔丝的方法来查找故障部位，当不良支路的熔丝被拔下时，电流读数会下降，由此就可以找到有问题的电路。

10. 检测静态电流的注意事项

蓄电池的检测与充电

（1）确认蓄电池没有自放电现象

采用仪表检测车辆静态电流时，应在确认蓄电池本身没有自放电的情况下进行，以防出现误判。

（2）静态电流方面

现在的车辆电控系统越来越多，有些电控系统的数据需要长时间记忆不能丢失，故断开点火开关以后，电路中会有静态小电流供电，以维持电控单元的工作需要。对于该静态电流，不同品牌的车辆有所不同，用电设备越多静态电流越大，但只要在厂家规定的电流值范围内就可以确认其是正常的。

（3）不要轻易拆下蓄电池连接线

因为现在的一些中高级汽车音响都具有锁死功能，所以在没有相关设定仪器及解锁密码的情况下，不要轻易拆下蓄电池连接线。

11. 检测汽车插接件的注意事项

在采用数字式万用表检测汽车插接件时，检测不当会导致卡簧开口扩大，如图 1-6（a）所示，从而造成接触不良现象。而正常的卡簧开口如图 1-6（b）所示。

因此在采用普通数字式万用表检测插接件时，不要直接采用万用表的表笔探头插入插接件进行检测，可以制作一只"T"形销，用该"T"形销从插接件的线束侧插入插接件中进行检测，如图 1-7 所示，再把万用表的附加鳄鱼夹夹在该"T"形销后部。

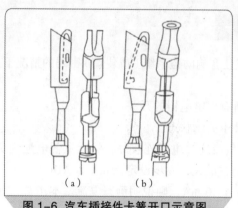

图 1-6 汽车插接件卡簧开口示意图

（a）开口扩大；（b）正常情况

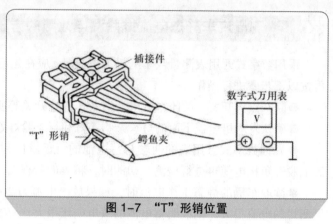

图 1-7 "T"形销位置

12. 检测插接件插头电压与导电情况的方法

在对汽车故障进行检修时，往往需要在车辆上检测汽车插接件插头部位的电压与导电情况，但不同的插头其检测方法有所区别，操作不当不仅不能找出问题，甚至还会造成故障的进一步扩大。

（1）非防水类插头的检测

对非防水插头进行检测时，可以从线束端插入探针如图 1-8 所示。但应注意：对于诸如控制器等处较小的插头，当探针插不进时不要强行插入，要采用特殊工具，如检测线束套具中的特细探针（如德国的 InGaN 或美国 QA 系列探针等）。

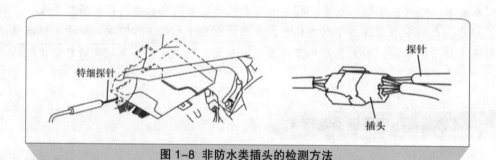

图 1-8 非防水类插头的检测方法

（2）防水类插头的检测

● 采用特殊的工具。在导电状态检测电路时，一定要采用特殊的工具，如图 1-9 所示，也就是采用特殊的线束插头对防水类插头进行检测，绝对不能从线束端插入探针，以防插头的防水性能变低而发生氧化腐蚀。

● 凹芯插件的检测。拔开插头进行检测时，对于另一方为凹芯的插接件，如图 1-10 所示，要采用专用工具来检测线束，也就是使用套具中的插头芯触压点来对线束进行检测。绝对不能强行插入探针，以防插接件的接触不良。

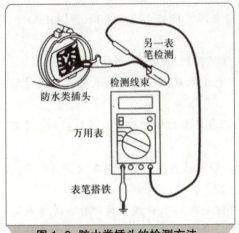

图1-9 防水类插头的检测方法

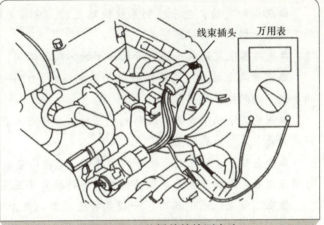

图1-10 凹芯插件的检测方法

● 凸芯插件的检测。对于另一方为凸芯的插接件，如图1-11所示，可以采用探针直接与芯棒接触，但应防止插头芯棒之间出现短路而造成ECU内部电路损坏。

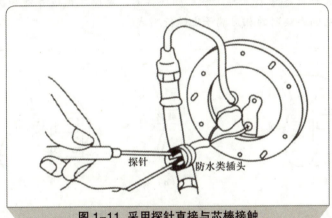

图1-11 采用探针直接与芯棒接触

三、发动机电控系统万用表检测的注意事项

● 先检查保险丝、易熔线和接线端子的状况，排除这些地方的故障后再用万用表进行检查。
● 除在测试过程中特殊指明外，不能用指针式万用表测试电脑和传感器，应使用高阻抗数字式万用表，万用表内阻应不低于$10 k\Omega$。
● 在测量电压时，点火开关应接通（ON），蓄电池电压应不低于11 V。
● 在用万用表检查防水型连接器时，应小心取下皮套，用测试表笔插入连接器检查时不可对端子用力过大。检测时，测试表笔可以从带有配线的后端插入，也可以从没有配线的前端插入。
● 测量电阻时要在垂直和水平方向轻轻摇动导线，以提高准确性。
● 检查线路断路故障时，应先脱开电脑和相应传感器的连接器，然后测量连接器相应端子间的电阻，以确定是否有断路或接触不良故障。
● 检查线路搭铁短路故障时，应拆开线路两端的连接器，然后测量连接器被测端子与车身（搭铁）之间的电阻值。若电阻值大于$1 M\Omega$时则为无故障。

- 在拆卸发动机电子控制系统线路之前，应首先切断电源，即将点火开关断开（OFF），拆下蓄电池极桩上的接线。
- 连接器上接地端子的符号因车型的不同而不同，应注意对照维修手册辨认。
- 测量两个端子间或两条线路间的电压时，应将万用表（电压挡）的两个表笔与被测量的两个端子或两根导线接触。
- 测量某个端子或某条线路的电压时，应将万用表的正表笔与被测的端子或线路接触，将万用表的负表笔与地线接触。
- 检查端子、触点或导线等的导通性，是指检查端子、触点或导线等是否通电而没有断开，可用万用表电阻挡测量其电阻值的方法进行检查（见图1-12）。
- 在测量电阻或电压时，一般要将连接器拆开，这样就将连接器分成了两部分，其中一部分称为某传感器（或执行部件）连接器；另一部分称为某传感器（或执行部件）导线束连接器或导线束一侧的某传感器（或执行部件）连接器（或连接器套）。例如，拆下喷油器上的连接器后，其中一部分称为喷油器连接器，另一部分则称为喷油器导线束连接器或导线一侧的喷油器连接器。在测量时，应弄清楚是哪一部分连接器。
- 因为传感器、继电器等装置都是和电脑连接的，电脑又通过导线和执行部件连接，所以检查故障时可以在电脑连接器的相应端子上进行测试。

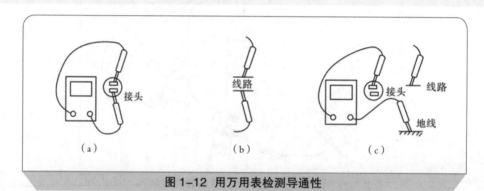

图1-12 用万用表检测导通性

（a）检查端子间的导通性；（b）检查导线间的导通性；
（c）检查端子与导线、导线与地线间的导通性

任务二　发动机电控系统的组成原理与检测诊断

一、发动机电控系统简介

1. 发动机电控系统的组成与工作原理

汽油发动机电控系统介绍

电控系统检测与诊断常见信号

发动机电控系统的应用已经十分普遍。汽油机电控系统的核心问题是燃油定量和点火正时；柴油机电控系统的核心问题是燃油定量和喷油定时。此外，在发动机部分利用电子控制技术的内容还有废气再循环（EGR）、怠速控制（ISC）、电动油泵、发动机输出、冷却风扇、发动机排量、节气门正时、二次空气喷射、发动机增压、油气蒸发及系统自我诊断功能等，它们在不同的车型上都有或多或少的应用。汽车发动机电控系统与其他电控系统一样，都是由传感器、电子控制单元（ECU）和执行器组成的，如图1-13所示。

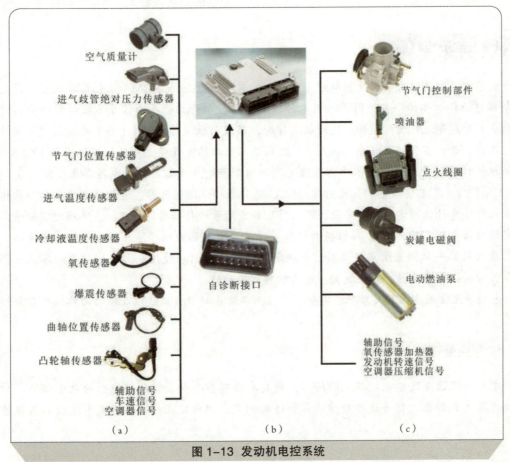

图1-13　发动机电控系统
（a）传感器；（b）发动机电子控制单元；（c）执行器件

课题一 发动机电控系统的检测与故障诊断

电子控制燃油喷射系统（EFI），简称汽油喷射，它是汽车汽油发动机取消化油器而采用的一种先进的喷油装置。使用EFI，汽车发动机燃烧将更充分，从而能够提高功率，降低油耗，实现低公害排放。当EFI功能与发动机其他功能结为一体时，称为"发动机管理系统（EMS）"，将达到更高要求的环保目标。它以一个电子控制单元（ECU）为控制中心，利用安装在发动机不同部位上的传感器测得发动机的各种工作参数，按照在计算机中设定的控制程序，通过控制喷油器，精确地控制喷油量，使发动机在各种工况下都能获得最佳浓度的混合气。此外，电子控制燃油喷射系统通过计算机的控制程序还能实现起动加浓、减速调稀、强制断油、自动怠速控制等功能，从满足发动机特殊工况对混合气的要求，使发动机获得良好的燃油经济性和排放性，同时也提高了汽车的使用性能。

（1）传感器

传感器是一种以一定的精确度把被测物理量转化为与之有对应关系的、便于应用的物理量的测量装置。车用传感器是汽车计算机系统的输入装置，它把汽车运行中的各种工况信息转化成电信号，输送给计算机，以便发动机处于最佳工作状态。车用传感器形式多种多样，有空气流量传感器、进气压力传感器、发动机转速与曲轴位置传感器等。

（2）电子控制器

电子控制器又称为电子控制单元（简称电控单元（ECU或ECM）），俗称电脑，是发动机控制系统的核心部件，其功用是根据各种传感器和控制开关输入的信号参数对喷油量、喷油时刻和点火时刻等进行实时控制。发动机工作时，节气门位置传感器（TPS）检测驾驶员操作的节气门开度信号，空气流量传感器（AFS）检测进入气缸的空气量，曲轴位置传感器（CPS）检测发动机的转速信号，这三个信号作为确定汽油喷射量的主要信息输入电控单元（ECU），再由ECU计算确定基本喷油量。与此同时，ECU还要根据水温传感器、进气温度传感器和氧传感器等输入的信息计算确定辅助喷油量，用以对基本喷油量进行必要的修正，最终确定实际喷油量。当实际喷油量确定后，ECU再根据曲轴位置传感器输入的曲轴转速与转角信号、凸轮轴位置传感器输入的第一缸活塞上止点位置信号确定最佳喷油时刻和最佳点火时刻，并向各执行器发出指令信号，控制喷油器、点火线圈、怠速控制阀等动作。

电控单元主要由中央处理器、存储器、输入/输出接口、总线以及驱动回路几个部分组成。

① 中央处理器

中央处理器是汽车电控单元的核心，是具有译码指令和数据处理能力的电子部件，对各种反映汽车工况的输入信号进行数学运算和逻辑判定，以确定在此工况下汽车运行的最佳控制参数。

② 存储器

存储器分为只读存储器（ROM）和随机存储器（RAM）两种。只读存储器一旦写入程序则不能再更改，因此在汽车电控系统上用来存储汽车厂家编制的控制程序、运行程序和原始数据（如喷射系统最佳混合气的喷油三维脉谱图数据、最佳点火提前角三维脉谱图数据等）。随机存储器的内部信息可随时写入或读出，也可随时改写，同时也会因突然断电而导致信息丢失，因此只用来存储单片机工作时暂时需存储的数据（如故障代码、空燃比修正数据等）。

③ 输入/输出接口

输入/输出接口是 CPU 与传感器或执行器之间进行数据交换和下达控制指令的通道，它们的作用是协调和控制各种传感器或执行器的信号速度、频率等，并与 CPU 匹配。

④ 总线

总线是微机内部传递信息的电路连线。在单片机内部，CPU、ROM、RAM 与输入/输出接口的信息交换都是通过总线来实现的。按传递信息的不同，总线可分为数据总线、地址总线和控制总线三种。

⑤ 驱动回路

微机只能输出微弱的电信号，不能直接驱动各种执行器，因此要驱动回路，还需进行放大、译码等步骤。输出回路作为单片机与执行器之间的中继站，其作用是根据微机发出的指令控制执行器动作，主要包括喷油驱动器、点火控制器、怠速电机驱动模块等。

捷达 ATK 发动机控制电脑结构如图 1-14 所示。

（3）执行器

执行器又称为执行元件，是控制系统的执行机构，其功用是接受电控单元(ECU)的控制指令，完成具体的控制动作。发动机电控系统常见的执行器有：电动燃油泵、喷油器、冷起动喷油器及热限时开关、怠速控制阀（ISCV）、活性炭罐电磁阀（VSV）、EGR 电磁阀。

① 电动燃油泵

电动燃油泵用于供给燃油喷射系统规定压力的燃油。

课题一 发动机电控系统的检测与故障诊断

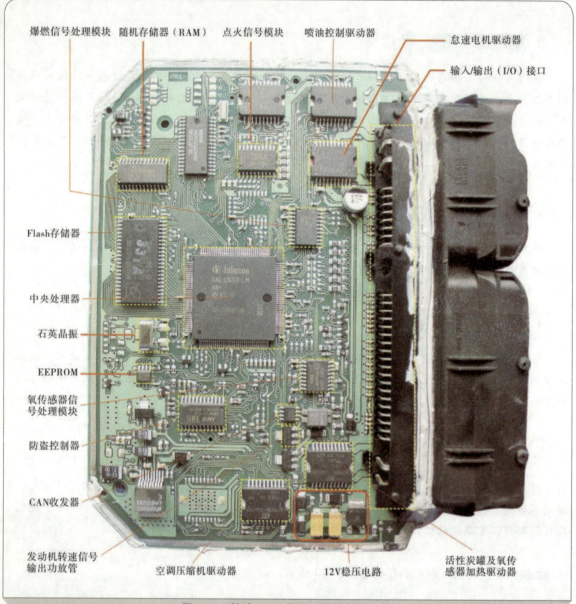

图1-14 捷达ATK发动机控制电脑结构

② 喷油器

根据ECU的喷油脉冲信号，精确计量燃油喷射量。

③ 冷起动喷油器及热限时开关

根据ECU的喷油脉冲信号和发动机冷却液温度信号，控制发动机起动时的喷油量和喷油持续时间。

④ 怠速控制阀（ISCV）

怠速控制阀（ISCV）用来控制发动机的怠速转速。控制内容包括两个方面，一方面是在发动机正常怠速运转时稳定怠速转速，达到防止发动机熄火和降低燃油消耗的目的；另一方面是在发动机怠速运转状态下，当发动机负载增加（如接通空调器、动力转向器或液力变矩器等）时，自动提高怠速转速（即快怠速），防止发动机熄火。

⑤ 活性炭罐电磁阀（VSV）

活性炭罐电磁阀（VSV）的作用是根据电控单元的控制指令信号，回收发动机内部的燃油蒸气，以减少排气污染。

⑥ EGR 电磁阀

EGR 电磁阀根据电控单元的控制指令信号接通真空，使部分废气被吸入进气歧管进而进入气缸燃烧，以降低发动机温度，有效控制废气中 NO_X 含量，改善尾气排放，并有助于防止爆燃的发生。

2. 发动机电控系统的功能

（1）判缸顺序控制

为实现电控系统对发动机的顺序控制，可采用两种判缸形式，一种是常规的凸轮轴判缸技术，另一种是德尔福独有的歧管压力判缸技术。

（2）闭环控制

电控系统对发动机的供油和怠速采用的是闭环控制。闭环控制的优点是：电控系统有能力消除电控系统及相关机械零件因制造和使用磨损而产生的差异，从而提高整车的综合一致性，降低排放。

（3）分组控制

电控系统将发动机气缸分为1-4，2-3两组，分别进行点火控制。分组控制使电控系统的结构得到优化和简化，降低了零部件及制造加工的成本。

（4）燃油喷射功能系统

燃油喷射功能系统采用速度密度法、多点顺序喷射，每个发动机循环通过主脉宽及修整脉宽实施精确供油，并具有闭环控制和自学习功能；硬件采用德尔福第三代喷油器和新型油压调节器。

（5）油泵控制

点火开关打开后，油泵将运转1.5 s，如果没有检测到有效的58X信号（CKP），油泵将停止运转；发动机开始转动，ECM检测到2个有效的58X信号后，油泵开始运转。失去转速信号后0.8 s或防盗器要求关闭油泵时，油泵停止运转。

（6）怠速控制功能

怠速控制功能是指在节气阀关闭状态下，电控系统对发动机转速的控制。目标怠速是根据诸多输入信号决定的。

当发动机水温较低时，电控系统给出较高的目标怠速，以加速暖车；而对于采用机械风扇的发动机，当发动机冷却液温度过高时，电控系统也会施以较高的怠速，目的是增加冷却水箱的进风量；外加负载（如空调、动力转向器及各种用电器负载等）发生变化时，系统将提高怠速，以补偿增加的负荷，保持怠速的稳定。

（7）发动机混合气的修正

发动机在正常工作温度下，其部分负荷控制为闭环燃油控制。此时，系统根据氧传感器反馈的电压信号，通过发动机电子控制模块对喷油量进行实时修正，以调整混合气浓度在理论空燃比附近，保证三元催化转化器对排气中有害气体的转换效率达到最佳状态，同时还可以保证较好的燃油经济性。

（8）故障的自我诊断

电控系统故障的自我诊断是发动机控制系统必不可少的一项功能，系统中的一个或几个零部件工作异常时，系统会及时通过故障指示灯显示提醒车辆用户进行必要的检查和维修。在上述故障发生时，系统还可采用临时应急方案控制发动机工作，以保证用户将车辆驾驶到维修站维修，而不至于抛锚路边。

二、发动机电控元件的原理与检测诊断

1. 冷却液温度传感器

（1）冷却液温度传感器的结构与工作原理

① 冷却液温度传感器的结构

冷却液温度传感器（即水温传感器）一般装在电喷发动机的缸体缸盖的水套及上出水管等处，如图1-15所示。

图1-15 冷却液温度传感器的安装位置

冷却液温度传感器的结构如图1-16所示，有两端子式和单端子式两种，主要由热敏电阻、金属引线、接线插座和壳体组成。

② 冷却液温度传感器的工作原理

冷却液温度传感器采用负温度系数的热敏电阻，即当冷却液温度较低时，传感器的电阻较大，而当冷却液温度升高时，传感器的电阻明显地变小。这样在实际使

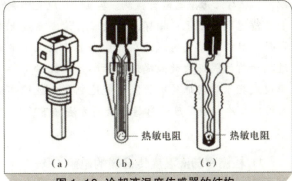

图1-16 冷却液温度传感器的结构
（a）外形；（b）两端子式；（c）单端子式

用中传感器就能感知到冷却液温度的变化，并将这种变化通过电路的连接转化为电信号输送给ECU，ECU根据输入的电信号（即冷却液温度的变化信号）对电喷发动机的喷油量及喷油时间进行修正，同时调整空燃比，使进入发动机内的混合气能稳定地燃烧，冷机时供给较浓的可燃混合气，热机时供给较稀的可燃混合气，使发动机稳定而良好地工作。冷却液温度传感器的特性如图1-17所示。

冷却液温度传感器的接头端子与ECU的连接及电路的特点如图1-18所示，其中，THW为信号端子，E2为地线。

从图 1-18（b）中可以看出，ECU 使 5 V 的电压通过 1 kΩ 电阻和晶体三极管串联后再与 10 kΩ 电阻并联的电路，然后经过传感器接地。在温度较低时，传感器热敏电阻的阻值较大，此时 ECU 使晶体三极管截止，5 V 的电压仅仅通过 10 kΩ 电阻及传感器后接地，由于传感器热敏电阻的阻值与 10 kΩ 电阻的阻值相差不大，这样传感器所测得的数值比较准确；而当温度达到一个特定值 51.6 ℃时，热敏电阻的阻值发生了很大的变化，此时其阻值相对 10 kΩ 已经较小，测得的数值不再准确，这时 ECU 使晶体管导通，这样 5 V 电压就通过 1 kΩ 电阻和晶体三极管串联后再与 10 kΩ 电阻并联的电路，然后经过传感器接地，由于并联后的阻值与 1 kΩ 相差不大，即与温度升高后的传感器的阻值相差不大，这样即使温度升高后发生变化，也能使测量结果准确。

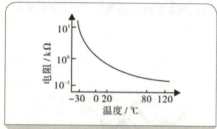

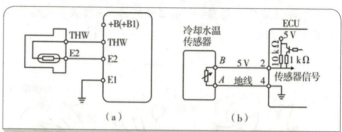

图 1-17 冷却液温度传感器的特性　　图 1-18 接头端子与 ECU 的连接及电路的特点

（a）连接电路；（b）电路特点

（2）冷却液温度传感器的检测方法

冷却液温度传感器工作性能的好坏直接影响电喷发动机的喷油量，从而影响发动机的燃烧性能，若传感器损坏，会使汽车发动机出现不易起动、工作不平稳等故障。同时，若出现此类故障，应对此传感器进行检测。其实，在电控喷射的发动机上，一般的汽车都有故障自诊断系统，若传感器或其他元件损坏，则故障自诊断系统大多能检测到故障部位，且以故障码的形式在屏幕上显示出来（早期的车型则是通过指示灯的闪烁次数来提示故障部位及故障部件），因此通过故障码或指示灯闪烁的次数能大概地判断出故障部位，从而继续进行诊断。冷却液温度传感器的检测方法如下。

冷却液温度传感器检测　　冷却液温度传感器指示温度过高故障

① 检测冷却液温度传感器的电阻

●就车检测。关闭点火开关，拔下冷却液温度传感器连接器接头，用高阻抗数字式万用表电阻挡检测传感器接头两端子间的电阻值，如图 1-19 所示，阻值应在 0.2～20.0 kΩ，若电阻值偏差过大，则说明传感器已失效或损坏，应更换传感器。

●单体检测。从车上拆下冷却液温度传感器，并将其置于水杯中，缓慢加热提高水温，同时用万用表测量传感器两端子间的电阻值，如图 1-20 所示，其电阻值随温度的变化应符合表 1-5 中的要求，否则说明传感器已失效或损坏，应更换传感器。

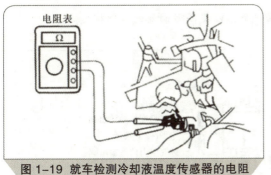
图1-19 就车检测冷却液温度传感器的电阻

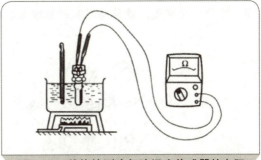
图1-20 单体检测冷却液温度传感器的电阻

表1-5 冷却液温度传感器阻值随温度的变化

冷却液温度/℃	电阻值/kΩ	冷却液温度/℃	电阻值/kΩ
-20	10~20	40	0.9~1.3
0	4~7	60	0.4~0.7
20	2~3	80	0.2~0.4

② 检测冷却液温度传感器的电压

打开点火开关，用万用表的两端子分别连接冷却液温度传感器信号线或ECU信号线端子与地线端子，注意正负极，用其电压挡测量传感器的输出电压值，其大小应随冷却液温度的变化而变化，即温度低时电压高，温度高时电压低，测量结果应符合标准规定值，否则应更换传感器。

③ 检测冷却液温度传感器与ECU之间连接线束的电阻值

用高阻抗万用表的电阻挡测量传感器信号端子与ECU信号端子之间的连接线束及传感器地线端子与ECU地线端子之间的电阻，此时线路应导通，即电阻应小于1.5 Ω，否则说明线束短路或接线端子的接触不好，应继续检查或更换线束。

2. 进气温度传感器

由于进入发动机气缸的空气质量大小与进气温度和进气压力有关，即当温度低时，空气密度大，相同体积气体的质量大；反之，当进气温度升高时，相同体积气体的质量将减小。在采用空气流量传感器的燃油喷射系统中，空气流量传感器测定的空气质量为体积流量，因此需要进气温度传感器和大气压力传感器。ECU可根据传感器输入的进气温度和压力信号修正喷油量，使发动机自动适应外部环境和压力的变化。

进气温度传感器认识

（1）进气温度传感器的结构与工作原理

① 进气温度传感器的结构

进气温度传感器通常安装在空气滤清器之后的进气软管上或空气流量传感器上，如图1-21

所示，有的还在空气流量传感器和谐振腔上各安装一个，以提高喷油器的控制精度。

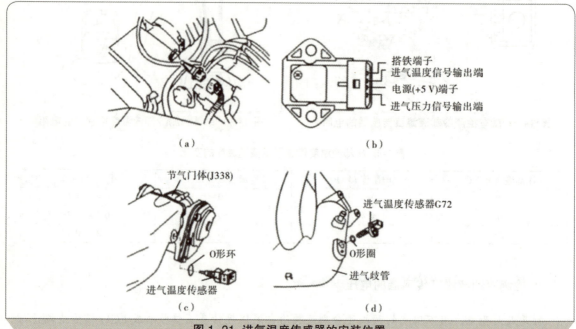

图 1-21 进气温度传感器的安装位置

（a）空气滤清器之后的进气软管上；（b）进气压力传感器内；（c）节气门附近；（d）进气歧管上

　　进气温度传感器的结构如图 1-22 所示，主要由绝缘套、塑料外壳、防水插座、铜垫圈和热敏电阻等组成。

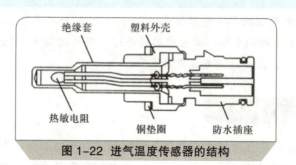

图 1-22 进气温度传感器的结构

② 进气温度传感器的工作原理

　　进气温度传感器也是由负温度系数的热敏电阻组成的，即温度升高时传感器的电阻明显减小。其用来检测发动机的进气温度，并将这种温度信号通过电路的连接以电信号的形式输送给 ECU，ECU 则根据输入的电信号对喷油量进行修正。如果进气温度传感器出现故障，就会使输送给 ECU 的进气温度电信号中断，使进入发动机气缸中的混合气过稀或过浓，燃烧情况变坏，出现热起动困难、废气排放量增大、工作不稳定等情况。同时，若在行车中出现上述情况，则应对进气温度传感器进行检测。进气温度传感器的工作特性如图 1-23 所示。

　　进气温度传感器的接头端子与 ECU 的连接电路如图 1-24 所示。

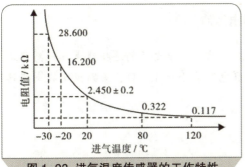
图1-23 进气温度传感器的工作特性

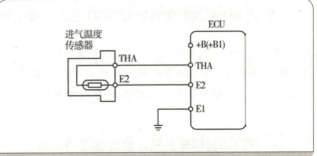
图1-24 进气温度传感器的接头端子与ECU的连接电路

（2）进气温度传感器的检测方法

① 检测进气温度传感器的电阻

● 单体检测。关闭点火开关，拔下进气温度传感器连接器接头，拆下进气温度传感器。用电吹风机吹或用热水加热进气温度传感器，并用万用表电阻挡测量在不同温度下进气温度传感器的电阻值，如图1-25所示。其电阻值随温度的变化应与冷却液温度传感器相同，如果电阻值不在此范围内，则应更换进气温度传感器。

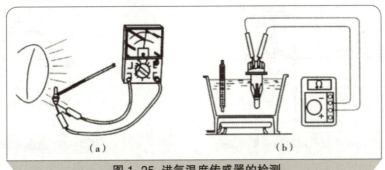
图1-25 进气温度传感器的检测
(a) 用电吹风机吹传感器；(b) 用热水加热传感器

进气温度传感器检测

● 就车检测。关闭点火开关，拔下进气温度传感器连接器接头，用高阻抗数字式万用表电阻挡检测传感器接头两端子间的电阻，阻值应在 0.2～20.0 kΩ，若电阻值的偏差过大，则说明传感器已失效或损坏，应更换传感器。

② 检测进气温度传感器的电压

打开点火开关，用万用表的两端子分别连接进气温度传感器信号线或ECU信号线端子与地线端子（即THA与E2），注意正负极，用其电压挡测量传感器的输出电压值，其大小应随进气温度的变化而变化，即温度低时电压高，温度高时电压低，测量结果应符合规定（在20℃时电压值应在 0.5～3.4 V），否则应更换传感器。

③ 检测进气温度传感器与 ECU 之间连接线束的电阻值

用高阻抗万用表的电阻挡测量传感器信号端子与 ECU 信号端子之间的连接线束及传感器地线端子与 ECU 地线端子之间的电阻，此时线路应导通且电阻应小于 1.5 Ω，否则说明线束短路或接线端子的接触不好，应继续检查或更换线束。

④ 广州本田轿车进气温度传感器的检测

广州本田轿车进气温度传感器安装在进气歧管上，其电路如图 1-26 所示。

广州本田轿车进气温度传感器的检测方法如下：

● 检测传感器的信号电压。起动发动机，用万用表测量进气温度传感器的信号线（红/黄线）与车体搭铁线之间（即图 1-26 中所示的 C25 与 C18）的电压，其标准值应为 0.1～4.8 V，且随着进气温度的升高，电压逐渐减小，若不满足上述条件，则传感器已损坏或电路出现故障，应继续检查或更换传感器。

● 检测进气温度传感器的电源电压。关闭点火开关，拔下进气温度传感器的连接插头，然后打开点火开关，用万用表测量进气温度传感器信号端子与搭铁之间的电压值，应为 5 V，如图 1-27 所示。

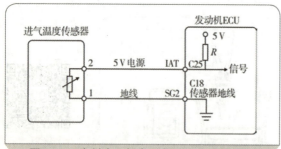

图 1-26 广州本田轿车进气温度传感器电路

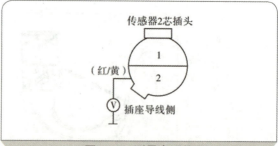

图 1-27 测量电压值

● 检测进气温度传感器的电阻值。拔下进气温度传感器线束插头，拆下进气温度传感器；用电吹风机、红外线灯或热水加热进气温度传感器，并测量在不同温度下传感器两接线端子间的电阻，然后将测得的电阻与标准数值进行比较，如果与标准不符，则应更换进气温度传感器。

● 检测进气温度传感器线束的导通性。关闭点火开关，拔下 ECU 上的 C 插头，然后拔下进气温度传感器的 2 芯插头，用万用表测量 ECU 插头上 C25 与传感器 2 芯插头上 2 号端子之间的导通性，如图 1-28(a)所示，然后用万用表测量 C18 与 2 芯插头 1 号端子之间的导通性，如图 1-28(b)所示。测量的电阻值均应小于 1.5 Ω。

3. 进气歧管绝对压力传感器

进气歧管绝对压力传感器（也称进气压力传感器或 MAP）用在 D 型汽油喷射系统（应用在发动机上电子控制多点间歇式汽油喷射系统中，基本特点是：以进气歧管压力和发动机转速为基本控制参数，用来控制喷油器的基本喷油量）中，根据发动机的负荷测出进气歧管内压力的变化，并通过电路的连接转化为电信号和转速信

进气压力传感器电路电压过低故障

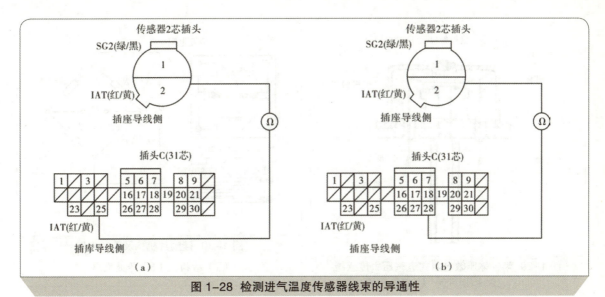

图 1-28 检测进气温度传感器线束的导通性

（a）测量 C25 与 2 号端子间的电阻值；（b）测量 C18 与 1 号端子间的电阻值

号，一起输送给汽车电控单元（ECU），作为确定喷油器喷油量的基本依据。它大多安装在汽车发动机的进气歧管上，也有少部分安装在汽车发动机 ECU 的控制盒内（如 AudiAS）或发动机的驾驶室内。

进气压力传感器的种类较多，按其信号的产生原理可以分为电压型和频率型两种。其中以半导体压敏电阻式应用最多。

（1）半导体压敏电阻式进气压力传感器

① 半导体压敏电阻式进气压力传感器的结构与原理

● 半导体压敏电阻式进气压力传感器的结构。半导体压敏电阻式进气压力传感器是利用半导体的压阻效应原理制成的，主要由硅膜片、真空室、硅杯、底座、真空管接头和引线电极等组成，其内部结构如图 1-29 所示。

硅膜片是用单晶硅制成的压力转换元件，其长和宽各为 3 mm，厚度为 160 μm，在硅膜片的中心部位用腐蚀方法制作了一个直径为 2 mm、厚度为 50 μm 的薄膜片，在薄膜片表面的圆周上，采用集成电路加工和台面扩散技术制作了 4 只阻值相等的应变电阻，如图 1-30（a）所示，并将 4 只电阻连接成惠斯顿电桥电路，如图 1-30（b）所示，然后再与传感器内部的温度补偿电阻和信号放大电路等混合集成电路连接。

● 半导体压敏电阻式进气压力传感器的工作原理。半导体压敏电阻的工作原理如图 1-31 所示。硅膜片一面通真空室，一面承受来自进气歧管中气体的压力，在此气体压力作用下，硅膜片会产生变形，且压力越大变形越大，膜片上应变电阻的阻值在此压力的作用下就会发生变化，使传感器上以惠斯顿电桥方式连接的硅膜片应变电阻的平衡被打破，当电桥的输入端输入一定的电压或电流时，在电桥的输出端便可得到相应变化的信号电压或信号电流，因为此信号比较微弱，故采用了混合集成电路，进行放大后输送给 ECU。

课题一 发动机电控系统的检测与故障诊断

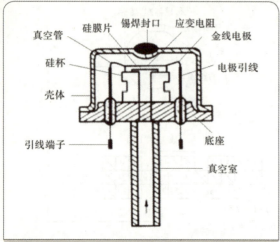

图 1-29 半导体压敏电阻式进气压力传感器的内部结构

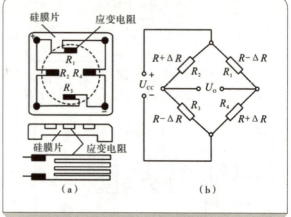

图 1-30 硅膜片机构及等效电路
（a）结构；（b）等效电路

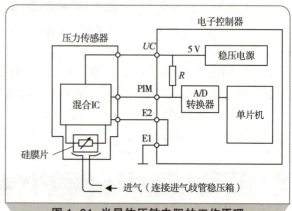

图 1-31 半导体压敏电阻的工作原理

由于压阻效应式歧管压力传感器的功能部件是硅膜片和应变电阻，其工作参数取决于作用于膜片上的压力大小，因此传感器的取样压力应从压力波动较小的部位选取。

② 半导体压敏电阻式进气压力传感器的检测方法

半导体压敏电阻式进气压力传感器（MAP 传感器）由于其体积小，精度高，响应性、再现性和抗振性较好，故一般不易损坏，应用较广泛。当其被损坏或其连接线路不良时，易使发动机出现怠速不良、起动不易和起动后熄火等故障。若在汽车运行中出现上述故障，则应对此传感器及相关电路和元件进行检测，检测方法如下。

● 拔下传感器的连接器插头，接通点火开关（但不起动发动机），用万用表电压挡检测连接器插头电源端和接地之间的电压（如图 1-31 所示电路中的 UC 端子与 E2 端子），应在 4 ~ 6 V；若无电压，应检测 ECU 相应端子间的电压，若正常，则是传感器与 ECU 间连接线路发生故障，若仍无电压，则是 ECU 发生故障。

● 检测进气压力传感器的输出电压。拔下进气压力传感器与进气歧管连接的真空软管，打开点火开关（但不起动发动机），用电压表测量进气压力传感器的输出电压（如图 1-31 所示电路中的 PIM 端子与 E2 端子）。接着向进气压力传感器内施加真空，并测量在不同真空度下的输出电压，该电压值应随真空度的增大而降低，其变化情况应符合规定，否则应更换。

③ 广州本田轿车的半导体压敏电阻式进气压力传感器的检测

广州本田轿车的进气压力传感器安装在节气门体进气道上，如图1-32所示。也采用了利用半导体的压阻效应制成的半导体压敏电阻式压力传感器，其与ECU连接的电路如图1-33所示。

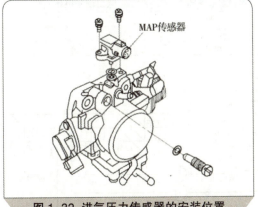

图1-32 进气压力传感器的安装位置

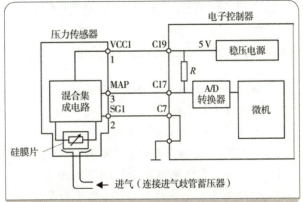

图1-33 进气压力传感器与ECU连接的电路

对广州本田轿车进气压力传感器仍从电源电压、信号电压及连接线束的导通性等方面进行检测，检测方法如下。

● 检测MAP传感器的电源电压。
· 拔下MAP传感器的3芯插头。
· 打开点火开关。
· 用万用表测量MAP传感器3芯插头上的1、2号两端子间的电压，如图1-34所示，其标准值应为5 V。

● 检测MAP传感器的信号电压。
· 拆下MAP传感器。
· 把手动真空泵接在MAP传感器进气口处，如图1-35（a）所示。
· 打开点火开关。
· 用万用表测量MAP传感器的信号线（3号端子）与搭铁线（2号端子）之间的电压，如图1-35（b）所示。

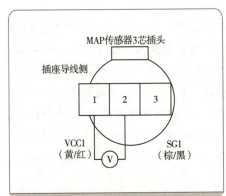

图1-34 测量电压

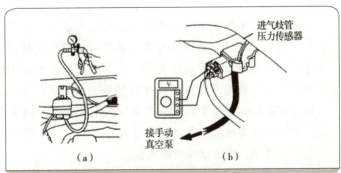

图1-35 测量MAP传感器的信号电压

（a）接手动真空泵；（b）读取电压值

- 按下真空泵，随着真空度的变化，读取电压数值的变化。
- 随着真空度的变化，其输出信号电压的标准参考值如表 1-6 所示。

表 1-6 不同真空度下 MAP 传感器的标准信号电压

真空度 / kPa	输出信号电压 / V	真空度 / kPa	输出信号电压 / V
100	2.6	400	1.3
200	2.2	500	1.0
300	1.6	600	0.6

- 检测 MAP 传感器的线束导通性。
  - 关闭点火开关。
  - 拔下 ECU 的 C 插头。
  - 拔下 MAP 传感器的 3 芯插头。
  - 用万用表的电阻挡分别测量 C19、C7、C17 与 3 芯插头的 1、2、3 端子的导通性，如图 1-36 所示。
  - 测量的各电阻标准值应小于 0.5 Ω。

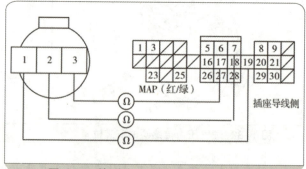

图 1-36 检测 MAP 传感器的线束导通性

（2）电容式进气压力传感器

① 电容式进气压力传感器的结构与原理

电容式进气压力传感器的结构如图 1-37 所示，它将氧化铝膜片和底板彼此靠近排列，形成电容，利用电容随膜片上下压力差的变化而改变的性能获取与压力成正比的电容值信号。将电容（压力转换元件）连接到传感器混合集成电路的振荡电路中，传感器能够产生可变频率的信号，且该信号的输出频率（80～120 Hz）与进气歧管的绝对压力成正比。电控装置 ECU 可以根据传感器输入信号的频率来感知进气歧管的绝对压力大小，进而对发动机的喷油量进行控制。

② 电容式进气压力传感器的检测方法

电容式进气压力传感器目前还没有得到普遍应用，仅用在福特等少数轿车的 D 型喷射发动机上。若电容式进气压力传感器或其连接电路发生故障，则可从电源电压、信号电压、传感器与电源间连接线束的导通性去检测，具体的车型需参考各自的参数标准值。同时也可用汽车专用万用表对此进气压力传感器进行频率测试，测试方法是：打开点火开关，发动机不运转，进气压力传感器输出信号的频率约为 160 Hz，减速时频率为 80 Hz 左右，怠速时频率为 105 Hz 左右；若进气压力输出信号消失或者超出工作范围（频率小于 80 Hz 或大于 160 Hz），则说明此传感器已损坏，应进行检修或更换。

③ 检测方法在具体车型上的应用

以福特轿车的电容式进气压力传感器的检测为例，对此种传感器的检测方法进行简单的介绍。福特汽车使用的电容式进气压力传感器与 ECU 的连接电路如图 1-38 所示。

由图 1-38 可知，该进气压力传感器有 3 条线与电控单元（ECU）连接。ECU 的 26 端子向进气压力传感器提供 5 V 电压；46 端子是信号端子，经 ECU 搭铁；45 端子为进气压力传感器输出信号端子。其检测方法如下：

● 检查真空软管的连接状态，以确保无老化破裂现象。
● 打开点火开关，检查 ECU 的 26 端子（橘/黑）与搭铁间的电压值，应为 5 V。
● 检测 46 端子信号电路（黑/白）电压，应为 0，接地电阻不大于 0.5 Ω。
● 检测进气压力信号线（蓝/黄），拆下传感器连接器接头，测量 45 端子处的电压，在点火开关接通时为 0.5 V。

若与检测结果不符，则说明相应的元件已损坏，应进行维修或更换。

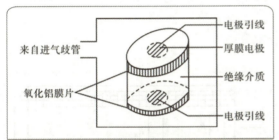

图 1-37 电容式进气压力传感器的结构

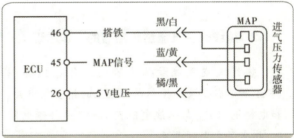

图 1-38 电容式进气压力传感器与 ECU 的连接电路

4. 空气流量计

（1）热线式空气流量传感器

① 热线式空气流量传感器的结构

空气流量计认知

热线式空气流量传感器按其铂金热线安装位置的不同可分为主流测量方式及旁通测量方式两种，如图 1-39、图 1-40 所示。

主流测量方式热线式空气流量计由铂金热线、温度补偿电阻（冷线）、取样管、控制线路板、防护网及连接器组成。热线是一根直径约为 0.07 mm 的铂金丝，它装在取样管内的支承环上，其阻值随温度变化而变化，当传感器工作时，它能被控制电路提供的电流加热到 120 ℃ 左右，因此称为热线。取样管由一个热线支承环和两个塑料护套组成，它置于空气流量计主通道的中央，两端有防护网，防护网通过卡箍固定在流量计的壳体上。温度补偿电阻（冷线）安装在热线附近，且靠近进气口一侧，当传感器工作时，控制电路向其提供一个电流，使其温度始终低于热线温度 100 ℃，这样冷线温度可以起到参考标准的作用，使进气温度的变化不会影响热线测量进气量的精度。控制线路板上有 6 端子插座与发动机的 ECU 相连，用于输入信号。

旁通测量方式热线式空气流量计与主流测量方式热线式空气流量计的主要区别在于，它把

课题一 发动机电控系统的检测与故障诊断

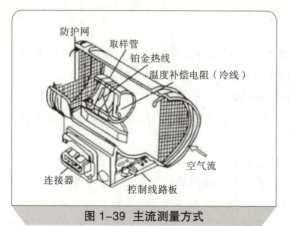

图 1-39 主流测量方式

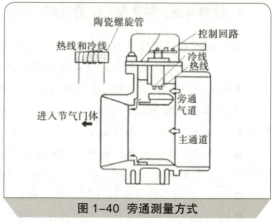

图 1-40 旁通测量方式

铂金热线和温度补偿电阻（冷线）安装在旁通气道上，且热线和补偿电阻用铂丝缠绕在陶瓷螺旋管上。

② 热线式空气流量传感器的工作原理

热线式空气流量传感器的工作原理如图1-41所示。安装在控制电路板上的精密电阻 R_A 和电桥电阻 R_B 与热线电阻 R_H 及温度补偿电阻 R_K 组成了惠斯顿电桥。

热线电阻 R_H 置于进气道内，当进气气流流经它时，其热量被吸收，使热线变冷，且空气流量增大时，被带走的热量也增加，热线式空气流量计就是利用热线与空气之间的这种热传递进行空气流量测定的。

混合集成电路A控制热线温度，当空气流过该热线时，由于空气带走热量使热线的电阻值发生变化，从而使惠斯顿电桥失去了平衡，为了保持该电桥的平衡，必须提高电压，加大通过热线的电流，进而使热线的温度升高，使原来的电阻值恢复。根据这一原理，通过控制电

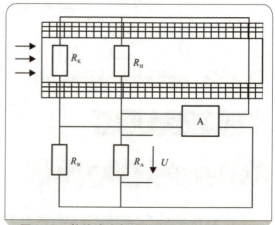

图 1-41 热线式空气流量传感器的工作原理

A—混合集成电路；R_H—热线电阻；R_K—温度补偿电阻；R_A—精密电阻；R_B—电桥电阻

路改变惠斯顿电桥的电压和电流，使热线损失的热量与电流加热热线产生的热量相等，并使热线的温度和其电阻值保持一致。这样通过热线电阻的电流便是空气流量的单一函数，即热线电流随空气流量的增大而增大，随空气流量的减小而减小。加热电流通过精密电阻 R_A 产生的电压降作为电压输出信号输送给ECU，于是微机便可通过电压降的大小测得空气流量。

精密电阻 R_A 为一个温度系数很低的金属箔电阻；温度补偿电阻 R_K 用来对热线电阻的温度进行修正，使其温度差控制在100℃左右，从而提高测量精度，它与电桥电阻 R_B 的阻值都较高，这样能减少电能的损耗。

热线式空气流量计由于热线表面与空气直接接触，在使用一段时间后，热线表面易受空气

尘埃污染，使其热辐射能力降低，从而影响传感器的测量精度，因此控制电路设置有"自洁电路"以实现自洁功能。每当发动机熄火后，微机将控制自洁电路接通，将热线加热到1 000 ℃左右，并持续约1 s的时间，从而将黏附在热线上的尘埃烧掉。另一种防止热线污染的方法是将热线的保持温度提高，一般保持温度设在200 ℃以上，以便烧掉黏附的污物。

③ 热线式空气流量传感器的检测方法

热线式空气流量传感器连接器一般有5端子和6端子两种。现以日产轿车发动机的热线式空气流量传感器为例对此类型流量计的检测方法进行说明，其他车型装用的热线式空气流量传感器接线及电路结构与此基本相同，检测方法差别不大。日产轿车发动机的热线式空气流量传感器与ECU的连接电路如图1-42所示。

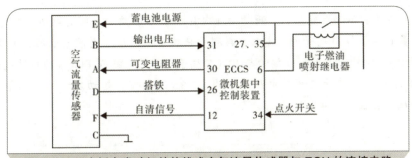

图1-42 日产轿车发动机的热线式空气流量传感器与ECU的连接电路

在图1-42中，热线式空气流量传感器上各端子字母所代表的作用分别为：

E端子：蓄电池供电电压输入端，一般为12 V。

B端子：热线式空气流量传感器信号输出端，输出的信号提供给微机集中控制装置作控制检测信号。

D端子：热线式空气流量传感器搭铁端。

F端子：自洁信号输入端，信号来自ECCS电路。每当点火开关关闭后，ECCS通过F端子向传感器输入一个自洁信号，使传感器内的加热电阻丝在5 s内升温至1 000 ℃左右，并保持1 s后停止，以便将残留在热线上的污垢和油渍等烧掉，以保证传感器的准确性。

A端子：调整CO（一氧化碳）的可变电阻输出端子。

此传感器的检测方法分为开路检测和在路检测两种。

● 开路检测。

· 拆卸。

a. 清除空气流量传感器外部的尘垢，拔下其线束插头，拆下与空气流量传感器相连的空气滤清器。

b. 将空气流量传感器出口处空气软管上的卡箍松开，并卸下空气流量传感器的固定螺栓。

c. 将空气流量传感器从发动机上小心取下。

· 外观检查。

对拆下的空气流量传感器进行外观检查，检查其防护网有无堵塞或破裂，并从进口处查看铂丝热线是否脏污、折断。

・静态检查。

如图1-43所示,将蓄电池正极与空气流量传感器插座内的E端子相接,负极与插座内的D端子相接,并将万用表置于10 V直流电压挡,两表笔测量插座的B、D两端子间的电压,其值应为(1.6±0.5) V。如测得值与规定值不符,应修理或更换空气流量传感器。

・动态检查。

保持上述接线状态不变,用电风扇向空气流量传感器进口吹入空气(见图1-44)的同时,用电压表测量B、D端子间的电压,正常值应为2~4 V。如测得值与规定值不符,则应更换空气流量传感器。

・安装。

将检修后的空气流量传感器装回,并用螺栓固紧。将空气软管连接在空气流量传感器出口上,并锁紧卡箍。装回空气滤清器,并将线束插头对准插接孔插在插座上。

● 在路检测。

・接通点火开关,不起动发动机。测量插座内E端子与D端子之间的电压,应为12 V左右。

・如果测量E端子与D端子间无电压,再测量E端子与C端子之间的电压,其值若为12 V,则说明D端子搭铁不良,应检查D端子与ECCS端子之间的导线或ECCS的搭铁线是否良好。

・测量B端子与D端子之间的电压,应为(1.6±0.5) V。起动发动机,测量B端子与D端子之间的电压,应在2~4 V变化。

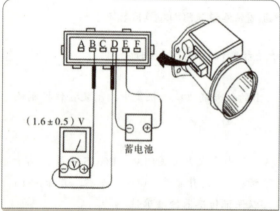

图1-43 静态测量热线式空气流量传感器示意图

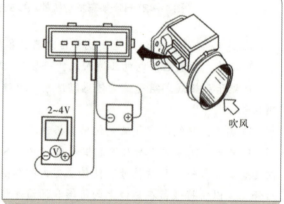

图1-44 动态测量热线式空气流量传感器示意图

检查自洁电路

对自洁电路的检查有直观检查和万用表测量两种方法。

● 直观检查法。

・起动发动机,并使其以2 500 r/min以上的转速运转。

・使发动机怠速运转,拆下空气滤清器和空气流量传感器进口处的管道。

・关闭点火开关,从空气流量传感器进口部位查看空气流量传感器内的铂丝热线是否在熄灭5 s内被加热至发出红光,并持续1 s时间。

● 万用表测量法。

・使发动机冷却液温度上升至60 ℃以上,发动机转速超过1 500 r/min。

- 将万用表10 V直流挡的两表笔接在插座的F端子与D端子之间。
- 关闭点火开关，万用表上的电压指示值应回零并在5 s后跳跃上升，1 s后再回到零。
- 如万用表测量或直观检查结果与上述要求不符，且进一步检查微机与空气流量传感器连接导线均无问题时，则应更换新的空气流量传感器。

（2）热膜式空气流量传感器

① 热膜式空气流量传感器的结构

热膜式空气流量传感器是热线式空气流量传感器的改进产品，其结构与热线式基本相同，只是它的发热体是热膜（由发热金属铂固定在薄的树脂膜上制成），而不是热线。热膜式空气流量传感器发热体不直接承受空气流动所产生的作用力，增加了发热体的强度，提高了流量传感器的可靠性。同时与热线式流量传感器相比，热膜式流量传感器的热膜电阻的阻值较大，消耗电流较小，使用寿命也较长。但是由于其发热元件表面的一层保护薄膜存在辐射热传导作用，因此响应特性稍差。热膜式空气流量传感器的结构如图1-45所示。

热膜式空气流量传感器内部的进气通道上设有一个矩形护套（相当于取样套），热膜电阻设在护套中。为了防止污物沉积到热膜电阻上影响测量精度，在护套的空气入口一侧设有空气过滤层，用以过滤空气中的污物。为了防止空气温度变化影响测量精度，在热膜电阻附近的气流上游设有铂金属膜式温度补偿电阻，如图1-46所示。温度补偿电阻和热膜电阻与传感器内部控制电路连接，控制电路与线束连接器插座连接，线束设在传感器壳体中部。

图1-45 热膜式空气流量传感器的结构

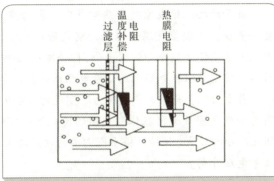

图1-46 热膜式空气流量传感器的内部元件

② 热膜式空气流量传感器的工作原理

热膜式空气流量传感器与热线式空气流量传感器的工作原理大致一样。传感器的热膜电阻R_H、温度补偿电阻R_T、精密电阻R_1及R_2、信号取样电阻R_S在电路板上以惠斯顿电桥的方式连接，如图1-47所示。

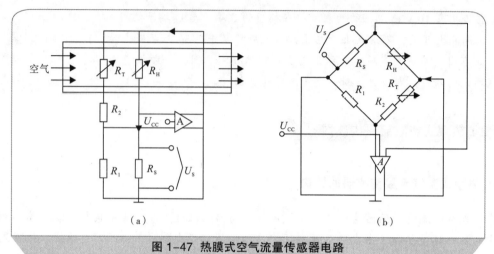

图 1-47 热膜式空气流量传感器电路

（a）热膜式空气流量传感器的连接电路；（b）传感器内电阻组成的电桥电路
R_T—温度补偿电阻；R_H—热膜电阻；R_S—信号取样电阻；R_1，R_2—精密电阻；
U_{CC}—电源电压；U_S—信号电压；A—控制电路

当气流流经发热元件并使其受到冷却时，发热元件即热膜电阻温度降低，阻值减小，电桥电压失去平衡，控制电路将增大供给发热元件的电流，使其温度保持高于温度补偿电阻温度一个固定值（一般为100 ℃）。电流增量的大小取决于发热元件受到冷却的程度，即取决于流过传感器的空气量。当电桥电流增大时，信号取样电阻R_S上的电压就会升高，从而将空气流量的变化转化为电压信号U_S的变化。输出电压与空气流量的关系特征曲线如图1-48所示。信号电压输入ECU后，ECU可根据信号电压的高低计算出空气流量的大小。

当发动机怠速或空气为热空气时，因为怠速时节气门关闭或接近全闭，所以空气流速低，空气量少；又因空气温度越高，空气密度越小，所以在体积相同的情况下，热空气的质量小，因此发热元件受到冷却的程度小，阻值减小的幅度小，所以电桥平衡需要的电流小，如图1-49(a)所示，故信号取样电阻上的信号电压低。控制单元ECU根据信号电压即可计算出空气量。

当发动机负荷增大或空气为冷空气时，因为节气门开度增大，空气流速加快使空气流量增大；因为冷空气密度大，在体积相同的情况下冷空气质量大，所以发热元件受到冷却的程度增大，阻值减小幅度大，保持电桥平衡需要的电流增大，如图1-49(b)所示，因此当发动机负荷增大时，信号电压升高。

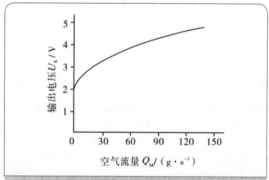

图 1-48 输出电压与空气流量的关系特征曲线

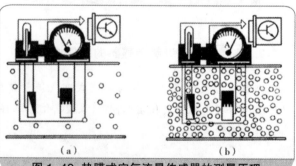

图 1-49 热膜式空气流量传感器的测量原理

（a）怠速或热空气时；（b）负荷增大或冷空气时

③ 热膜式空气流量传感器的检测方法

热膜式空气流量传感器的连接器插头如图 1-50 所示，其各端子的含义如表 1-7 所示。

表 1-7 热膜式空气流量传感器的连接器插头各端子的含义

空气流量传感器 5 芯插头各端子号	含义	空气流量传感器 5 芯插头各端子号	含义
1	空	4	5 V 电源
2	12 V 电源	5	正信号线
3	负信号线		

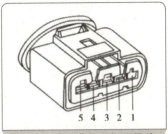

图 1-50 热膜式空气流量传感器的连接器插头

空气流量传感器检测

热膜式空气流量传感器与 ECU 的连接电路如图 1-51 所示。

对此热膜式空气流量传感器的检测可从电源电压、信号电压及线束的导通性几个方面进行。

● 检测电源电压。

关闭点火开关，拔下空气流量传感器的插头，起动发动机。首先用万用表测量插头的 2 端子与搭铁间的电压值（见图 1-52），标准值应为 12 V。然后用万用表测量插头 4 端子与搭铁间的电压值（见图 1-52），标准值应为 5 V。

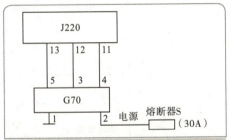

图 1-51 热膜式空气流量传感器与 ECU 的连接电路

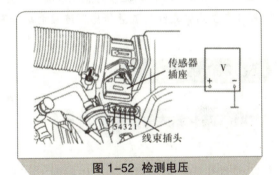

图 1-52 检测电压

● 检测信号电压。

关闭点火开关，拆下空气滤清器，打开点火开关，即置于"ON"位置不起动发动机。用万用表的电压挡测量空气流量传感器插头中的 5 端子（正信号线）与 3 端子（负信号线）之间的电压值。用"+"表笔插入空气流量传感器 5 端子线束中，"−"表笔插入 3 端子线束中。然后用电吹风（冷风挡）向流量传感器空气入口吹气，观察信号电压的变化。若信号电压不变化，说明空气流量传感器失效，应更换。标准值：2.0 ~ 4.0 V。

● 检测线束导通性（断路）。

检测热膜式空气流量传感器线束的导通性方法如图 1-53 所示。

关闭点火开关，拔下空气流量传感器的插头，拔下电控单元的线束连接器，用万用表检测插头 3 端子与 ECU 连接器 12 端子间的电阻值，标准值应小于 1 Ω。用万用表检测插头 4 端子与 ECU 连接器 11 端子间的电阻值，标准值应小于 1 Ω。用万用表检测插头 5 端子与 ECU 连接器 13 端子间的电阻值，标准值应小于 1 Ω。

课题一 发动机电控系统的检测与故障诊断

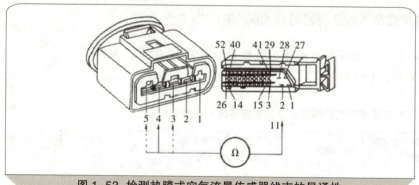

图1-53 检测热膜式空气流量传感器线束的导通性

④ 检测导线间是否短路

检测热膜式空气流量传感器导线间是否短路的方法如下：

关闭点火开关，拔下空气流量计的插头和电控单元的线束连接器，用万用表检测流量传感器插头2端子与ECU连接器11端子间的电阻值，标准值为∞。用万用表检测流量计插头2端子与ECU连接器12端子间的电阻值，标准值为∞。用万用表检测流量计插头2端子与ECU连接器13端子间的电阻值，标准值为∞。用万用表检测流量计插头4端子与ECU连接器12端子间的电阻值，标准值为∞。用万用表检测流量计插头4端子与ECU连接器13端子间的电阻值，标准值为∞。用万用表检测流量计插头5端子与ECU连接器11、12端子间的电阻值，标准值为∞。

部分车型热膜式空气流量传感器连接电路如图1-54所示。

5. 氧传感器

（1）二氧化锆式氧传感器

① 二氧化锆式氧传感器的工作原理

二氧化锆式氧传感器的工作原理如图1-55所示。

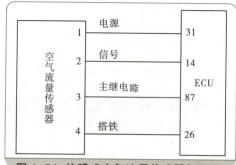

图1-54 热膜式空气流量传感器与ECU的连接电路

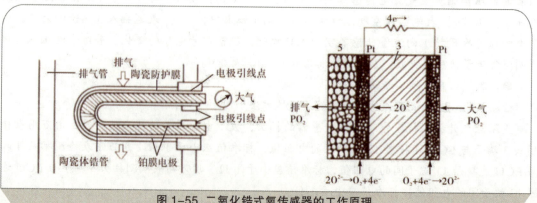

图1-55 二氧化锆式氧传感器的工作原理

锆管的陶瓷体是多孔的，渗入其中的氧气在温度较高时发生电离。只要锆管内（与大气相通）、外（与排气相通）侧氧含量不一致，存在浓度差，氧离子就将从大气侧向排气侧扩散，从而使锆管成为一个微电池，在两铂极间产生电压。

当供给发动机的可燃混合气较稀时，由于排气中氧含量较高，锆管内、外表面的氧浓度差较小，因此锆管两铂膜电极间的电位差很小，产生很小的电压，即传感器的输出电压几乎为零；当供给发动机的可燃混合气浓时，排气中氧含量少，同时伴有较多的未完全燃烧的产物CO、H_2等，这些成分在锆管外表面上的催化剂铂的作用下，与氧发生反应，消耗排气中残余的氧，这将使锆管外表面本来就极其稀少的氧浓度含量进一步降低，而锆管内表面仍与大气相通，氧含量较高，这样锆管内、外表面的氧浓度差就较大，因此锆管两铂膜电极之间的电位差就较高，产生较大的电压，即传感器的输出电压接近1 V，如图1-56所示。

从图1-56中还可以看出，这种电压的突变发生在空燃比为14.7时，即理论空燃比时，此时空气过量系数为1。但要保持混合气为理论空燃比是不可能的。实际上，反馈控制只能使混合气在理论空燃比附近的一个狭小范围内波动，故氧传感器的输出电压在0～1 V不断变化（通常每10 s变化8次以上）。如果氧传感器的输出电压变化过缓或电压保持不变（不论保持在高电位还是低电位），则表明氧传感器有故障。

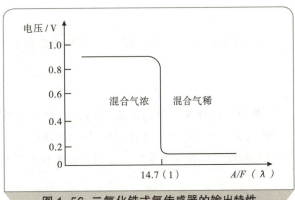

图1-56 二氧化锆式氧传感器的输出特性

② 二氧化锆式氧传感器的检测方法

● 电阻法。利用万用表测量二氧化锆式氧传感器在暖机和非暖机情况下的电阻，在充分暖机状态下，氧传感器的电阻值约为300 kΩ，在非暖机状态下其电阻值应为∞。

对于带加热器的二氧化锆式氧传感器，可检测其加热器电阻：将点火开关置于OFF，拔下氧传感器导线插接器，用万用表电阻挡测量氧传感器接线端子中加热器端子与搭铁端子间的阻值，其阻值应符合标准规定值（一般为4～40 Ω）。若不符合，则氧传感器可能损坏，应继续检测或更换。

● 电压法。用汽车专用万用表的红色测试线接氧传感器的信号线，黑色线接地，同时将其置于4 V直流挡位置。让发动机以2 500 r/min左右的转速运转，当发动机尾气较浓时，输出信号电压应在0.9 V左右；当排出的废气较稀时，输出的信号电压应在0.1 V左右。若测得的值相差很大，则表明传感器已损坏。

③ 广州本田雅阁轿车二氧化锆式氧传感器的检测

本田雅阁轿车的四缸发动机只配备了一个氧传感器，安装在三元催化装置的上游排气管上；3.0 L V6发动机配备了两个氧传感器，在三元催化装置前后各安装了一个，如图1-57所示。

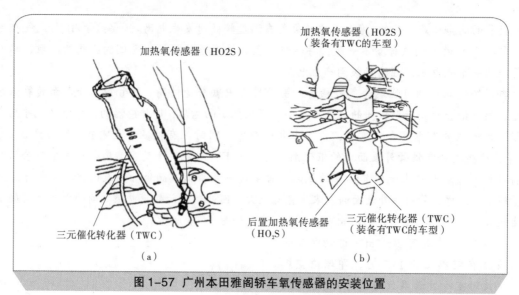

图 1-57 广州本田雅阁轿车氧传感器的安装位置

（a）四缸发动机；（b）V6 发动机

本田雅阁轿车也使用二氧化锆式氧传感器检测废气中的氧含量，并把氧含量的信号输入 ECU 系统。在发动机闭环控制中，ECU 根据氧传感器输入的信号调节燃油喷射的脉冲宽度，使混合气的空燃比保持在最佳的范围内。氧传感器的结构与特性如图 1-58 所示。

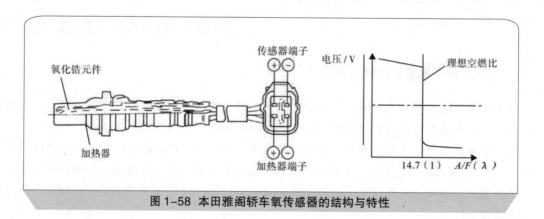

图 1-58 本田雅阁轿车氧传感器的结构与特性

本田雅阁轿车的二氧化锆式氧传感器与 ECU（ECM/PCM）的连接电路如图 1-59 所示。传感器的检测方法如下：

● 检测传感器的信号电压。起动发动机，让发动机以 2 500 r/min 左右的转速运转，用指针式万用表测量氧传感器的信号线（白）与搭铁线（绿/黑）之间的电压值，如图 1-60 所示。万用表指针应在 0～1 V 摆动，且 10 s 内摆动次数不应少于 8 次。发动机转速迅速升高至 4 500 r/min 时，测量电压应不小于 0.6 V。

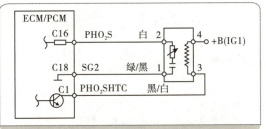

图 1-59 本田雅阁轿车的二氧化锆式氧传感器与 ECU 的连接电路

C16—白色，信号线；C18—绿/黑，搭铁线；
C1—黑/白，加热器搭铁线

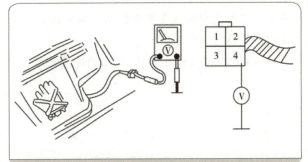

图 1-60 检测氧传感器的信号电压和电源电压

● 检测氧传感器的电阻值。关闭点火开关，拔下氧传感器的 4 芯插头。测量氧传感器的 3、4 两端子之间的电阻值，如图 1-61 所示。电阻的标准值应在 10～40 Ω。

● 检测氧传感器的线束导通性。关闭点火开关，拔下 ECM/PCM 的 C 插头（31 芯），拔下氧传感器的 4 芯插头。分别测量氧传感器 4 芯插头的 1、2、3 端子与 C18、C16、C1 之间的导通性，如图 1-62 所示。所测的各端子间电阻值应小于 1.5 Ω，若为无穷大则表示已断路。

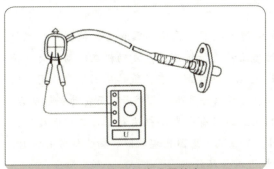

图 1-61 检测氧传感器的电阻

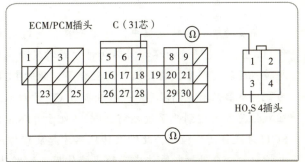

图 1-62 检测氧传感器的线束导通性

（2）二氧化钛式氧传感器

① 二氧化钛式氧传感器的工作原理

纯净的二氧化钛是一种电阻很高的半导体，其表面一旦缺氧，其晶格就会出现缺陷，产生更多的电子，使其电阻降低。二氧化钛式氧传感器就是利用二氧化钛材料的电阻值随排气中氧含量变化的特性制成的，所以又叫电阻型氧传感器。二氧化钛式氧传感器的信号源（即传感元件）相当于一个可变电阻，其阻值与过量空气系数和空燃比的关系如图 1-63 所示。

从图 1-63 中可以看出，当发动机的可燃混合气稀（过量空气系数大于 1）时，排气中氧离子含量较多，传感元件周围的氧离子浓度较大，二氧化钛呈现高电阻状态；当发动机的可燃混合气较浓（过量空气系数小于 1）时，传感元件周围的氧离子很少，同时在催化剂铂的作用下，剩余氧离子与排气中的一氧化碳（CO）发生化学反应生成二氧化碳（CO_2），将排气中的氧离子进一步消耗掉，二氧化钛呈现低阻值状态，从而大大提高了传感器的灵敏度。二氧化钛式氧传感器的电阻将在混合气的过量空气系数为 1（空燃比 A/F 为 14.7）时产生突变。

由此可见，二氧化钛式氧传感器与二氧化锆式氧传感器的主要区别在于：二氧化锆式氧传感器是将排气中的氧含量变化转变为电压的变化;而二氧化钛式氧传感器是将排气中的氧含量变化转变为电阻的变化。

二氧化钛式氧传感器与 ECU 的连接电路如图 1-64 所示。

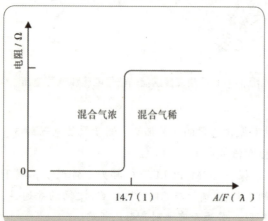

图 1-63 二氧化钛式氧传感器的特性

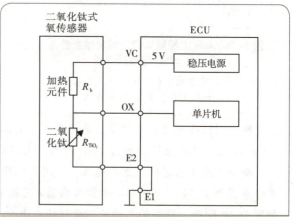

图 1-64 二氧化钛式氧传感器与 ECU 的连接电路

在发动机的运转过程中,并不是在任何时刻或任何工况下,氧传感器和反馈控制系统都起作用,ECU 是通过开环和闭环两种方式对发动机的喷油量进行控制的。发动机在起动、大负荷及暖机运转过程中,需要较浓的混合气,此时 ECU 处在开环控制状态,氧传感器不起作用。因为氧传感器只有在高温下(一般在 390 ℃)才投入工作,所以会产生可靠信号。而发动机起动后,在氧传感器未达到此温度之前,ECU 处于开环控制状态。只有当发动机达到正常工作温度后,ECU 才进行闭环控制,此时氧传感器才起反馈作用。而当氧传感器出现故障,输出信号异常时,电控单元会自动切断氧传感器的反馈作用,使发动机进入开环状态。

利用氧传感器进行信号反馈控制需要使用无铅汽油,因为含铅汽油燃烧后,废气中的铅分子会附着在传感器的表面,阻碍氧离子扩散,使传感器的灵敏度下降,最终失效,这种情况称为氧传感器中毒。同时,润滑油中的硅化物燃烧后生成的二氧化硅可能使氧传感器产生硅中毒而失效。所以,最好使用无铅汽油和质量好的润滑油,并且在行驶一段路程后最好更换氧传感器。

② 二氧化钛式氧传感器的检测方法

可从以下几个方面检测二氧化钛式氧传感器。

● 检查加热器电阻。

用高阻抗数字式万用表电阻挡对氧传感器的加热电阻值进行测试。拔下氧传感器线束插头,测试氧传感器 A、B 接线柱间的电阻值。在正常情况下,其阻值为 5~7 Ω。如果电阻为 ∞,说明加热电阻烧断,应更换氧传感器。

● 检查氧传感器电源电压。

打开点火开关,用万用表电压挡测量传感器的电源电压,其标准值为 1 V,如图 1-65 所示。

● 检查氧传感器加热器电源电压。

打开点火开关,用万用表电压挡测试氧传感器加热器的电源电压,其标准值应为12 V,如图1-66所示。

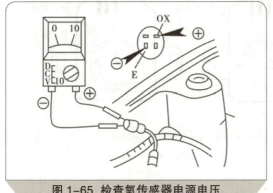

图1-65 检查氧传感器电源电压

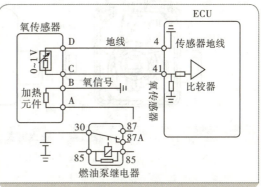

图1-66 检查氧传感器加热器电源电压

● 检查氧传感器反馈电压。

接通点火开关,起动发动机,使其在怠速下正常运转,然后用电压表测量电控单元4端子与搭铁之间的电压值,其值应在0.2～0.8 V。当发动机转速提高后,其电压值应为0.6～1.0 V,否则应更换氧传感器。

● 动态测试。

使发动机充分预热,拔下燃油压力调节器的真空软管,堵上歧管,使混合气变浓(空燃比减小)。在怠速状态下测量电控单元插接器上的41端子电压,电压值应大于0.5 V,否则应更换氧传感器。

6. 节气门控制

(1) 触点开关式节气门位置传感器

① 触点开关式节气门位置传感器的结构

节气门位置传感器检测

节气门位置传感器的检测

触点开关式节气门位置传感器(TPS)主要由节气门轴、大负荷触点(又称为功率触点PSW)、凸轮、怠速触点(IDL)和接线插座组成,其结构如图1-67所示。凸轮与节气门轴同轴转动,控制怠速触点和全负荷触点的开启与闭合,节气门轴随油门开度的大小而转动。

② 触点开关式节气门位置传感器的工作原理

触点开关式节气门位置传感器的输出特性如图1-68所示。

当节气门关闭时,传感器的怠速触点(IDL)闭合,功率触点(PSW)断开,怠速触点(IDL)输出端子输出一个低电平信号"0",功率触点(PSW)输出端子输出一个高电平信号"1"。ECU接收到节气门位置传感器输入的这两个电压信号时,若车速传感器输入ECU的信号表示车速为0,那么ECU便可根据这两个信号判定发动机处于怠速状态,并控制喷油器增加喷油量,

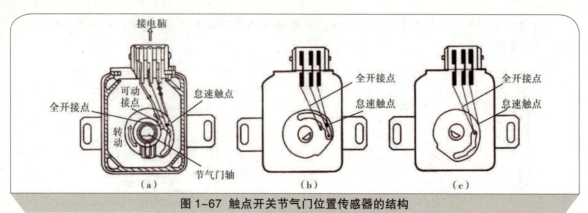

图 1-67 触点开关节气门位置传感器的结构

(a) 结构；(b) 急速状态；(c) 大负荷状态

保证发动机急速转速稳定而不致熄火；如果此时车速传感器输入 ECU 的信号表示车速不为 0，那么 ECU 便可根据这两个信号判定发动机处于减速状态，从而控制喷油器停止喷油，以减少排放量和提高经济性。

当节气门开度逐渐增大时，凸轮随节气门轴转动并将急速触点（IDL）顶开，从而使急速触点处于断开状态，但由于此时功率触点（PSW）也处于断开状态，因此急速触点（IDL）端子输出高电平信号"1"，功率触点（PSW）端子也输出高电平信号"1"。ECU 接收到两个高电平信号时，便可判定发动机处于部分负荷状态，此时 ECU 再根据空气流量传感器信号和曲轴转速信号计算确定喷油量，保证发动机的经济性和排放性能。

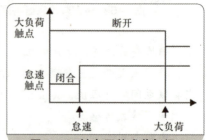

图 1-68 触点开关式节气门位置传感器的输出特性

当节气门接近全部开启（80%以上负荷）时，凸轮转动使功率触点（PSW）闭合，此时 PSW 端子输出一个低电平信号"0"，而 IDL 端子仍处于断开状态，从而输出一个高电平信号"1"。ECU 接收到这两个信号时，便可判定发动机处于大负荷运行状态，从而控制喷油器增加喷油量，保证发动机输出足够的动力。

当节气门全开时，ECU 将控制系统进入开环控制模式，此时不采用氧传感器信号。如果此时机车空调器在工作，那么 ECU 将中断空调主继电器信号约 15 s，以便切断空调电磁离合器的线圈电流，使空调压缩机停止工作，增大发动机输出功率，提高汽车的动力性。

③ 触点开关式节气门位置传感器的检测方法

现以丰田轿车的触点开关式节气门位置传感器为例对此类传感器的检测方法进行介绍。丰田轿车触点开关式节气门位置传感器与 ECU 的连接电路如图 1-69 所示。

其检测方法如下：

● 检测电源电压。

开关式节气门位置传感器的电源电压检测如图 1-70 所示。检测时应拔下传感器插头，用万用表电压挡测量线束插接器中可动触点（TL 端子）的电源电压，应为 12 V，否则应检查线路是否断路。

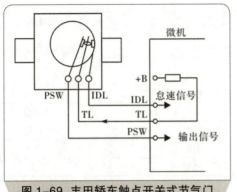

图 1-69 丰田轿车触点开关式节气门位置传感器与 ECU 的连接电路

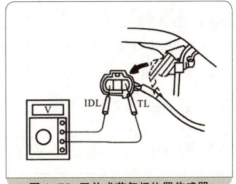

图 1-70 开关式节气门位置传感器的电源电压检测

● 检测输出信号电压。

检测时,传感器应正常连接,接通点火开关,输出的信号电压应为高电平或低电平,并且随节气门轴的转动交替变化(由低电平"0"变为高电平"1"或由高电平"1"变为低电平"0")。

● 检测端子电阻。

·检测怠速端子电阻,如图 1-71 所示。拔下传感器接线插头,用万用表的电阻挡测量怠速端子(IDL)与可动端子(TL)之间的电阻,其值应为 0。转动节气门轴约 40°,其电阻值应为 ∞。

·检测功率端子电阻,如图 1-72 所示。拔下传感器接线插头,用万用表的电阻挡测量传感器的功率端子(PSW)与可动端子(TL)之间的电阻,其值应为 ∞。转动节气门轴约 55°,其电阻值应为 0。

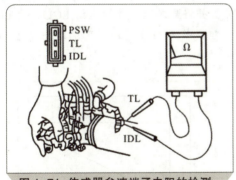

图 1-71 传感器怠速端子电阻的检测

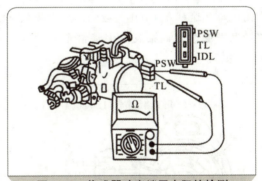

图 1-72 传感器功率端子电阻的检测

触点开关式节气门位置传感器的检测标准如表 1-8 所示。

表 1-8 触点开关式节气门位置传感器的检测标准

检测条件	检测端子	标准值
点火开关置于 ON,节气门全闭(IDL 闭合)	IDL-E	> 0.5 V
	PSW-E	4.5 ~ 5.0 V
点火开关置于 ON,节气门全开	IDL-E	4.5 ~ 5.0 V
	PSW-E	> 0.5 V

续表

检测条件		检测端子	标准值
点火开关置于 ON，节气门在全闭和全开之间（部分负荷）		IDL-E	不能同时小于 0.5 V
		PSW-E	
关闭点火开关，取下传感器导线连接器	节气门全闭	IDL-E	< 10 Ω
		PSW-E	> 1 MΩ
关闭点火开关，取下传感器导线连接器	节气门全开	IDL-E	> 1 MΩ
		PSW-E	< 10 Ω
关闭点火开关，取下传感器导线连接器	节气门在全闭与全开之间	IDL-E	不能同时低于 10 Ω
		PSW-E	

（2）可变电阻式节气门位置传感器

① 可变电阻式节气门位置传感器的结构与工作原理

● 可变电阻式节气门位置传感器的结构。

可变电阻式节气门位置传感器也叫线性输出型节气门位置传感器，其结构如图 1-73 所示，由活动触点 1、活动触点 2、电阻器、节气门轴、接线插头组成。传感器的两个活动触点与节气门轴联动，分别用于测量节气门开度的活动触点 1 和用于确定节气门全闭位置时的活动触点 2。

● 可变电阻式节气门位置传感器的工作原理。

可变电阻式节气门位置传感器的活动触点 1 可在电阻器上滑动，并与电阻器形成一电位计，利用电阻器电阻值的变化将节气门的开度值转化为一个线性电压信号，并将此线性电压信号输送给 ECU，ECU 根据此信号确定节气门的开度，并对喷油量进行修正。而活动触点 2 则在节气门全闭时与怠速触点（IDL）接触，用于提供怠速信号，并将此怠速信号输送给 ECU，使 ECU 根据此信号来实现断油及点火提前角的控制。可变电阻式节气门位置传感器的输出特性如图 1-74 所示。

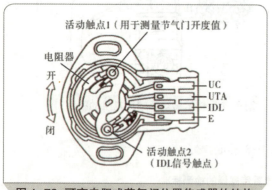

图 1-73 可变电阻式节气门位置传感器的结构

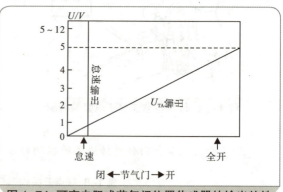

图 1-74 可变电阻式节气门位置传感器的输出特性

可变电阻式节气门位置传感器与 ECU 的连接电路如图 1-75 所示。

由图 1-75 可知，传感器内部电阻 R 的两端加有从 ECU 输送来的 5 V 电压，动触点 α 根据节气门开度的状况在电阻 R 上滑移，由此改变 ECU 的 UTA 端子的电压。UTA 端子的电压信号经 A/D 转换器变成数字信号，再输送到微机中去。

当节气门全闭时，IDL 触点接通，IDL 端子的电位变为 0，这样就把节气门全闭的这一信息传递给了微机。微机根据 UTA 端子和 IDL 端子传来的信号，判断出车辆的行驶状态，修正过渡时期的空燃比，或是减少燃油供给，或是进行怠速稳定修正。

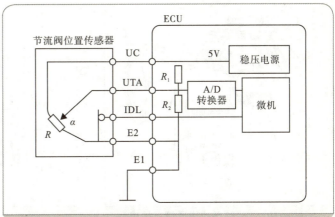

图 1-75 可变电阻式节气门位置传感器与 ECU 的连接电路

② 可变电阻式节气门位置传感器的检测方法

可变电阻式节气门位置传感器的常见故障一般为怠速触头或电位计可动触头接触不良，或电位计电阻值不够准确，从而使 ECU 不能接收到怠速信号或接收到的节气门开度信号不准及节气门开度信号时断时通等，进而造成发动机怠速不稳或无怠速、加速性能不良、加速性能时好时坏。

现以丰田皇冠 3.0 轿车的可变电阻式节气门位置传感器为例，对此类传感器的检测方法进行介绍。丰田皇冠 3.0 轿车节气门位置传感器的原理如图 1-76 所示，节气门位置传感器与 ECU 的连接电路如图 1-77 所示。

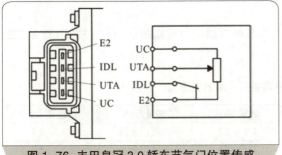

图 1-76 丰田皇冠 3.0 轿车节气门位置传感器的原理

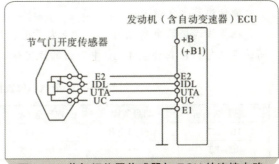

图 1-77 节气门位置传感器与 ECU 的连接电路

● 传感器怠速触点导通情况检查。

关闭点火开关，拔下节气门位置传感器导线连接器，用万用表的电阻挡检查导线连接器上怠速触点的导通情况，如图 1-78 所示。当节气门全关闭时，IDL 与 E2 端子间应导通，电阻为零；当节气门打开时，IDL 与 E2 端子间不导通，电阻应为无穷大。否则，应更换节气门位置传感器。

● 传感器电阻检查。

关闭点火开关，拔下节气门位置传感器导线连接器，用万用表电阻挡测量 UTA 与 E2 端子间的电阻，其电阻值应随节气门开度的增大而呈线性增大。传感器电阻检查如图 1-79 所示。

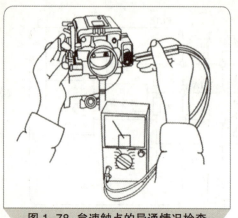

图 1-78 怠速触点的导通情况检查

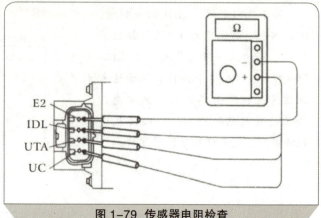

图 1-79 传感器电阻检查

在节气门限位螺钉和限位杆之间插入不同厚度的厚薄规片，用万用表电阻挡测量传感器导线连接器上各端子间的电阻，其电阻值应符合表 1-9 中列出的规定值。

表 1-9 可变电阻式节气门位置传感器各端子间的电阻值

限位螺钉与限位杆之间的间隙	测量端子	电阻值 / kΩ
0	UTA-E2	0.34 ~ 6.30
0.45 mm	IDL-E2	0.50 或更小
0.55 mm	IDL-E2	∞
节气门全开	UTA-E2	2.40 ~ 11.20
—	UC-E2	3.10 ~ 7.20

● 传感器电压检查。

把导线连接器重新插好，打开点火开关，用万用表电压挡测量 IDL-E2、UC-E2、UTA-E2 间的电压值，应符合表 1-10 中列出的规定值。

表 1-10 节气门位置传感器各端子间的电压值

测量端子	测量条件	电压值 / V	测量端子	测量条件	电压值 / V
IDL-E2	节气门全开	9.0 ~ 14.0	UTA-E2	节气门全闭	0.3 ~ 0.8
UC-E2	—	4.0 ~ 5.5	UTA-E2	节气门全开	3.2 ~ 4.9

（3）电控节气门系统

① 电控节气门系统的位置与结构

● 节气门体安装位置。

节气门体安装在空气流量计和发动机之间的进气管上，如图 1-80 所示，用来改变进气通道面积，从而控制进气量和发动机运行工况。

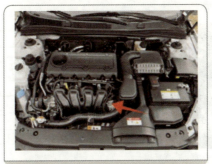

图1-80 节气门体安装位置

传统节气门体中节气门与驾驶员的加速踏板联动,如图1-81(a)所示,驾驶员踏下加速踏板并通过节气门拉索对节气门进行机械定位。当驾驶员踏下加速踏板时,发动机ECU不能控制节气门的位置。为了调整发动机的转矩,发动机ECU必须参考和控制其他参数,如喷油量和喷油正时、点火正时等。电控节气门的控制如图1-81(b)所示,驾驶员踩下加速踏板,加速踏板传感器将加速踏板的位置转换为电信号,并传递给发动机ECU,ECU实时将驾驶员输入的信号传递给节气门执行器(电动机),执行器将节气门转动到相应的角度。

ECU可以独立于加速踏板的位置调整节气门的位置。

其优点是:发动机可以根据各种不同的需求(如驾驶员输入的信号、废气的排放、燃油消

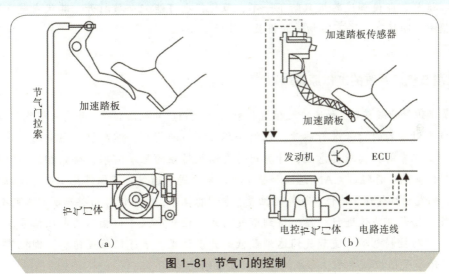

图1-81 节气门的控制

(a)传统节气门的控制;(b)电控节气门的控制

耗以及安全性),确定节气门的位置。

● 电控节气门系统的结构。

以奥迪A6发动机电控节气门系统为例,电控节气门系统主要由加速踏板、加速踏板位置传感器、发动机控制单元、数据总线、EPC指示灯和节气门控制部件(执行机构)等组成,用来确定、调整及监控节气门位置。

加速踏板位置传感器由两个相同的线性可变电阻组成,主要是将驾驶员的意图输送给发动机控制单元。由此产生反映加速踏板下踏量和变化速率的电压信号,并输送给ECU,反映汽车的工作状况,如图1-82所示。

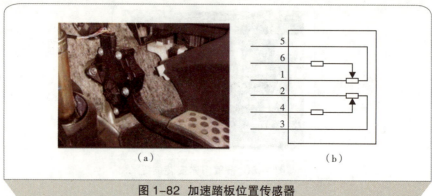

图 1-82 加速踏板位置传感器

（a）加速踏板和加速踏板位置传感器；（b）电路

节气门控制部件由节气门驱动装置、节气门位置传感器组成。节气门驱动装置是一个伺服电动机，由发动机控制单元控制。

节气门是由节气门驱动装置（电动机）根据发动机控制单元的指令来控制的。当发动机不转动且点火开关打开时，发动机控制单元根据加速踏板位置传感器的信息控制节气门控制器，也就是说，当加速踏板踏下一半时，节气门驱动装置以同样的尺度打开节气门，则节气门也打开一半。当发动机运转时（有负荷），发动机控制单元可独立于加速踏板位置传感器打开或关闭节气门，这样，即使加速踏板只踏下一半，节气门也可能完全被打开。其优点是：避免节气门上节流损失，明显改善了有害物质的排放，降低了油耗。

② 电控节气门系统的工作原理

驾驶员操纵加速踏板时，加速踏板位置传感器产生相应的电压信号，并输入节气门控制单元，控制单元首先对输入的信号进行滤波，以消除环境噪声的影响，然后根据当前的工作模式、踏板移动量和变化率解析驾驶员意图，计算出对发动机转矩的基本需求，得到相应的节气门转角的基本期望值。然后再经过 CAN 总线和整车控制单元进行通信，获取其他工况信息以及各种传感器信号，如发动机转速、挡位、节气门位置、空调能耗等，由此计算出整车所需求的全部转矩，通过对节气门转角期望值进行补偿，得到节气门的最佳开度，并把相应的电压信号发送到驱动电路模块，驱动控制电动机使节气门达到最佳的开度位置。节气门位置传感器则把节气门的开度信号反馈给节气门控制单元，形成闭环的位置控制。

ECU 对系统的功能进行监控，如果发现故障，则点亮系统故障指示灯，提示驾驶员系统有故障。同时，节气门不再受电动机控制，节气门在回位弹簧的作用下返回到一个小开度的位置，使车辆慢速开到维修地点。

③ 电控节气门系统的检测模式

国产大众奥迪 A6 AWL、APS 与 ATX 发动机，宝来 AUM 发动机及波罗 BCC 发动机都采用了电控节气门系统。现以奥迪 A6 发动机电控节气门系统为例进行介绍。奥迪 A6 发动机电控节气门系统由加速踏板位置传感器、节气门位置传感器、节气门控制电动机、控制单元（ECU）

组成，如图1-81（b）所示。

●检测原理。

图1-83所示为奥迪A6 APS与ATX发动机电控节气门系统的电路。

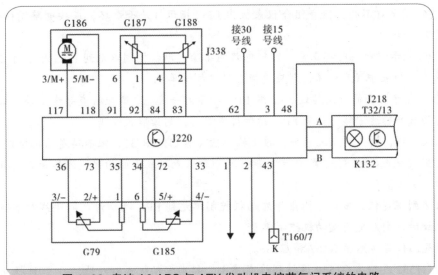

图1-83 奥迪A6 APS与ATX发动机电控节气门系统的电路

J338—节气门控制部件；G186—节气门驱动装置；G187—节气门位置传感器1；G188—节气门位置传感器2；J220—发动机控制单元；G79—加速踏板位置传感器1；G185—加速踏板位置传感器2；J218—组合仪表；K132—EPC指示灯

组合仪表上的EPC（Electronic Power Control的缩写，意为"电子功率控制"）指示灯，也就是电控节气门系统（E-Gas）警告灯，安装位置如图1-84所示。在发动机运转时，电控节气门系统如发生故障，则EPC指示灯点亮，同时发动机控制单元的故障存储器会记录该故障。

由于电控节气门系统是通过控制单元来调整节气门的，因此电控节气门系统可以设置各种功能来改善驾驶的安全性和舒适性，其中最常见的就是牵引力控制系统（ASR）和速度控制系统（巡航控制）。

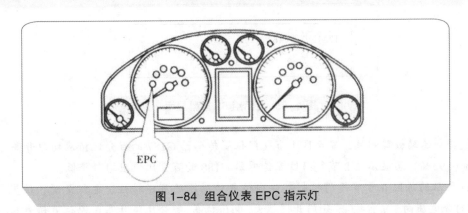

图1-84 组合仪表EPC指示灯

●EPC指示灯功能检查。

打开点火开关，EPC指示灯应亮；起动发动机后，如果故障存储器中没有关于电控节气门系统的故障，EPC 指示灯将熄灭。否则，应对 EPC 指示灯的功能进行检查。

如果开始时 EPC 指示灯不亮，应检查从发动机控制单元到 EPC 指示灯的导线。

关闭点火开关，接上检测盒 V.A.G1598/31，但不接发动机控制单元。

用 V.A.G1594 连接检测盒上插孔 1 和 48。打开点火开关，EPC 指示灯应亮。

如果 EPC 指示灯不亮，检查组合仪表板内 EPC 指示灯是否烧坏，或按电路图检查 EPC 指示灯供电情况。

如果 EPC 指示灯和供电都正常，则按电路图排除发动机控制单元到 EPC 指示灯之间导线短路或断路故障。如果导线无故障，则应更换发动机控制单元。

如果 EPC 指示灯亮的时间超过 3 s，或 EPC 指示灯一直亮，则应检查导线是否对搭铁短路。

起动发动机并怠速运转，如果 EPC 指示灯不熄灭，则读取故障码。

如果无故障码，则关闭点火开关，接上检测盒 V.A.G1598/31，但不接发动机控制单元。

检查检测盒 V.A.G1598/31 第 48 号插脚，与组合仪表板端子间的导线连接是否对搭铁短路，规定值应为无穷大。

如果未达到规定值，按电路图排除发动机控制单元到 EPC 指示灯之间导线对搭铁短路处。如果导线无故障，则应更换发动机控制单元。

检查节气门位置传感器 G187 和 G188。

将 V.A.G1551 或 V.A.G1552 连接到诊断座上，起动发动机，输入地址 01，选择发动机电控系统。按"0"和"8"键，选择功能"读测量数据块"，按"Q"键确认。

输入"0"、"6"和"2"键，选择显示组 062，按"Q"键确认后，屏幕上显示如图 1-85 所示，在显示区 1～4 中，发动机控制单元将传感器电压值换算成百分比（以 5 V 为基数），并显示该百分比值（5 V 相当于 100%）。其中：

显示区 1 显示节气门位置传感器 1（G187）的开度百分比，规定值为 3%～93%。

显示区 2 显示节气门位置传感器 2（G188）的开度百分比，规定值为 3%～97%。

显示区 3 显示加速踏板位置传感器 1（G79）的开度百分比，规定值为 12%～97%。

显示区 4 显示加速踏板位置传感器 2（G185）的开度百分比，规定值为 4%～49%。

在怠速时显示区 1 至显示区 3 的值为 8%～18%，显示区 4 为 3%～13%。

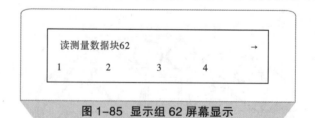

图 1-85 显示组 62 屏幕显示

慢慢将加速踏板踩到底，显示区 1 节气门位置传感器 G187 的百分比值应均匀升高，公差范围为 3%～93%，而显示区 2 节气门位置传感器 G188 的百分比值应均匀降低。

这种显示的原因在于节气门控制部件内位置传感器的可逆转性。也就是说，位置传感器 1（G187）的分电压向 5 V 靠拢（节气门开得越大，电压越高，百分比值升高），而位置传感器 2（G188）的分电压向 0 靠拢（节气门开得越大，电压越低，百分比值降低）。

如果显示达不到上述要求，则检查节气门控制部件的供电及导线，尤其要注意插头是否松动或锈蚀。如果供电及导线正常，则更换节气门控制部件。

● 节气门控制部件供电和导线的检查。

拔下节气门控制部件插头，打开点火开关，用万用表电压挡测量插头端子2和搭铁之间、端子2和端子6之间的电压值，应约为5V，如图1-86所示。

若达不到上述要求，则按照电路图检查节气门控制部件插头6个端子至发动机控制单元相应端子之间的导线是否断路，然后检查导线相互之间是否导通。

图1-86 节气门控制部件插头

1，2，3，4，5，6—端子

● 发动机控制单元同节气门控制部件J338匹配检测。

当电源供应中断、更换了节气门控制部件或更换了发动机控制单元时，发动机控制单元必须与节气门控制部件进行匹配（即自适应或自学习）。

通过匹配，发动机控制单元获得了节气门在不同位置时的特性参数，并将这些参数存入发动机控制单元。节气门位置由两个节气门位置传感器来反馈。

匹配的条件：故障存储器中没有故障存储；蓄电池电压至少应为12.7V；冷却液温度在10℃～95℃，进气温度在10℃～90℃；发动机不运转，点火开关打开，不踩加速踏板。

匹配过程：

将V.A.G1551或V.A.G1552连接到诊断座上，打开点火开关6s以上，用地址码01选择发动机电控系统。按"0"和"4"键，选择功能"基本设置"，按"Q"键确认。不要操纵起动机和加速踏板，当发动机控制单元识别出"学习需要"时，匹配过程会自动完成（匹配过程是否完成是看不出来的）。当存储节气门位置传感器电压值与实际测得值在某一公差范围内不一致时，才能识别出"学习需要"。

输入"0""6"和"0"，选择显示组060，按"Q"键确认后，屏幕上显示如图1-87所示。

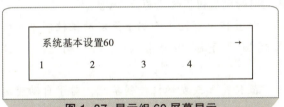

图1-87 显示组60屏幕显示

按"Q"键后，节气门驱动装置先无电流。节气门通过一位于节气门控制部件内的弹簧进入应急运行位置。两个节气门位置传感器的应急运行位置值被存入发动机控制单元。

然后在某一值时，节气门被打开。如果达到该值，节气门驱动装置又不通电流，这时在一定时间内，弹簧应将节气门关闭到先前匹配应急运行位置（弹簧检测）。

随后节气门又被节气门驱动装置关闭，节气门位置传感器传送的值被存入发动机控制单元。

在汽车行驶过程中，如果发动机控制单元不给节气门驱动装置通电流，则怠速升高且不稳，发动机加速非常缓慢。

在显示区3和4中显示节气门控制部件的规定值。

显示区1显示节气门位置传感器1（G187）的开度百分比，规定值为3%～93%。

显示区2显示节气门位置传感器2（G188）的开度百分比，规定值为3%～97%。

显示区3显示匹配步进计数值，规定值为0~8。匹配完成后，显示值应为8（也可能超过这个数字）。

显示区4显示匹配状态，可能显示："ADP i.O." "ERROR" "ADP lauft"。匹配完成应显示"ADP i.O."。

当屏幕显示"功能未知或当前功能不能执行"时，表示节气门控制部件匹配中断。下一次打开点火开关时，将自动进行节气门控制部件匹配。

节气门控制部件匹配中断的可能原因有：节气门不能完全关闭；蓄电池电压太低；节气门控制部件或导线连接损坏；在匹配过程中，起动了发动机或踩了加速踏板；节气门壳体卡得过紧（检查螺栓连接）。

按"→"键，结束基本设置。

● 加速踏板位置传感器G79和G185检测。

将V.A.G1551或V.A.G1552连接到诊断座上，起动发动机，用地址码01选择发动机电控系统。按"0"和"8"键，选择功能"读测量数据块"，按"Q"键确认。

输入"0""6"和"2"，选择显示组062，按"Q"键确认后，屏幕上显示如图1-85所示。

慢慢将加速踏板踩到底，同时注意显示区3和4的百分比值，应均匀升高，并且显示区3中的显示值总应是显示区4的2倍。如果显示值没有达到此要求，则继续进行下一步检查。

拆下驾驶员侧杂物箱。拔下加速踏板位置传感器插头，如图1-88所示。打开点火开关，测量插头端子1和搭铁之间、端子1和端子5之间、端子2和搭铁之间、端子2和端子3之间的电压值，均应约为5V。

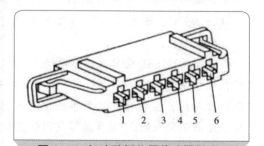

图1-88 加速踏板位置传感器插头
1，2，3，4，5，6 — 端子

按电路图检查加速踏板位置传感器插头各端子至发动机控制单元线束端子之间的导线是否断路，然后检查导线相互之间是否导通。如果导线无故障，则更换加速踏板位置传感器。

● 强制降挡自适应。

如果更换了加速踏板位置传感器或发动机控制单元，对于自动变速器的车，必须进行强制降挡功能自适应。

· 将V.A.G1551或V.A.G1552连接到诊断座上，起动发动机，用地址字01选择发动机电控系统。按"0"和"4"键，选择功能"基本设置"，按"Q"键确认。

· 输入"0""6"和"3"键，选择显示组063，按"Q"键确认后，屏幕上显示如图1-89所示。

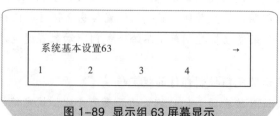

图1-89 显示组63屏幕显示

显示区1显示加速踏板位置传感器1（G79）的开度百分比，规定值为79%～94%。

显示区2显示加速踏板位置传感器2（G185）的开度百分比，规定值为79%～94%。

显示区3显示加速踏板位置，应显示kickdown。

显示区4显示自适应状态，可能显示"ADP i.O."、"ERROR"、"ADP lauft"等。自适应完成应显示"ADP i.O."。

此时表示要求"操纵强制降挡功能"。应立即踩下加速踏板，一直踩过强制降挡作用点，并保持该状态至少2 s。

注意在强制降挡作用点自适应过程中，V. A. G1551或V. A. G1552屏幕上会显示"kickdown ADP lauft"，完成自适应后会显示"kickdown ADP i.O."。

检查显示区4的值，应为"ADP i.O."。若为"ERROR"，则可能出现以下几种情况：测试仪准备好时，没有立即踩下加速踏板；自适应正在进行但未完成时，松开了加速踏板。这两种情况均需结束"基本设置"，并重新进行自适应。

7. 曲轴位置传感器

（1）磁脉冲式曲轴位置传感器

曲轴位置传感器检测

① 磁脉冲式曲轴位置传感器的结构与工作原理

● 磁脉冲式曲轴位置传感器的结构。

磁脉冲式位置传感器由信号转子、永久磁铁、信号线圈等组成，其结构如图1-90所示。

● 磁脉冲式曲轴位置传感器的工作原理。

磁脉冲式曲轴位置传感器的工作原理如图1-91所示。

从图1-91中可以看出，磁力线经永久磁铁N极→定子与转子间的空气间隙→转子凸齿→转子凸齿与定子磁头间的空气间隙→磁头→永久磁铁S极，最终形成一个闭合的回路。信号转子一般安装在正时罩内或曲轴前端的皮带轮之后或分电器内，随曲轴一起旋转。当信号转子旋转时，由于转子凸起部分的转动引起磁路空气间隙的变化，通过线圈的磁通量发生变化，依据法拉第电磁感应定律，在信号线圈的两端会产生一个感应电压，且这个感应电压的方向总是企图阻碍磁通量的变化，因此信号转子凸起部分接近与离开信号转子时，会产生方向相反的交流

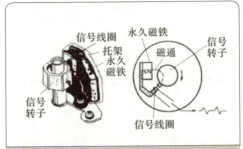

图1-90 磁脉冲式曲轴位置传感器的结构

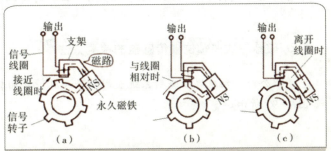

图1-91 磁脉冲式曲轴位置传感器的工作原理
（a）接近；（b）正对；（c）离开

电压信号。

当信号转子的某一凸齿顺时针转动且逐渐接近磁头时，如图1-91（a）所示，此转子凸齿与磁头间的间隙逐渐减小，磁路中的磁阻逐渐减小，但磁通量的变化率却逐渐增大，因此产生一个逐渐增大的正的感应电动势，如图1-92（a）中的 $a \to b$ 段所示。当凸齿继续转动接近磁头时，磁通量仍在增大，但磁通量的变化率却在减小，因此产生一个正的逐渐减小的感应电动势，如图1-92（a）中的 $b \to c$ 所示。

当转子转到凸齿的中心线与磁头的中心线对齐时，如图1-91（b）所示，转子凸齿与磁头间的间隙最小，磁路中的磁阻最小，

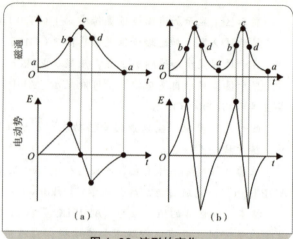

图1-92 波形的变化

（a）转子低速旋转时的输出波形；（b）转子高速旋转时的输出波形

但磁通量最大，由于磁通量不可能继续增加，磁通量变化率为零，因此产生的感应电动势为零，如图1-92（a）中的 c 点所示。

当转子沿顺时针方向继续旋转，凸齿离开磁头时，如图1-91（c）所示，凸齿与磁头间的间隙逐渐增大，磁路中的磁阻逐渐增大，磁通量逐渐减少，但磁通量的变化率仍逐渐增大。所以产生一个负的但绝对值仍逐渐增大的感应电动势，如图1-92（a）中的 $c \to d$ 所示。当凸齿继续转动离开磁头时，凸齿与磁头间的间隙继续增大，磁路中的磁阻继续增大，磁通量继续减少，但磁通量变化率却逐渐减小，因此产生一个负的绝对值逐渐减小的感应电动势，如图1-92（a）中的 $d \to a$ 所示。

从以上分析可以得知，信号转子每转过一个凸齿，传感线圈中就会产生一个周期变化的交变电动势，即电动势出现一次最大值和最小值，传感线圈也相应地输出一个交变电压信号。而且，转子高速旋转时与转子低速旋转时产生的感应电动势也有差别，即高速旋转时线圈中产生的磁通量的变化率要大一些，因此产生的感应电动势也要大一些，如图1-92（b）所示。

曲轴转角的检测就是根据因信号转子的转动而在信号线圈中产生交流信号的原理进行的，通过在信号转子上设置的等间隔的凸起个数求得产生一个脉冲信号曲轴转角的大小。如分电器旋转一周，即信号转子转一圈，曲轴转2圈（720°），信号转子一个凸起产生的1个脉冲信号代表的曲轴转角为720°/凸起数。如丰田汽车的信号转子设置了24个凸起，则一个凸起产生的一个脉冲信号代表30°曲轴转角，因此1°曲轴转角即1个脉冲信号的1/30部分。

② 磁脉冲式曲轴位置传感器的检测方法

丰田公司发动机燃油喷射系统使用转子磁脉冲式曲轴位置传感器，并将它安装在分电器内，如图1-93所示。

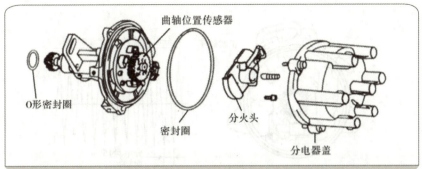

图 1-93 转子磁脉冲式曲轴位置传感器的安装位置

转子磁脉冲式曲轴位置传感器分上下两部分，上部分产生 G 信号（用于判断及检测活塞上止点位置的信号），下部分产生 N_e 信号（用于计算曲轴转角的基准信号）。两部分都是利用带轮齿的正时转子的旋转使信号发生器内的线圈磁通量发生变化，从而产生交变电动势的原理制成的。产生的信号经放大后输入电子控制单元，能实现电子控制单元对点火及喷油正时的控制，其结构如图 1-94 所示。

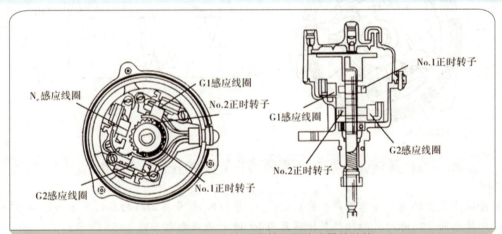

图 1-94 转子磁脉冲式曲轴位置传感器的结构

由于转子转动时，每一个轮齿转过磁头时都会在信号发生器内的感应线圈中产生一个完整的交变电压信号，而 N_e 正时转子上有 24 个齿，因此转子转一圈，即曲轴转两圈（720°）时，感应线圈会产生 24 个完整的交流信号，即 24 个 N_e 信号。一个 N_e 脉冲信号就相当于 30° 曲轴转角（720°÷24=30°）。由 ECU 再将每一个脉冲信号均分为 30 等份，即产生 1° 曲轴转角的信号。N_e 正时转子及其信号发生器的结构与产生的脉冲波形如图 1-95 所示。

N_e 正时转子及其信号发生器上面的 G 正时转子及其信号发生器用来产生 G 信号，并用来判断及检测活塞上止点的位置（相当于日产轿车的 120° 凸缘的作用）。G 信号发生器内有两个感应线圈——G1 和 G2，能够产生两个信号——G1 信号和 G2 信号，可分别用于检测第 6 缸及第 1 缸上止点位置，精确地讲是上止点前 10° 的位置。G 正时转子及其信号发生器的结构与产生的波形如图 1-96 所示。G 信号产生的原理与 N_e 信号产生的原理相同。

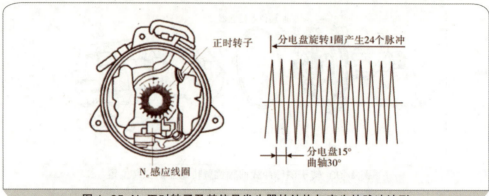

图 1-95 N_e 正时转子及其信号发生器的结构与产生的脉冲波形

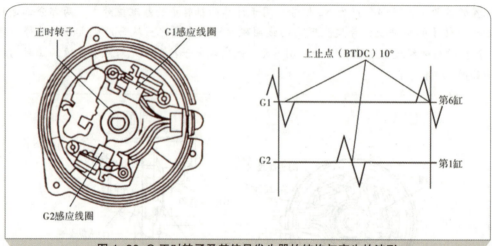

图 1-96 G 正时转子及其信号发生器的结构与产生的波形

转子脉冲式曲轴位置传感器产生的 G1、G2 信号和 N_e 信号与曲轴转角的关系如图 1-97 所示。丰田轿车转子磁脉冲式曲轴位置传感器与 ECU 的连接电路如图 1-98 所示。

曲轴位置传感器是发动机电子控制系统中最重要的元件之一。如果它出现故障，将会影响发动机的正常运转，甚至导致发动机无法运转，因此对于它的检测非常重要。其检测方法如下：

● 检测传感器电阻值。

将点火开关置于"OFF"位置，拔下曲轴位置传感器的导线连接器，用万用表的电阻挡测量曲轴位置传感器上各端子间的电阻值。如果电阻值不在表 1-11 所示的范围内，则应更换曲轴位置传感器。

表 1-11 曲轴位置传感器的电阻值

端子	条件	电阻值/Ω
G1-G-	冷态	125～200
	热态	160～235
G2-G-	冷态	125～200
	热态	160～235
N_e-G-	冷态	155～250
	热态	190～290

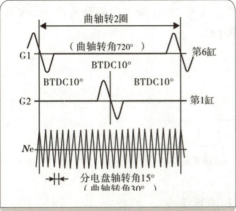

图1-97 G1、G2信号和N_e信号与曲轴转角的关系

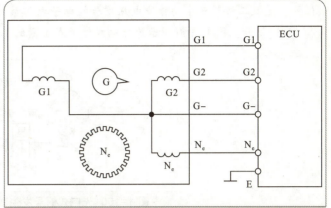

图1-98 丰田轿车转子磁脉冲式曲轴位置传感器与ECU的连接电路

● 曲轴位置传感器输出信号的检查。

拔下曲轴位置传感器的导线连接器，当发动机转动时，用万用表的电压挡检测曲轴位置传感器上G1-G-、G2-G-、N_e-G-端子间是否有脉冲电压信号输出。如果没有脉冲电压信号输出，则需更换曲轴位置传感器。

● 感应线圈与正时转子的间隙检查。

用厚薄规测量正时转子与感应线圈凸出部分的气隙（见图1-99），其间隙应为0.2～0.4 mm。若间隙不符合要求，则需更换分电器总成。

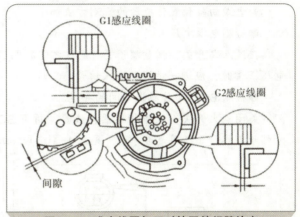

图1-99 感应线圈与正时转子的间隙检查

（2）光电式曲轴位置传感器

① 光电式曲轴位置传感器的工作原理

光电式曲轴位置传感器是利用发动机曲轴运转带动分电器轴和信号盘转动，使发光二极管发出的光线通过信号盘（边缘刻有小孔）产生交替变化的透光和遮光，从而使光敏二极管导通与截止产生脉冲电压信号的原理制成的。

当信号发生器中发光二极管的光束通过信号盘的小孔照射到与其正对的光敏二极管上时，光敏二极管感光导通产生电压信号；当发光二极管的光束被信号盘遮挡时，光敏二极管截止，产生的电压为零。由于信号盘边缘刻有360个小孔，因此信号盘每旋转一圈将产生360个脉冲电压信号，其中一个脉冲信号代表曲轴2°转角（分电器转一周曲轴转2周，即曲轴转720°），其中一个脉冲信号又由一个高电压信号（光敏二极管导通时产生的）和一个零电压信号（光敏二极管截止时产生的）组成，因此它们便分别代表曲轴1°转角。120°转角信号产生的原理与此相同，由小孔里面的6个光孔产生。产生的转角信号是指活塞位于上止点位置时曲轴所处的位置。光敏二极管产生的脉冲电压信号经电子电路放大后,便向ECU输入曲轴转角的1°信号和120°信号。图1-100所示为光电式信号发生器的工作原理。

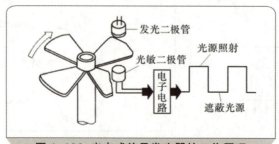

图1-100 光电式信号发生器的工作原理

② 光电式曲轴位置传感器的检测方法

光电式曲轴位置传感器的检测方法如下:

● 检测电源电压。

接通点火开关,测量端子a与地线之间的电压(见图1-101),正常时应为蓄电池电压。当电压正常时,应进一步检查输入信号。

● 检测ECU与传感器之间的导线。

关闭点火开关,拔下传感器接线器,拆下ECU、SMJ接线器,检查ECU接线器49号、59号端子与端子a之间是否导通(见图1-102),正常时应导通,即所测阻值小于1.5 Ω。

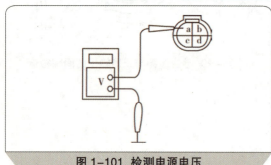

图1-101 检测电源电压

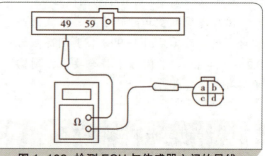

图1-102 检测ECU与传感器之间的导线

● 检测输入信号。

起动发动机,用万用表或示波器检查ECU端子41、51(120°信号端子)及端子42、52(1°信号端子)的信号(见图1-103)。正常时应有脉冲信号;如无脉冲信号或脉冲信号缺损,则需更换传感器。

● 检测ECU与传感器之间的导线和接线器。

将发动机熄火,拆下传感器和ECU、SMJ的接线器,检查ECU接线器端子41、51与端子b,端子42、52与端子c间是否导通(见图1-104),正常时应导通。如导通正常,则应继续检查曲轴位置传感器,如不通,应修理或更换配线或接线器。

● 检测搭铁回路。

停止发动机运转,断开传感器和ECU、SMJ的连接器,检测d端子与搭铁间是否导通(见图1-105),正常时应导通,如不通,则应检测配线或接线器。

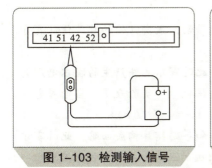

图 1-103 检测输入信号

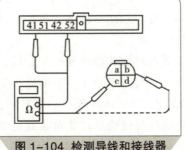

图 1-104 检测导线和接线器

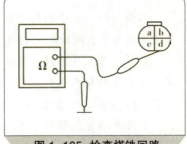

图 1-105 检查搭铁回路

(3) 霍尔式曲轴位置传感器

① 霍尔式曲轴位置传感器的结构与工作原理

霍尔式曲轴位置传感器是利用霍尔效应产生与曲轴转角相对应的电压脉冲信号的原理制成的，可分为触发叶片式和触发轮齿式两种曲轴位置传感器。

霍尔效应是指把一块金属或半导体薄片垂直放在磁感应强度为 B 的磁场中，沿着垂直于磁场的方向通过电流 I，会在薄片的另一对侧面产生电动势 U_H，如图 1-106 所示。所产生的电动势称为霍尔电动势，这种薄片（一般为半导体）称为霍尔片或霍尔元件。

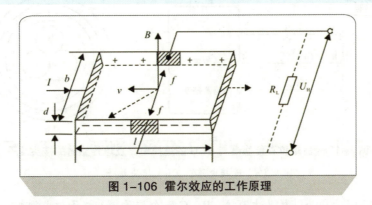

图 1-106 霍尔效应的工作原理

触发叶片式霍尔曲轴位置传感器的工作原理如图 1-107 所示。

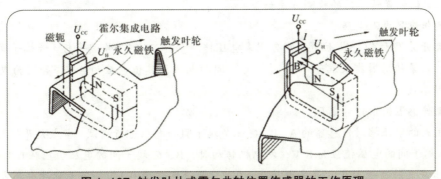

图 1-107 触发叶片式霍尔曲轴位置传感器的工作原理

(a) 叶片进入气隙，磁场被旁路；(b) 叶片离开气隙，磁场饱满

当曲轴转动并带动转子轴转动时,触发叶轮随转子轴一起转动,触发叶轮的叶片便从霍尔集成电路与永久磁铁之间的气隙中转过。

当叶片进入气隙时,霍尔集成电路中的磁场被叶片旁路,此时霍尔元件产生的霍尔电压为零,集成电路输出级的三极管截止,传感器输出一个高电平电压信号(实验表明:当电源电压 $U_{CC}=14.4\text{ V}$ 时,信号电压 $U_0=9.8\text{ V}$;当电源电压 $U_{CC}=5\text{ V}$ 时,信号电压 $U_0=4.8\text{ V}$)。

当叶片离开气隙时,永久磁铁的磁通便经过霍尔集成电路和导磁钢片构成回路,此时霍尔元件产生霍尔电压 U_H($U_H=1.9\sim2.0\text{ V}$),霍尔集成电路输出级的三极管导通,传感器输出一个低电平电压信号 U_0(实验表明:当电源电压 $U_{CC}=14.4\text{ V}$ 或 5 V 时,信号电压 $U_0=0.1\sim0.3\text{ V}$)。

ECU 根据输入的脉冲信号计算出曲轴的转角及活塞上止点位置,从而对发动机的点火和喷油时刻进行控制。

② 霍尔式曲轴位置传感器的检测方法

霍尔式曲轴位置传感器的检测主要是指电源电压、信号输出电压及连接导线电阻的检测,如图 1-108 所示。

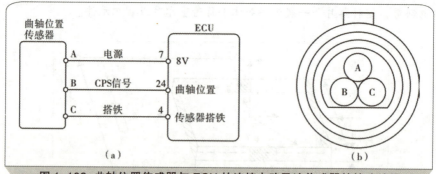

图 1-108 曲轴位置传感器与 ECU 的连接电路及该传感器的接头端子

(a)连接电路;(b)接头端子

线束插头为三端子插头,插头上有 A、B、C 三个端子。A 端子为电源端子,连接 ECU 插座端子 7;B 端子为信号输出端子,连接 ECU 插座端子 24;C 端子为搭铁端子,连接 ECU 插座端子 4。曲轴位置传感器的检测方法如下:

● 检测传感器电源电压。

将点火开关置于"ON"位置,用万用表电压挡测量 ECU 侧 7 号端子与 4 号端子间的电压,应为 8 V,测量传感器接头端子"A"与"C"间的电压,其值也应为 8 V,否则为电源线断路或接头接触不良。

● 检测传感器输出信号电压。

用万用表的电压挡对传感器的 A、B、C 三个端子间的电压进行测试。当点火开关置于"ON"时,A、C 端子间的电压值应为 8 V;发电机转动时,B、C 端子间的电压值应在 0.3~5.0 V,且数值显示应呈脉冲性变化,最高电压为 5.0 V,最低电压为 0.3 V。若无脉冲电压或电压值不在此范围内,则应更换曲轴位置传感器。

● 检测传感器端子电阻。

将点火开关置于"OFF"位置；拔下曲轴位置传感器导线连接器，用万用表电阻挡测量端子A、端子B或端子A、端子C间的电阻值，此时万用表应显示∞（开路）。如果指示有电阻，则应更换曲轴位置传感器。

8. 爆震传感器

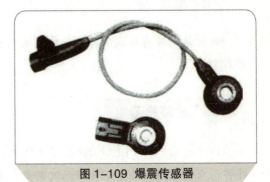

图 1-109 爆震传感器

（1）用途

爆震传感器（见图 1-109）用于向 ECU 提供发动机爆震信息，进行爆震控制。

（2）组成和原理

爆震传感器是一种振动加速度传感器，装在发动机气缸体上，一般安装在2、3缸之间，有利于发动机爆震平衡。ECU 利用爆震传感器输出的振动频率信号，通过 ECU 内部滤波进而判断发动机是否发生了爆震，当检测到爆震信号时，ECU 会逐步减小，直到不发生爆震为止，然后再逐步恢复，直到爆震边缘，如此反复。

（3）故障检测

故障检测是指主要检查传感器上两根线和 ECU 对应针脚之间的连接是否出现短路、断路，传感器与缸体之间是否压合不良，或者传感器和缸体之间是否有异物。

工作温度区间：-40 ℃ ~ 150 ℃。

电阻值：大于 1 MΩ。

爆震传感器检测

（4）针脚连接

爆震传感器与 ECU 的连接电路如图 1-110 所示。

9. 电控单元（ECU）

（1）用途

ECU 是一个以微处理器为核心组成的，具有传感器信号输入接口，由执行器驱动电路的电控发动机控制中心，它接收和处理各传感器输入的发动机状态信号，并向执行器发出控制信号，使发动机按照预定的程序工作并处

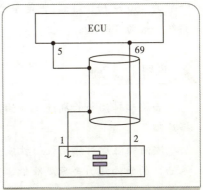

图 1-110 爆震传感器与 ECU 的连接电路

1—爆震传感器信号 1（ECU 5#）；
2—爆震传感器信号 2（ECU 69#）

于最佳状态,确保良好的动力性、燃油经济性和排放性。

正常运行电压:9～16 V。

过电压保护:12V/24V 通电时间小于60 s。

(2) 组成

电控单元带有屏蔽的外壳和印刷电路板。在电路板上集成了很多电子元件,用于电喷系统的控制。

(3) 故障检测

由于电控单元(ECU)的故障率很低,因此不建议一有故障就更换ECU来解决问题。出故障时应先排查外围线路、传感器等组件的故障,确认外围件无故障后,再更换ECU。

10. 电动燃油泵

电动燃油泵的拆卸

(1) 用途

电动燃油泵(见图1-111)以一定的油压和流量将燃油从油箱输送到发动机供油总管,并保持稳定的油压(通过油压调节器来实现)。

(2) 组成和原理

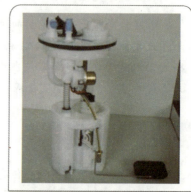

图1-111 电动燃油泵

电动燃油泵由直流电动机、叶片泵和端盖(集成了止回阀、泄压阀和抗电磁干扰组件)等组成,泵和电动机同轴安装,并且封闭在同一个机壳内。电动燃油泵出口的最大压力由泄压阀决定,一般为450～650 kPa。但是整个燃油系统的压力却是由燃油压力调节器决定的,MT20U电喷系统一般为350 kPa。

> 说明
>
> 如果车辆油箱长期处于缺油、少油状态,油泵得不到良好的润滑,会出现油泵烧结、烧毁等故障。
>
> 燃油的温度对燃油泵的性能影响较大,当长期处于高温下运转、燃油温度高于一定值时,燃油泵的泵油压力会急剧降低。因此,当热车发动机不能起动时,请仔细检查是否因为燃油泵的高温工作性能不好。
>
> 油泵的润滑、冷却靠油箱内的汽油来实现。
>
> 泄压压力:小于900 kPa。

工作压力：8～16 V。
油泵阻值：小于130 Ω。
副油箱内的喷射泵负责将回油泵回主油箱。

（3）针脚连接

电动燃油泵与ECU的连接电路如图1-112所示。电动燃油泵有两个针脚，其中一个用于连接油泵继电器。两个针脚旁边的油泵外壳上刻有"+"和"-"，分别表示接正极和负极。ECU 47#脚控制燃油泵继电器。

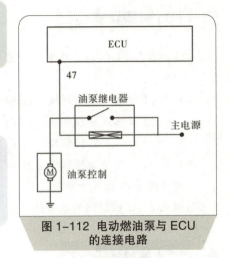

图1-112 电动燃油泵与ECU的连接电路

（4）故障排除

油泵的故障一般表现为油压不足、不泵油等。在排除故障时，一般应该检查系统油压是否在规定值范围内，管路是否泄漏。另外，油箱的正压、负压均会影响燃油系统。

11. 电磁喷油器

（1）用途

MT20U采用顺序燃油喷射技术，顺序喷射信号由进气压力传感器提供。若进气压力传感器损坏，则依照点火顺序，采用分组喷射的方式进行控制。喷油器根据ECU的指令，在规定的时间内喷射燃油，借此向发动机提供燃油并使其雾化。

（2）组成和原理

ECU发出电脉冲给喷油器线圈，形成磁场力。当磁场力上升到足以克服回位弹簧压力、针阀的重力和摩擦力的合力时，针阀开始升起，喷油过程开始。当喷油脉冲截止时，回位弹簧的压力使针阀重新关上。电喷系统的油轨和喷油器如图1-113所示。

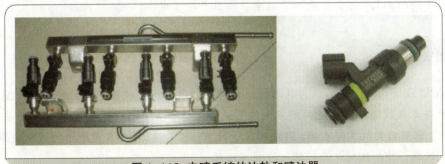

图1-113 电喷系统的油轨和喷油器

（3）针脚连接

喷油器与 ECU 的连接电路如图 1-114 所示。
针脚：
1 号—1 缸喷油器控制极（接 ECU 55#）；
2 号—2 缸喷油器控制极（接 ECU 70#）；
3 号—3 缸喷油器控制极（接 ECU 56#）；
4 号—4 缸喷油器控制极（接 ECU 71#）。
四个喷油器的另一根线连接在一起，由发动机主继电器供 ECU 控制喷油器搭铁。

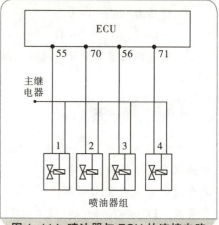

图 1-114 喷油器与 ECU 的连接电路

（4）故障排除

当发动机使用周期较长时，喷油嘴会出现喷油不畅、雾化不良等故障。所以，应定期清洗喷油嘴。

喷油嘴内部线圈短路、断路也会导致喷油系统故障。

当长期使用不合格燃油时，燃油在喷油嘴喷孔处黏结，容易导致急速不稳。

12. 点火线圈

点火线圈

（1）用途

点火线圈将初级绕组的低压电转变成次级绕组的高压电，通过火花塞放电产生火花，引燃气缸内的燃油空气混合气。

（2）组成和原理

MT20U 采用分组点火技术，利用电磁线圈互感能产生高能量的原理，控制初级线圈的通、断电时刻，利用在线圈次极产生的高压电击穿火花塞间隙，产生强烈火花，点燃混合气。由于在发动机排气行程时的空气电离很大、电阻很低，所以只需要很低的电压就可以击穿火花塞间隙。该系统采用了分组点火技术，不会浪费能量，而且节约了成本。

（3）故障诊断

由于 ECU 没有对点火线圈实行故障诊断的功能，所以点火线圈如果出问题，是没有故障码的，只有检查点火线圈电阻才能判断点火线圈是否工作正常。点火线圈温度过高会导致点火线圈电阻增大，出现发动机工作不稳、自动熄火等故障。但 ECU 可对点火线圈的控制线进行监测：控制线对地短路；控制线对电源短路；控制线断路。

当检测到某个点火线圈故障时,将关闭对应气缸的喷油器。

点火线圈温度过高,有可能导致发动机点火系统工作不良。

点火线圈初级电阻:0.45～0.55 Ω。

点火线圈次级电阻:4.8～5.6 kΩ。

(4)针脚连接

点火线圈与ECU的连接电路如图1-115所示。

针脚:

1号—线圈初级绕组(接ECU 32#);

2号—线圈供电(接系统主继电器);

3号—线圈初级绕组(接ECU 52#)。

高压侧:

1、2、3、4号针脚分别通过分火线与同名发动机气缸的火花塞连接。

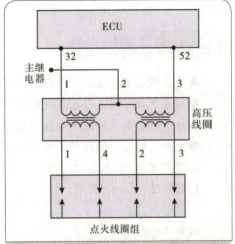

图1-115 点火线圈与ECU的连接电路

(5)一般故障原因

● 线圈内部短路、断路;
● 线圈漏电、壳体裂缝;
● 线圈老化导致点火能量不足。

13. 炭罐电磁阀

(1)用途

炭罐电磁阀(见图1-116)控制从炭罐到进气总管的清洗气流的大小。炭罐的吸附量是有一定限度的,假如不消耗掉吸附在炭罐上的蒸发汽油,汽油挥发到外界,就会对大气造成污染,且增加了不安全因素。

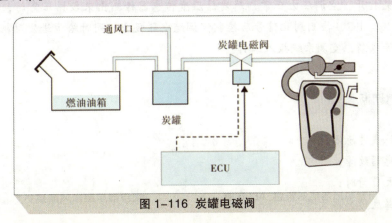

图1-116 炭罐电磁阀

（2）组成和原理

炭罐电磁阀是由ECU发出的数字化控制脉冲方波控制其开度的，根据发动机工况不同，炭罐电磁阀的开度也不相同，在发动机大负荷、急速时，为了保证发动机的输出功率，炭罐电磁阀并不投入工作。

（3）故障检测

- 检查传感器线路是否短路、断路；
- 检查线束之间是否有串线的地方；
- 检查传感器线路是否对电源短路；
- 检查炭罐电磁阀内部是否有堵塞现象，是否通气正常。

工作温度：-40 ℃ ~ 120 ℃
线圈阻值：19 ~ 22 Ω。
工作电压：8 ~ 16 V。
额定工作电压：+12 V。

炭罐电磁阀的检测

（4）针脚连接

炭罐电磁阀与ECU的连接电路如图1-117所示。
针脚：
1号—接主继电器电源；
2号—电磁阀线圈控制（接ECU 63#）。

图1-117 炭罐电磁阀与ECU的连接电路

14. 空调控制系统

（1）控制原理

当空调开关打开、空调压力正常、蒸发器温度传感器检测出来数据正常时，空调请求信号就会传递给ECU。ECU检测到此信号后控制空调继电器吸合，同时给步进发动机提升转速的信号，并开启电子风扇，空调系统投入工作。

（2）空调切断条件

- 节气门位置传感器故障；
- 车速传感器故障；
- 发动机大负荷时；
- 蒸发器温度传感器故障；

- 蒸发器温度低于 1.5 ℃；
- 发动机转速超速；
- 冷却液温度高于 108 ℃；
- 急加速。

（3）故障检测

- 检查空调系统线路；
- 检查空调蒸发器温度传感器是否损坏；
- 检查线束内部是否串线。

（4）针脚连接

空调控制系统与 ECU 的连接电路如图 1-118 所示。
针脚：
1 号—空调请求信号（接 ECU 39#）；
2 号—空调继电器控制（接 ECU 46#）。

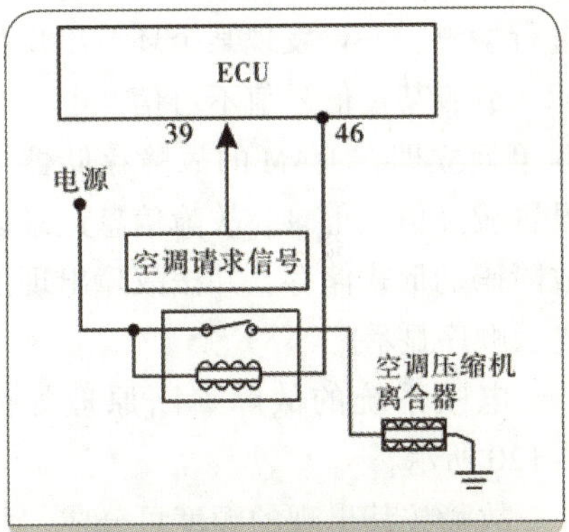

15. 风扇控制（FAN）

（1）用途

MT20U 系统控制风扇高、低速。控制系统根据水温、空调等信号来控制风扇高、低速运转，当条件合适时，控制风扇系统延时。

控制模式：
- 一挡 98 ℃开启，94 ℃停止；
- 二挡 105 ℃开启，101 ℃停止；
- 关机后水温超过 101 ℃，风扇继续工作 60 s；
- 关机后水温超过 94 ℃，风扇继续工作 30 s；
- 关机后水温低于 85 ℃，风扇停止工作。

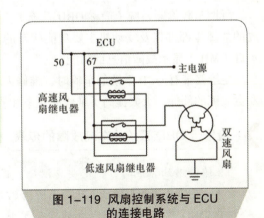

图 1-118 空调控制系统与 ECU 的连接电路

图 1-119 风扇控制系统与 ECU 的连接电路

（2）故障检测

在 ECU 侧按图 1-119 所示针脚检查线路是否存在短路、断路现象。

(3) 风扇控制电路图

高、低速针脚与实际相同，但是实际电路和电路图有差异，图1-119仅供参考。

三、发动机电控系统的自诊断功能

1. 故障信息记录

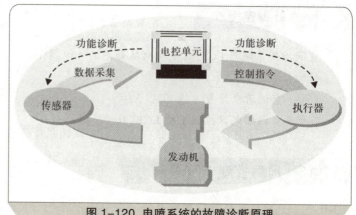

解码仪读取故障码与清除

发动机电控单元不断地监测着传感器、执行器、相关的电路、故障指示灯和蓄电池电压等，乃至电控单元本身，并对传感器输出信号、执行器驱动信号和内部信号（如氧闭环控制、爆震控制、怠速转速控制和蓄电池电压控制等）进行检测。一旦发现某个环节出现故障，或者某个信号值不可信，电子控制单元立即在RAM的故障存储器中设置故障信息记录。故障信息记录以故障码的形式储存，并按故障出现的先后顺序显示。

电喷系统的故障诊断原理如图1-120所示。

故障按其出现的频度可分成"稳态故障"和"偶发故障"（例如，由短暂的线束断路或者接插件接触不良造成）。

图1-120 电喷系统的故障诊断原理

2. 故障检修步骤

所谓车载诊断系统（简称OBD系统），是指集成在发动机控制系统中，能够监测影响废气排放的故障零部件以及发动机主要功能状态的诊断系统。它具有识别、存储并且通过自诊断故障指示灯（MIL）显示故障信息的功能。

在维修带有OBD系统的车辆时，维修人员可以通过诊断仪迅速而准确地定位发生故障的部件，大大提高了维修的效率和质量。

 检修带OBD系统的车辆故障的步骤

人工读取故障码与清除

在维修燃油系统时，一定要先泄压，保证燃油管路内没有压力油。将燃油泵插头拔掉，然后着车，直到车辆熄火为止，此时系统内已无压力油。维修过后，首次起动时应该先给系统泵油。检修带OBD系统的车辆故障的步骤如图1-121所示。

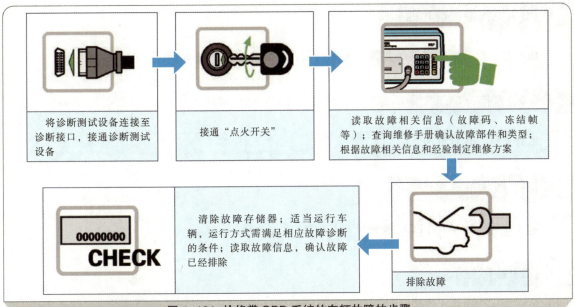

图 1-121 检修带 OBD 系统的车辆故障的步骤

3. 诊断仪连接

发动机电控系统采用"K"线通信协议，并采用 ISO 9141-2 标准诊断接头，如图 1-122 所示。这个标准诊断接头是固定地连接在发动机线束上的，用于发动机管理系统 EMS 的是标准诊断接头的 4、7 和 16 号针脚。标准诊断接头的 4 号针脚连接车上的地线；7 号针脚连接 ECU 的 15 号针脚，即发动机数据"K"线；16 号针脚连接蓄电池正极。

ECU 通过"K"线可与外接诊断仪进行通信，并可进行如下操作。

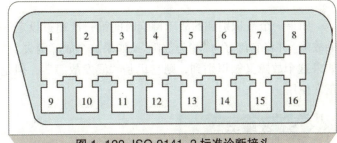

图 1-122 ISO 9141-2 标准诊断接头

（1）发动机参数显示

● 转速、冷却液温度、节气门开度、点火提前角、喷油脉宽、进气压力、进气温度、车速、系统电压、喷油修正、炭罐冲洗率、怠速空气控制、氧传感器波形；
● 目标转速、发动机相对负荷、环境温度、点火闭合时间、蒸发器温度、进气流量、油耗量；
● 节气门位置传感器信号电压、冷却液温度传感器信号电压、进气温度传感器信号电压、进气压力传感器信号电压。

（2）电喷系统状态显示

防盗系统状态、安全状态、编程状态、冷却系统状态、稳定工况状态、动态工况状态、排放控制状态、氧传感器状态、怠速状态、故障指示灯状态、紧急工况状态、空调系统状态、自动变速器/扭矩请求状态。

（3）执行器试验功能

故障灯、燃油泵、空调继电器、风扇、点火、喷油（单缸断油）。

（4）里程计显示

运行里程、运行时间。

（5）版本信息显示

车架号码（VIN）、ECU 硬件号码、ECU 软件号码。

（6）故障显示

进气压力传感器、进气温度传感器、发动机冷却液温度传感器、节气门位置传感器、氧传感器、氧传感器加热线路、空燃比修正、各缸喷油器、燃油泵、转速传感器、相位传感器、炭罐控制阀、冷却风扇继电器、车速信号、怠速转速、怠速调节器、系统电压、ECU、空调压缩机继电器、蒸发器温度传感器、故障灯。

4. 故障状态

如果一个被识别到的故障持续时间第一次超过设定的稳定化时间，ECU 就认定它是一个稳定的故障，并将它储存为"稳态故障"。如果这个故障消失，就将它储存为"偶发故障"和"不存在的"。如果这个故障又被识别到，则它仍是"偶发故障"，但是"存在的"历史故障并不影响发动机的正常使用。

5. 故障类型

电喷车辆故障一般有以下几种故障类型：

- 最大故障：信号超过正常范围的上限；
- 最小故障：信号超过正常范围的下限；
- 信号故障：无信号；
- 不合理故障：有信号，但信号不合理。

6. 故障读出

发动机运转过程中，系统或零部件出现故障时，发动机故障指示灯会自动点亮，以提醒车辆驾驶人员及时检查和维修。

在应急故障处理时，也可通过特殊的操作使发动机故障指示灯频闪以读取发动机故障代码，这是最经济获取故障代码的手段，操作方法如下：

- ●电瓶电压应确保发动机的起动转速；
- ●发动机及整车附件处于关闭状况；
- ●节气门完全关闭；
- ●变速箱置于空挡；
- ●关闭点火开关；
- ●将故障诊断插头中诊断请求端子1用导线对地线端子4或端子5短接；
- ●将点火开关转至"ON"位置，但不得起动发动机。

若系统当前存在故障或故障排除后未被清除的历史故障码，发动机故障指示灯将以一定的规律闪烁输出系统所检测出故障的代码（读取故障码的同时，怠速控制阀将进行复位动作）。

故障码读取完毕后，关断点火开关，拔下诊断请求短接导线。指示灯闪烁报告故障的规律是：故障代码之间停顿3.2 s，数字以亮0.4 s灭0.4 s的频率闪烁，数位之间停顿1.2 s；数字0闪烁10次，其他数字与闪烁次数对应。

以故障码0110和0443为例（见图1-123）：

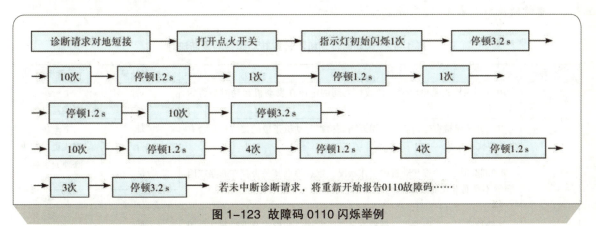

图1-123 故障码0110闪烁举例

7. 故障信息记录的清除

当故障被排除后，存储器中的故障信息记录应予清除。

点火开关接通时，虽然已经出现，但是未能保持到稳定化时间结束的故障信息不作记录。

当发动机成功地起动过一定的次数后，故障码即会被自动清除。

利用故障诊断仪，通过"故障存储器清零"指令将故障信息记录清除。

拔下ECU的接头或拆下蓄电池电线，将外部RAM中的故障信息记录清除。

8. 故障查找

通过上述手段获得了故障信息记录以后，只是知道了故障发生的大致部位，但是并不等于故障已经查到。因为引发一条故障信息的原因可能是电气元件（如传感器或执行器或ECU等）损坏，可能是导线断路，可能是导线对地或对蓄电池正极短路，甚至可能是机械故障。

故障是内在的，其外在的表现结果是各种症状。发现症状之后，首先要用故障诊断仪或者根据闪烁码检查是否有故障信息记录，并且根据故障信息排除相关故障；然后根据发动机症状查找故障。

任务三　发动机电控系统常见故障的诊断

一、起动时，发动机不转或转动缓慢

- 一般故障部位：蓄电池；起动机；线束或点火开关；发动机机械部分。
- 诊断流程如表 1-12 所示。

表 1-12　起动时发动机不转或转动缓慢的诊断流程

序号	操作步骤	检测结果	后续步骤
1	用万用表检查蓄电池两个接线柱之间的电压在发动机起动时是否为 8~12 V	是	下一步
		否	更换蓄电池
2	点火开关保持在起动位置，用万用表检查起动机正极的接线柱是否有 8 V 以上的电压	是	下一步
		否	修理或更换线束
3	拆卸起动机，检查起动机的工作状况，重点检查其是否存在断路或因润滑不良而卡死的故障	是	修理或更换起动机
		否	下一步
4	如果故障仅在冬季发生，则检查是否因发动机润滑油及齿轮箱油选用不当而导致起动机的阻力过大	是	换合适标号的润滑油
		否	下一步
5	检查发动机内部是否因机械阻力过大而导致起动机不转或转动缓慢	是	检修发动机内部阻力
		否	重复上述步骤

二、起动时，发动机可以拖转但不能成功起动

- 一般故障或故障部位：油箱无油；燃油泵；转速传感器；点火线圈；发动机机械部分。
- 诊断流程如表 1-13 所示。

点火系统

发动机电控系统组成

表 1-13 起动时发动机可以拖转但不能起动的诊断流程

序号	操作步骤	检测结果	后续步骤
1	接上燃油压力表（接入点为燃油分配管总成进油管前端），起动发动机，检查燃油压力在急速工况下是否在 260 kPa 左右；拔掉燃油压力调节器上的真空管，检查其燃油压力是否在 300 kPa 左右	是	下一步
		否	检修供油系统
2	接上电喷系统诊断仪，观察"发动机转速"数据项，起动发动机，观察是否有转速信号输出	是	下一步
		否	检修转速传感器线路
3	拔出其中一缸的分缸线，接上火花塞，令火花塞电极距发动机机体 5 mm 左右，起动发动机，检查是否有蓝白高压火	是	下一步
		否	检修点火系统
4	检查发动机各个气缸的压力情况，观察发动机气缸是否存在压力不足的情况	是	下一步
		否	排除发动机机械故障
5	接上电喷系统转接器，打开点火开关，检查发动机 ECU 针脚电源供给是否正常；检查发动机 ECU 针脚搭铁是否正常	是	诊断帮助
		否	检修相应的线路

三、热车起动困难

● 一般故障或故障部位：燃油含水；燃油泵；冷却液温度传感器；燃油压力调节器真空管；点火线圈。

● 诊断流程如表 1-14 所示。

表 1-14 热车起动困难的诊断流程

序号	操作步骤	检测结果	后续步骤
1	接上燃油压力表（接入点为燃油分配管总成进油管前端），起动发动机，检查燃油压力在急速工况下是否在 260 kPa 左右；拔掉燃油压力调节器上的真空管，检查其燃油压力是否在 300 kPa 左右	是	下一步
		否	检修供油系统
2	拔出其中一缸的分缸线，接上火花塞，令火花塞电极距发动机机体 5 mm 左右，起动发动机，检查是否有蓝白高压火	是	下一步
		否	检修点火系统
3	拔下冷却液温度传感器接头，起动发动机，观察此时发动机是否成功起动（或在冷却液温度传感器接头处串联一个 300 Ω 的电阻代替冷却液温度传感器，观察此时发动机是否成功起动）	是	检修线路或更换传感器
		否	下一步
4	检查燃油压力调节器真空管是否存在松脱或漏气现象	是	检修或更换真空管
		否	下一步
5	检查燃油情况，观察故障现象是否由于刚好加过油引起	是	更换燃油
		否	下一步
6	接上电喷系统转接器，打开点火开关，检查发动机 ECU 针脚电源供给是否正常；检查发动机 ECU 针脚搭铁是否正常	是	诊断帮助
		否	检修相应的线路

四、冷车起动困难

● 一般故障或故障部位：燃油含水；燃油泵；冷却液温度传感器；喷油器；点火线圈；节气门体及急速旁通气道；发动机机械部分。

● 诊断流程如表 1-15 所示。

表 1-15 冷车起动困难的诊断流程

序号	操作步骤	检测结果	后续步骤
1	接上燃油压力表(接入点为燃油分配管总成进油管前端),起动发动机,检查燃油压力在急速工况下是否在 260 kPa 左右;拔掉燃油压力调节器上的真空管,检查其燃油压力是否在 300 kPa 左右	是	下一步
		否	检修供油系统
2	拔出其中一缸的分缸线,接上火花塞,令火花塞电极距发动机机体 5 mm 左右,起动发动机,检查是否有蓝白高压火	是	下一步
		否	检修点火系统
3	拔下冷却液温度传感器接头,起动发动机,观察此时发动机是否成功起动(或在冷却液温度传感器接头处串联一个 2 500 Ω 的电阻代替冷却液温度传感器,观察此时发动机是否成功起动)	是	检修线路或更换传感器
		否	下一步
4	轻轻踩下油门,观察是否容易起动	是	清洗节气门及急速气道
		否	下一步
5	拆卸喷油器,用喷油器专用清洗分析仪检查喷油器是否存在泄漏或堵塞现象	是	更换
		否	下一步
6	检查燃油情况,观察故障现象是否由于刚加过油引起	是	更换燃油
		否	下一步
7	检查发动机各个气缸的压力情况,观察发动机气缸是否存在压力不足的情况	是	排除发动机机械故障
		否	下一步
8	接上电喷系统转接器,打开点火开关,检查发动机 ECU 针脚电源供给是否正常;检查发动机 ECU 针脚搭铁是否正常	是	诊断帮助
		否	检修相应的线路

五、转速正常但任何时候均起动困难

● 一般故障或故障部位:燃油含水;燃油泵;冷却液温度传感器;喷油器;点火线圈;节气门体及急速旁通气道;进气道;点火正时;火花塞;发动机机械部分。

● 诊断流程如表 1-16 所示。

表 1-16 转速正常但任何时候均起动困难的诊断流程

序号	操作步骤	检测结果	后续步骤
1	检查空气滤清器是否堵塞,进气道是否存在漏气现象	是	检修进气系统
		否	下一步
2	接上燃油压力表(接入点为燃油分配管总成进油管前端),起动发动机,检查燃油压力在急速工况下是否在 260 kPa 左右;拔掉燃油压力调节器上的真空管,检查其燃油压力是否在 300 kPa 左右	是	下一步
		否	检修供油系统
3	拔出其中一缸的分缸线,接上火花塞,令火花塞电极距发动机机体 5 mm 左右,起动发动机,检查是否有蓝白高压火	是	下一步
		否	检修点火系统
4	检查各个气缸的火花塞,观察其型号及间隙是否符合规范	是	下一步
		否	调整或更换火花塞
5	拔下冷却液温度传感器接头,起动发动机,观察此时发动机是否成功起动	是	检修线路或更换传感器
		否	下一步

续表

序号	操作步骤	检测结果	后续步骤
6	轻轻踩下油门，观察是否容易起动	是	清洗节气门及急速气道
		否	下一步
7	拆卸喷油器，用喷油器专用清洗分析仪检查喷油器是否存在泄漏或堵塞现象	是	更换
		否	下一步
8	检查燃油情况，观察故障现象是否由于刚加过油引起	是	更换燃油
		否	下一步
9	检查发动机各个气缸的压力情况，观察发动机气缸是否存在压力不足的情况	是	排除发动机机械故障
		否	下一步
10	检查发动机的点火顺序及点火正时是否符合规范	是	下一步
		否	检修点火正时
11	接上电喷系统转接器，打开点火开关，检查发动机ECU针脚电源供给是否正常；检查发动机ECU针脚搭铁是否正常	是	诊断帮助
		否	检修相应的线路

六、起动正常但任何时候都急速不稳

● 一般故障或故障部位：燃油含水；喷油器；火花塞；节气门体及急速旁通气道；进气道；急速调节器；点火正时；发动机机械部分。
● 诊断流程如表1-17所示。

表1-17 起动正常但任何时候都急速不稳的诊断流程

序号	操作步骤	检测结果	后续步骤
1	检查空气滤清器是否堵塞，进气道是否存在漏气现象	是	检修进气系统
		否	下一步
2	检查急速调节器是否卡滞	是	下一步
		否	清洗或更换急速调节器
3	检查各个气缸的火花塞，观察其型号及间隙是否符合规范	是	下一步
		否	调整或更换火花塞
4	检查节气门体及急速旁通气道是否存在积炭现象	是	清洗
		否	下一步
5	拆卸喷油器，用喷油器专用清洗分析仪检查喷油器是否存在泄漏、堵塞或流量超差现象	是	更换
		否	下一步
6	检查燃油情况，观察故障现象是否由于刚加过油引起	是	更换燃油
		否	下一步
7	检查发动机各个气缸的压力情况，观察发动机气缸压力是否存在差异较大的情况	是	排除发动机机械故障
		否	下一步
8	检查发动机的点火顺序及点火正时是否符合规范	是	更换燃油
		否	检修点火正时

续表

序号	操作步骤	检测结果	后续步骤
9	接上电喷系统转接器，打开点火开关，检查发动机 ECU 针脚电源供给是否正常；检查发动机 ECU 针脚搭铁是否正常	是	诊断帮助
		否	检修相应的线路

七、起动正常但暖机过程中怠速不稳

●一般故障或故障部位：燃油含水；冷却液温度传感器；火花塞；节气门体及怠速旁通气道；进气道；怠速调节器；发动机机械部分。

●诊断流程如表 1-18 所示。

表 1-18 起动正常但暖机过程中怠速不稳的诊断流程

序号	操作步骤	检测结果	后续步骤
1	检查空气滤清器是否堵塞，进气道是否存在漏气现象	是	检修进气系统
		否	下一步
2	检查各个气缸的火花塞，观察其型号及间隙是否符合规范	是	下一步
		否	调整或更换火花塞
3	卸下怠速调节器，检查节气门体、怠速调节器及怠速旁通气道是否存在积炭现象	是	清洗相关零部件
		否	下一步
4	拔下冷却液温度传感器接头，起动发动机，观察此时发动机是否在暖机过程怠速不稳	是	检修线路或更换传感器
		否	
5	拆卸喷油器，用喷油器专用清洗分析仪检查喷油器是否存在泄漏、堵塞或流量超差现象	是	更换
		否	下一步
6	检查燃油情况，观察故障现象是否由于刚加过油引起	是	更换燃油
		否	下一步
7	检查发动机各个气缸的压力情况，观察发动机气缸压力是否存在差异较大的情况	是	排除发动机机械故障
		否	下一步
8	接上电喷系统转接器，打开点火开关，检查发动机 ECU 针脚电源供给是否正常；检查发动机 ECU 针脚搭铁是否正常	是	诊断帮助
		否	检修相应的线路

八、起动正常但暖机结束后怠速不稳

●一般故障或故障部位：燃油含水；冷却液温度传感器；火花塞；节气门体及怠速旁通气道；进气道；怠速调节器；发动机机械部分。

●诊断流程如表 1-19 所示。

表 1-19　起动正常但暖机结束后怠速不稳的诊断流程

序号	操作步骤	检测结果	后续步骤
1	检查空气滤清器是否堵塞，进气道是否存在漏气现象	是	检修进气系统
		否	下一步
2	检查各个气缸的火花塞，观察其型号及间隙是否符合规范	是	下一步
		否	调整或更换火花塞
3	卸下怠速调节器，检查节气门体、怠速调节器及怠速旁通气道是否存在积炭现象	是	清洗相关零部件
		否	下一步
4	拔下冷却液温度传感器接头，起动发动机，观察此时发动机是否在暖机过程怠速不稳	是	检修线路或更换传感器
		否	下一步
5	拆卸喷油器，用喷油器专用清洗分析仪检查喷油器是否存在泄漏、堵塞或流量超差现象	是	更换
		否	下一步
6	检查燃油情况，观察故障现象是否由于刚加过油引起	是	更换燃油
		否	下一步
7	检查发动机各个气缸的压力情况，观察发动机气缸压力是否存在差异较大的情况	是	排除发动机机械故障
		否	下一步
8	接上电喷系统转接器，打开点火开关，检查发动机 ECU 针脚电源供给是否正常；检查发动机 ECU 针脚搭铁是否正常	是	诊断帮助
		否	检修相应的线路

九、起动正常但部分负荷（如开空调）时怠速不稳或熄火

● 一般故障部位：空调系统；怠速调节器；喷油器。
● 诊断流程如表 1-20 所示。

表 1-20　起动正常但部分负荷时怠速不稳或熄火的诊断流程

序号	操作步骤	检测结果	后续步骤
1	卸下怠速调节器，检查节气门体、怠速调节器及怠速旁通气道是否存在积炭现象	是	清洗相关零部件
		否	下一步
2	观察开启空调时发动机输出功率是否增大，即利用电喷系统诊断仪观察点火提前角、喷油脉宽及进气量的变化情况	是	到步骤 4
		否	下一步
3	接上电喷系统转接器，断开电控单元 75# 针脚连接线，检查开空调时线束端是否为高电平信号	是	下一步
		否	检修空调系统
4	检查空调系统压力、压缩机的电磁离合器和空调压缩泵是否正常	是	下一步
		否	检修空调系统
5	拆卸喷油器，用喷油器专用清洗分析仪检查喷油器是否存在泄漏、堵塞或流量超差现象	是	故障的更换
		否	下一步
6	接上电喷系统转接器，打开点火开关，检查发动机 ECU 针脚电源供给是否正常；检查发动机 ECU 针脚搭铁是否正常	是	诊断帮助
		否	检修相应的线路

十、起动正常但怠速过高

● 一般故障或故障部位：节气门体及怠速旁通气道；真空管；怠速调节器；冷却液温度传感器；点火正时。
● 诊断流程如表 1-21 所示。

表 1-21 起动正常但怠速过高的诊断流程

序号	操作步骤	检测结果	后续步骤
1	检查油门拉索是否卡死或过紧	是	调整
		否	下一步
2	检查进气系统及连接的真空管道是否存在漏气现象	是	检修进气系统
		否	下一步
3	卸下怠速调节器，检查节气门体、怠速调节器及怠速旁通气道是否存在积炭现象	是	清洗相关零部件
		否	下一步
4	拔下冷却液温度传感器接头，起动发动机，观察此时发动机是否怠速过高	是	检修线路或更换传感器
		否	下一步
5	检查发动机的点火正时是否符合规范	是	下一步
		否	检修点火正时
6	接上电喷系统转接器，打开点火开关，检查发动机 ECU 针脚电源供给是否正常；检查发动机 ECU 针脚搭铁是否正常	是	诊断帮助
		否	检修相应的线路

十一、加速时转速上不去或熄火

● 一般故障或故障部位：燃油含水；进气压力传感器及节气门位置传感器；火花塞；节气门体及怠速旁通气道；进气道；怠速调节器；喷油器；点火正时；排气管。
● 诊断流程如表 1-22 所示。

表 1-22 加速时转速上不去或熄火的诊断流程

序号	操作步骤	检测结果	后续步骤
1	检查空气滤清器是否堵塞	是	检修进气系统
		否	下一步
2	接上燃油压力表（接入点为燃油分配管总成进油管前端），起动发动机，检查燃油压力在怠速工况下是否在 260 kPa 左右；拔掉燃油压力调节器上的真空管，检查其燃油压力是否在 300 kPa 左右	是	下一步
		否	检修供油系统
3	检查各个气缸的火花塞，观察其型号及间隙是否符合规范	是	下一步
		否	调整或更换火花塞
4	卸下怠速调节器，检查节气门体、怠速调节器及怠速旁通气道是否存在积炭现象	是	清洗相关零部件
		否	下一步
5	检查进气压力传感器、节气门位置传感器及其线路是否正常	是	下一步
		否	检修线路或更换传感器
6	拆卸喷油器，用喷油器专用清洗分析仪检查喷油器是否存在泄漏或堵塞现象	是	更换
		否	下一步
7	检查燃油情况，观察故障现象是否由于刚加过油引起	是	更换燃油
		否	下一步

续表

序号	操作步骤	检测结果	后续步骤
8	检查发动机的点火顺序及点火正时是否符合规范	是	下一步
		否	检修点火正时
9	检查排气管是否排气顺畅	是	下一步
		否	修复或更换排气管
10	接上电喷系统转接器，打开点火开关，检查发动机 ECU 针脚电源供给是否正常；检查发动机 ECU 针脚搭铁是否正常	是	诊断帮助
		否	检修相应的线路

十二、加速时反应慢

● 一般故障或故障部位：燃油含水；进气压力传感器及节气门位置传感器；火花塞；节气门体及怠速旁通气道；进气道；怠速调节器；喷油器；点火正时；排气管。

● 诊断流程如表 1-23 所示。

表 1-23 加速时反应慢的诊断流程

序号	操作步骤	检测结果	后续步骤
1	检查空气滤清器是否堵塞	是	检修进气系统
		否	下一步
2	接上燃油压力表（接入点为燃油分配管总成进油管前端），起动发动机，检查燃油压力在怠速工况下是否在 260 kPa 左右；拔掉燃油压力调节器上的真空管，检查其燃油压力是否在 300 kPa 左右	是	下一步
		否	检修供油系统
3	检查各个气缸的火花塞，观察其型号及间隙是否符合规范	是	下一步
		否	调整或更换火花塞
4	卸下怠速调节器，检查节气门体、怠速调节器及怠速旁通气道是否存在积炭现象	是	清洗相关零部件
		否	下一步
5	检查进气压力传感器、节气门位置传感器及其线路是否正常	是	下一步
		否	检修线路或更换传感器
6	拆卸喷油器，用喷油器专用清洗分析仪检查喷油器是否存在泄漏或堵塞现象	是	更换
		否	下一步
7	检查燃油情况，观察故障现象是否由于刚加过油引起	是	更换燃油
		否	下一步
8	检查发动机的点火顺序及点火正时是否符合规范	是	下一步
		否	检修点火正时
9	检查排气管是否排气顺畅	是	下一步
		否	修复或更换排气管
10	接上电喷系统转接器，打开点火开关，检查发动机 ECU 针脚电源供给是否正常；检查发动机 ECU 针脚搭铁是否正常	是	诊断帮助
		否	检修相应的线路

十三、加速时无力、性能差

● 一般故障或故障部位：燃油含水；进气压力传感器及节气门位置传感器；火花塞；点火线圈；节气门体及怠速旁通气道；进气道；怠速调节器；喷油器；点火正时；排气管。

● 诊断流程如表 1-24 所示。

表 1-24 加速时无力、性能差的诊断流程

序号	操作步骤	检测结果	后续步骤
1	检查是否存在离合器打滑、轮胎气压低、制动拖滞、轮胎尺寸不对、四轮定位不正确等故障	是	修理
		否	下一步
2	检查空气滤清器是否堵塞	是	检修进气系统
		否	下一步
3	接上燃油压力表（接入点为燃油分配管总成进油管前端），起动发动机，检查燃油压力在怠速工况下是否在 260 kPa 左右；拔掉燃油压力调节器上的真空管，检查其燃油压力是否在 300 kPa 左右	是	下一步
		否	检修供油系统
4	拔出其中一缸的分缸线，接上火花塞，令火花塞电极距发动机机体 5 mm 左右，起动发动机，检查高压火强度是否正常	是	下一步
		否	检修点火系统
5	检查各个气缸的火花塞，观察其型号及间隙是否符合规范	是	下一步
		否	调整或更换火花塞
6	卸下怠速调节器，检查节气门体、怠速调节器及怠速旁通气道是否存在积炭现象	是	清洗相关零部件
		否	下一步
7	检查进气压力传感器、节气门位置传感器及其线路是否正常	是	下一步
		否	检修线路或更换传感器
8	拆卸喷油器，用喷油器专用清洗分析仪检查喷油器是否存在泄漏或堵塞现象	是	更换
		否	下一步
9	检查燃油情况，观察故障现象是否由于刚加过油引起	是	更换燃油
		否	下一步
10	检查发动机的点火顺序及点火正时是否符合规范	是	下一步
		否	检修点火正时
11	检查排气管是否排气顺畅	是	下一步
		否	修复或更换排气管
12	接上电喷系统转接器，打开点火开关，检查发动机 ECU 针脚电源供给是否正常；检查发动机 ECU 针脚搭铁是否正常	是	诊断帮助
		否	检修相应的线路

课题小结

1. 汽车万用表在发动机电控系统的自诊断和零件检测中具有重要作用。

2. 发动机电控单元不断地监测着传感器、执行器、相关的电路、故障指示灯乃至电控单元本身，一旦发现某个环节出现故障，或者某个信号值不可信，电控单元立即设置故障信息记录。故障信息记录以故障码的形式储存，并按故障出现的先后顺序显示。

3. 发动机电控系统的故障码可以通过人工方法读出，也可使用诊断仪读取。

4. 发动机的常见故障有无法起动、起动困难、怠速不稳等。

简答题：

1. 汽车万用表在发动机故障检测与诊断中有何作用？
2. 使用歧管压力表进行故障诊断时空调的运行条件是怎样的？
3. 怎样使用人工方法读取发动机电控系统故障代码？
4. 发动机电控系统的常见故障有哪些？

课题二

自动变速器电控系统的检测与故障诊断

[学习目的与要求]

1. 了解自动变速器的诊断原则与程序。
2. 掌握自动变速器电控系统故障自诊断的方法。
3. 掌握自动变速器电控系统的检测方法。
4. 掌握自动变速器常见故障的诊断与排除方法。

课题二 自动变速器电控系统的检测与故障诊断

任务一　自动变速器的诊断原则与程序

电控自动变速器的结构比较复杂，如图2-1所示，它包括机械系统、液压控制系统和电控系统三部分。它一旦出现故障，检修的难度较大。因此，出现故障时必须先确定故障部位，而确定故障部位的关键就是故障诊断。

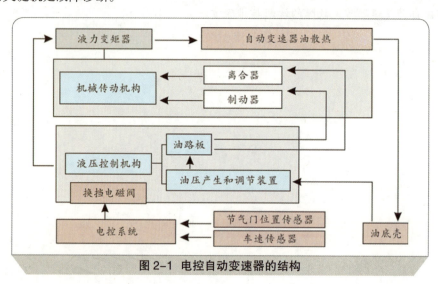

图2-1　电控自动变速器的结构

一、自动变速器的故障诊断原则

（1）分清故障部位和性质

分清故障是由发动机电控系统，自动变速器液压控制系统、电控系统，还是由机械系统（液力变矩器或行星齿轮机构）引起的。只有分清了故障的部位和性质，才能有针对性地查找故障根源，少走弯路。

（2）坚持先简后难、逐步深入的原则

按故障的难易程度，先从最简单、最容易检查的部位入手，如开关、拉杆、自动变速器油况等，从那些最易于接近的部位、易被忽视的部位和影响较大的因素开始，逐步深入实质性的故障。

（3）充分利用自动变速器各检验项目为查找故障提供思路和线索

充分利用自动变速器各检验项目（基本检查、失速试验、油压试验、换挡延迟试验、道路试验和手动换挡试验等）为查找故障提供思路和线索。通过这些检验项目的检测，一般可以发现自动变速器的故障所在。

（4）必须在拆检之后才能确诊的故障应是故障诊断的最后程序

不要轻易分解液力自动变速器，因为在原因不明的情况下盲目解体，不但不能确诊故障的原因和部位，还可能在分解过程中出现新的故障。

（5）充分利用电控自动变速器的故障自诊断功能

自动变速器的电控单元（ECU）内部有一个故障自诊断电路，它能在汽车行驶过程中不断地监测自动变速器控制系统各部分的工作情况，并能检测出控制系统中的大部分故障，将故障以代码的形式记录在ECU中。

维修人员可以按照特定的方法将故障代码从ECU中读出，为自动变速器控制系统的检修和故障诊断提供依据。

（6）在进行检测与诊断前，应先阅读有关技术资料

在进行检测与诊断前，应先阅读有关故障检测指南、使用说明书和维修手册，掌握必要的结构原理图、油路图、电控系统电路图等有关技术资料。

二、自动变速器的故障诊断程序

虽然各自动变速器制造厂商所生产的自动变速器千差万别，但是它们的基本原理是一致的，所以诊断时也有一定的规律可循。一般情况下，自动变速器的诊断过程按照由简单到复杂的程序一步一步地进行。

（1）向用户询问

向用户询问的内容包括：故障产生的时间、症状、情况、条件，如何发生，是否已检修过以及动过什么部位等。有时用户不一定都能说清楚，可邀请他们一起在适当的路段上进行实际的行车观察（注意，行车观察前先检查车况和变速器油液），在行车观察中再次提出询问，以验证和补充用户的叙述。若车况或路况不允许进行行车观察，只好做一些初步的外观检查，同时提出有关的查询问题。向用户询问时应当注意到有些用户限于技术水平或叙述能力，所回答的内容只能作为诊断故障的参考。

（2）初步检查

初步检查的目的是确定自动变速器是否能在正常前提条件下进行工作。通过初步检查往往能很快找出故障的部位和原因。

初步检查的内容主要包括自动变速器油的检查和更换，节气门拉索的检查与调整，制动器间隙的调整，发动机怠速检查与调整，节气门全开检查和变速器漏油检查等。上述检查项目大部分与常规检查与维护项目一致。

（3）故障自诊断测试

如果电控自动变速器在初步检修后仍存在故障，可通过电控单元自诊断系统进行故障自诊断测试，调出故障码，帮助寻找故障发生部位。排除故障后要记住清除故障代码。不同公司生产的不同车型，其故障自诊断方法不尽相同。

（4）手动换挡测试

进行手动换挡测试的目的是判断出故障是出自电控系统还是出自机械系统（包括齿轮变速传动系统和液压控制系统）。

（5）机械系统的测试

机械系统的测试包括失速试验、油压试验、换挡延迟试验、道路试验和手动换挡试验等几项内容，厂家不同内容也有一定的差异。通过这几项试验，可以准确地判断出自动变速器机械系统的故障发生部位。

（6）电控系统测试

电控系统测试主要是根据系统电路图检查线束导线以及各插接件是否有断路、短路、搭铁和接触不良的故障，检测各种传感器、执行器是否已损坏或失效。

（7）按故障诊断表检测

当按前述诊断步骤未发现异常，或者根据前述几个诊断步骤的结果很难准确判断具体的故障部位时，则为疑难故障。对疑难故障的诊断，一般可根据制造厂家提供的故障诊断表采取逐项排除法查找故障部位。

任务二　自动变速器电控系统的故障自诊断

一、丰田 A341E 型电控自动变速器的故障自诊断

当丰田 A341E 型电控自动变速器自诊断系统监测到控制系统有故障时，储存故障代码，并通过 O/D OFF（超速切断）指示灯（见图 2-2（a））的闪烁警告驾驶员。

接通点火开关，如图 2-2（b）所示，超速挡开关关闭（OFF）时，O/D OFF 指示灯应亮起；超速挡开关接通（ON）时，O/D OFF 指示灯应熄灭。否则，应检查 O/D OFF 指示灯电路。

如果在超速挡开关接通（ON）时，O/D OFF 指示灯闪烁，说明自诊系统已储存了故障码，应进行自诊断操作，读取故障码。

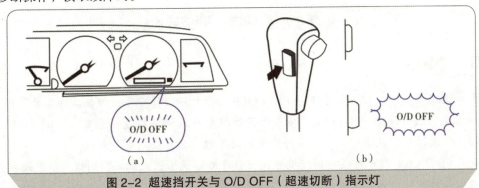

图 2-2　超速挡开关与 O/D OFF（超速切断）指示灯

（a）O/D OFF（超速切断）指示灯；（b）超速挡开关

1. 故障码的读取

打开点火开关，但不起动发动机，将超速挡开关置于接通（ON）位置。用导线短接 TDCL 或检查插接器的 TE1 和 E1 端子（见图 2-3），通过 O/D OFF 指示灯的闪烁读取故障码。

故障码的闪烁方式为：第一次连续闪烁的次数为两位数故障码的十位数，第二次连续闪烁的次数为故障码的个位数。如果有两个或两个以上的故障码，则按故障码从小到大的顺序逐个显示，相邻两个故障码之间间隔 2.5 s。A341E 型电控自动变速器的故障码如表 2-1 所示。

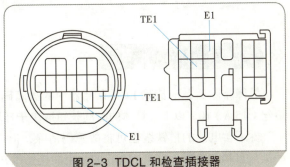

图 2-3　TDCL 和检查插接器

表 2-1 A341E 型电控自动变速器的故障码

故障码	故 障	故障部位
42	1号车速传感器线路有断路或短路	1号车速传感器；1号车速传感器线路；ECU
16	4号电磁阀电路开路或短路	4号电磁阀；4号电磁阀线路；ECU
61	2号车速传感器信号电路有断路或短路	2号车速传感器；2号车速传感器线路；ECU
62	1号电磁阀电路断路或短路	1号电磁阀；1号电磁阀线束或插接器；ECU
63	2号电磁阀电路断路或短路	2号电磁阀；2号电磁阀线束或插接器；ECU
64	3号电磁阀电路断路或短路	3导电磁阀；3号电磁阀线束或插接器；ECU
67	O/D 直接挡转速传感器信号不良	O/D 直接挡离合器转速传感器；O/D 直接挡离合器转速传感器线束或插接器；O/D 线束或插接器；ECU
68	强制降挡开关短路	强制降挡开关；强制降挡开关线束与插接器；ECU

如果 O/D OFF 指示灯以每秒 2 次的频率闪烁（见图 2-4），则表示系统无故障码。

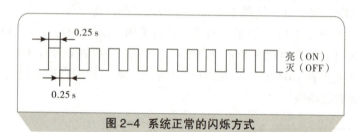

图 2-4 系统正常的闪烁方式

说明

● 当出现故障码 64，68 的故障时，O/D OFF 指示灯不闪烁报警，但会储存其故障码。

● 当出现偶然性故障，O/D OFF 指示灯闪烁报警后故障又恢复正常时，O/D OFF 指示灯停止闪烁，但故障码仍被保存。只有进行故障码清除操作后才会消失。

● 如果 O/D OFF 指示灯没有闪烁报警，但自诊断系统输出故障码，则说明有线路接触不良故障，应检修故障码所示故障电路中的各个线束插接器。

● 如果 1 号和 2 号车速传感器同时发生故障，将无故障码输出，且故障保险系统不起保险作用。因此，在 D 位行驶时，无论车速的高低，变速器都不会从一挡升挡。

2. 故障码的消除

故障排除后，应清除 ECU 存储器中的故障码，方法是：在点火开关关闭的情况下，拔下 EFI 熔丝（15 A）10 s 以上。具体的时间长短取决于环境温度，温度越低，取下熔丝的时间也要越长些。

拆下蓄电池的搭铁线也可将故障码清除，但这会将 ECU 存储器中的其他信息也清除掉。将发动机与自动变速器（ECT）ECU 的线束插接器拔开，也可清除故障码。

消除故障码后，应进行路试，检查 O/D OFF 指示灯是否闪烁正常。

二、通用 4T65E 型电控自动变速器的故障自诊断

1. 故障代码的读取

上海通用 4T65E 型电控自动变速器的故障码存储在 PCM 的存储器中，可用通用公司的故障诊断仪（Tech1 或 Tech2）通过转向柱下方的 16 针诊断插座（DLC）读取有关故障码和传感器及执行元件的即时数值。4T65E 型电控自动变速器的故障码如表 2-2 所示。

表 2-2 4T65E 型电控自动变速器的故障码

DTC	故障内容	失效保护
P0218	变速器油液温度过高	冻结换挡
P0502	车辆速度传感器电路（低输入）	①按最大管路压力工作； ② PCM 从 ISS 和指令的挡位计算车辆速度； ③冻结换挡
P0503	车辆速度传感器电路（间断）	①按最大管路压力工作； ②冻结换挡
P0711	变速器油液温度传感器电路（范围/效能）	冻结换挡
P0712	变速器油液温度传感器电路（低输入）	冻结换挡
P0713	变速器油液温度传感器电路（高输入）	冻结换挡
P0716	输入轴转速传感器电路（间断）	①禁止 TCC； ②在热模式下抑制四挡齿轮； ③冻结换挡
P0756	2～3 换挡电磁阀（效能）	①按最大管路压力工作； ②禁止 TCC； ③默认到三挡齿轮； ④冻结换挡
P0758	换挡电磁阀电路（电气）	①按最大管路压力工作； ②禁止 TCC； ③默认到三挡齿轮； ④冻结换挡
P1810	变速器油液压力手动阀位置开关总成电路功能失效	①按最大管路压力工作； ② PCM 假定 D4 用于换挡； ③冻结换挡
P1811	最大的适配和长时间换挡	①按最大管路压力工作； ②冻结换挡
P1860	变矩器离合器脉冲宽度可调电磁阀电路（电气）	①禁止 TCC； ②在热模式下禁止四挡齿轮； ③冻结换挡
P1887	变矩器离合器释放开关电路功能失效	①禁止 TCC； ②在热模式下禁止四挡齿轮； ③冻结换挡
P0717	输入轴转速传感器电路（低输入）	①禁止 TCC； ②在热模式下抑制四挡齿轮； ③冻结换挡
P0719	制动器开关电路（低输入）	忽略用于 TCC 操作的制动器开关输入
P0724	制动器开关电路（高输入）	无

续表

DTC	故障内容	失效保护
P0730	不正确的齿轮传动比	①按最大管路压力工作； ②冻结换挡
P0741	变矩器离合器系统（卡滞接通）	①禁止 TCC； ②在热模式下抑制四挡齿轮； ③冻结换挡
P0741	变矩器离合器系统（卡滞关闭）	① TCC 指令接通； ②冻结换挡
P0748	压力控制电磁阀电路（电气）	①按最大管路压力工作； ②冻结换挡
P0751	1～2 换挡电磁阀（效能）	①按最大管路压力工作； ②当车辆速度高于 48 km/h 时，禁止由 3 挡到 2 挡； ③冻结换挡
P0753	1～2 换挡电磁阀电路（电气）	①按最大管路压力工作； ②当车辆速度高于 48 km/h 时，禁止由 3 挡到 2 挡； ③冻结换挡

2. 故障代码的清除

故障被排除后，需要清除故障码，可利用如下方法清除故障码：

- 利用故障诊断仪清除故障码。
- 把点火开关置于 OFF 挡，从保险丝盒内拔下 PCM 应急丝 30 s 以上。
- 断开蓄电池负极（有可能引起其他系统锁码）。
- 拔下 PCM 的 80 针接头。
- PCM 自动清码：一种是连续 3 个点火循环后，PCM 没有检测到故障码，故障灯熄灭，无故障代码出现，PCM 将取消应急状态；另一种是在汽车运行 40 个行驶循环（热车行驶一定的里程）后，无故障代码出现，PCM 将自动清除原先的故障码。

任务三　自动变速器试验

自动变速器在基本检查时无故障，但运行中仍存在故障，则可能是自动变速器内部的某些离合器、制动器有故障，或某些阀门有故障。在拆下维修之前可进一步进行试验，通过试验发现和缩小故障范围，为维修提供依据。自动变速器试验包括：手动换挡试验、失速试验、时滞试验、油压试验、道路试验等。

一、手动换挡试验

所谓手动换挡试验，是指将电控自动变速器所有换挡电磁阀的线束插接器全部脱开，此时自动变速器 ECU 不能通过换挡电磁阀来控制换挡，自动变速器的挡位只取决于变速杆的位置。通过手动换挡试验可以确定故障发生在控制电路还是变速器内部。不同车型的电控自动变速器在脱开换挡电磁阀线束插接器后的挡位和变速杆的关系不完全相同。丰田轿车的各种电控自动变速器在手动换挡试验时，变速杆位置和挡位的关系如表 2-3 所示。

表 2-3　丰田轿车的各种电控自动变速器在手动换挡试验时变速杆位置和挡位的关系

变速杆位置	P	R	N	D	2	L
挡位	停车挡	倒挡	空挡	超速挡	3 挡	1 挡

手动换挡试验的步骤：
- 脱开电控自动变速器的所有换挡电磁阀线束插接器。
- 起动发动机，将变速杆拨至不同位置，进行道路试验（将驱动轮悬空进行台架试验）。
- 观察发动机转速和车速的对应关系，以判断自动变速器所处的挡位。不同挡位时，发动机转速与车速的关系可以参考表 2-4。由于变矩器的减速作用与传递的转矩有关，因此表 2-4 中的车速仅作为参考，实际车速将随着节气门开度的不同而有一定的变化。

表 2-4　变速杆置于不同位置时发动机转速与车速

变速杆位置	发动机转速 /(r·min^{-1})	车速 /(km·h^{-1})
L	2 000	18 ~ 22
2	2 000	50 ~ 55
D	2 000	70 ~ 75

- 若变速杆置于 L、2、D 位置，发动机转速和车速与表 2-4 相同，则表明电控自动变速器的阀板及换挡执行元件基本工作正常，否则表明自动变速器的阀板或换挡执行元件有故障。
- 试验结束后接上电磁阀线束插接器。
- 清除自动变速器 ECU 存储器中的故障码，防止因脱开电磁阀线束插接器而产生的故障码保存在自动变速器 ECU 存储器中，影响自动变速器的故障自诊断。

二、失速试验

当变速杆置于 D 或 R 位时，踩下制动踏板不动。当完全踩下加速踏板时，发动机处于最大转矩工况，而此时自动变速器的输出轴及输入轴均静止不动，即液力变矩器的涡轮不动，只有液力变矩器壳及泵轮随发动机一同转动，此工况称为发动机失速工况，此时的转速称为发动机的失速转速，这种试验称为失速试验。

失速试验

1. 失速试验的目的

失速试验的目的是在不拆卸自动变速器的情况下，通过测量自动变速器变速杆在 D 和 R 位时发动机的最高转速，来分析判断发动机的输出功率，以及液力变矩器和自动变速器中的离合器、制动器等换挡执行元件的工作是否正常。

另外，修复后的自动变速器也要进行失速试验，以检查故障是否已经排除。

2. 失速试验的方法

失速试验流程如图 2-5 所示。
- 将自动变速器油液温度升至 50 ℃ ~ 80 ℃。
- 用三角木固定前、后车轮，拉紧驻车制动器，将车辆制动。
- 保持发动机怠速运转，分别将变速杆置于 D 位和 R 位测试。
- 测试时，左脚踩紧制动踏板，右脚将加速踏板踩到底，迅速读出发动机转速达到最高并稳定时的转速，该转速称为失速转速。
- 读取发动机转速后立即松开加速踏板。

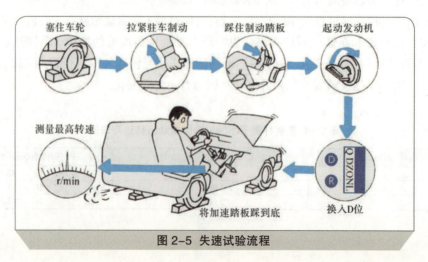

图 2-5 失速试验流程

- 将变速杆拨至 P 位或 N 位，使发动机怠速运转 60 s，防止油液温度过高而变质。
- 将变速杆拨入其他挡位 (R 位、L 位或 2 位、1 位)，做同样的试验。

3. 试验结果分析

- 将所测得的失速转速与《自动变速器维修手册》数据进行对比，看是否符合规定。各种自动变速器失速转速是不同的，常见车型的变速器失速转速如表 2-5 所示。

表 2-5 常见车型的变速器失速转速

车型	变速器型号	失速转速 /(r·min^{-1})
福特 2.3 L	ATX	2 155 ~ 2 500
通用	4L30-E	2 000 ~ 2 300
丰田花冠	A245E	2 300 ~ 2 400
本田雅阁	MPOA	2 650 ± 150
三菱	F4A33	1 800 ~ 3 200
沃尔沃	AW3043	2 100
宝来	01M	2 000
桑塔纳	01N	2 350 ~ 3 050
奇瑞	4HP14	1 950 ~ 2 250
马自达	EN4A-EL	2 000 ~ 2 600
波罗	AG150	2 300 ~ 2 500

- 如果 D 位和 R 位的失速转速相同，且都低于规定值，则表明发动机功率不足。如果失速转速比规定值低 600 r/min，表明液力变矩器导轮的单向离合器打滑。
- 如果 D 位和 R 位的失速转速都超过规定值，则可能是油量不足、油质过差、主油路压力过低、离合器和制动器打滑。如果失速转速过高，高于规定值 500 r/min，可能是变矩器叶片损坏。
- 如果在 D 位的失速转速高于规定值，而 R 位的失速转速正常，则表明前进挡油路油压过低或前进挡离合器打滑，可能是离合器摩擦片磨损或控制油压过低、油泵或调压阀故障所致。
- 如果在 R 位的失速转速高于规定值，而 D 位的失速转速正常，则表明倒挡及高挡离合器打滑，原因也是摩擦片磨损或倒挡油路油压过低。

做上述试验时，由于变矩器的涡轮已制动，发动机的全部机械能都转变为变矩器内自动变速器油的动能，冲击和摩擦很大，故每次从踩下加速踏板到松开加速踏板的整个过程的时间不要超过 5 s，试验次数不要多于 3 次，以防油温急剧升高而损坏变矩器。

三、时滞试验

在怠速状态将变速杆从 N 位换入 D 位或 R 位，从开始换挡直到感到汽车出现振动时 (即变速杆换入某一挡位瞬间，液压控制系统发生作用，动力经行星齿轮、传动装置到达驱动轮时) 存在一定的时差，称为时滞。时差大小取决于自动变速器油路油压高低、油路密封情况、离合器和制动器磨损情况。测量自动变速器时差大小的试验称为时滞试验。

延时试验

1. 时滞试验的目的

时滞试验的目的是判断主油路油压和离合器、制动器等换挡执行元件的工作是否正常。

2. 时滞试验的方法

自动变速器时滞试验的程序如图2-6所示。

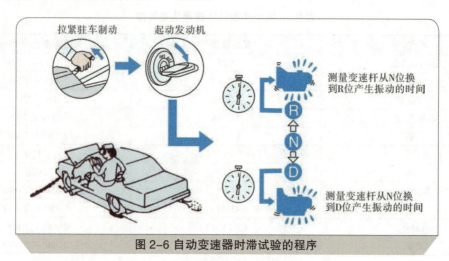

图2-6 自动变速器时滞试验的程序

● 将自动变速器油液温度升至 50 ℃ ~ 80 ℃。
● 拉紧驻车制动器。
● 使发动机保持标准怠速运转，将变速杆位置分别从 N 位换入 D 位和 R 位。
● 用秒表测量从 N 位换入 D 位和 R 位，直至有振动感时所经历的时间。每次试验间隔时间为 60 s，取 3 次试验时间的平均值。
标准值：N→D 时滞不大于 1.2 s，N→R 时滞不大于 1.5 s。

3. 试验结果分析

影响时滞时间长短的因素有：油液是否脏污、控制油压的高低、执行元件的间隙、蓄压器工作行程等。
● 试验中测得的时间在规定值范围内时，表明自动变速器部件正常。
● 如果变速杆从 N 位换入 R 位和 D 位，时滞时间都过长，则原因可能为油液脏污，控制油液的压力过低，或超速挡离合器、直接挡离合器间隙过大。
● 如果变速杆换入 R 位正常，而换入 D 位时滞时间过长，则原因可能为前进挡控制阀阻滞；前进挡位油路或换挡执行元件活塞有泄漏，使压力降低；前进挡离合器等元件间隙过大；D 位或相应执行元件的液压蓄压器背压泄漏或弹簧变软及折断。
● 如果变速杆换入 D 位正常，而换入 R 位时滞时间过长，则原因可能为倒挡控制阀有阻滞；倒挡油路或倒挡执行元件活塞及蓄压器等有泄漏，使压力降低；倒挡离合器、制动器、直接挡合器等摩擦元件间隙过大；倒挡蓄压器背压泄漏或弹簧过软与折断。

四、油压试验

油压过高,会造成自动变速器换挡时冲击过大,液压系统也容易损坏;油压过低,会使离合器、制动器等换挡执行元件打滑,影响自动变速器的正常工作,且加速离合器和制动器摩擦片的磨损,严重时会导致摩擦片烧坏。

1. 油压试验的目的

油压试验的目的是检测液压控制系统的故障,通过测试油压可以判断油泵、主调压阀、节气门阀、速控阀等阀门工作是否正常。油压试验对诊断换挡粗暴、换挡时刻错误等故障有重要意义。

2. 油压试验前的准备

● 驾驶被检汽车,使发动机及自动变速器达到正常工作温度(50 ℃ ~ 80 ℃)。
● 检查发动机怠速和自动变速器油的液面高度,并使其达到规定标准。
● 准备一个量程为 2 MPa 的压力表。

变速器油质检查

3. 判断自动变速器各个油路测压孔位置

(1)通常测压孔在自动变速器外壳上,用几个方头螺塞堵住,在《自动变速器维修手册》上以图示的方法标有自动变速器测压孔的位置。

(2)如果没有资料确定各油路的测压孔,可用举升器将汽车升起,当发动机怠速运转时,分别将各个测压孔螺塞松开少许,观察各测压孔在变速杆位于不同位置时是否有压力油流出,以此区分和确定各油路测压孔的位置。即:
● 变速杆位于 D 位或 R 位时都有压力油流出,为主油路测压孔。
● 变速杆位于 D 位时才有压力油流出,为前进挡油路测压孔。
● 变速杆位于 R 位时才有压力油流出,为倒挡油路测压孔。
● 变速杆位于 D 位,并且在驱动轮转动后才有压力油流出,为速控阀油路测压孔。

自动变速器主油路油压检查

4. 主油路油压测试程序

测试主油路油压时,应按图 2-7 所示方法分别测出前进挡和倒挡的主油路油压。

前进挡主油路油压测试方法

倒挡主油路油压测试方法

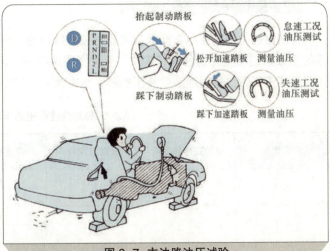
图 2-7 主油路油压试验

（1）前进挡(D)怠速工况主油路油压的测试

- 拆下变速器壳体上主油路测压孔或前进挡油路测压孔螺塞，接上油压表。
- 起动发动机，将变速杆放在前进挡D位，读出发动机怠速运转时的油压，该油压即怠速工况下的前进挡主油路油压。

（2）前进挡(D)失速工况下主油路油压的测试

用左脚踩紧制动踏板，同时用右脚将加速踏板完全踩下，在失速工况下读取油压，该油压即失速工况下的前进挡主油路油压。

将变速杆放在N位或P位，使发动机怠速运转60 s以上。将变速杆放在S、L位（或2、1位），重复上述步骤，读出各个前进低挡位在怠速工况下和失速工况下的主油路油压。

（3）倒挡(R)怠速工况主油路油压的测试

- 拆下自动变速器壳体上的主油路测压孔螺塞或倒挡油路测压孔螺塞，接上油压表。
- 起动发动机，将变速杆放在倒挡位置。在发动机怠速运转工况下读取油压值，即怠速工况下的倒挡主油路油压。

（4）倒挡(R)失速工况下主油路油压的测试

用左脚踩紧制动踏板，同时用右脚将加速踏板完全踩下，在发动机失速工况下读取油压，即失速工况下的倒挡主油路油压。

将变速杆放在N位，让发动机怠速运转60 s以上，以保证离合器和制动器完全分离，以及自动变速油液的冷却。

5. 测试结果分析

将测得的主油路油压与标准值进行比较，即可确定所测油压是否符合要求。不同车型自动变速器的主油路油压不完全相同，表2-6所示为几种常见车型的自动变速器主油路油压标准。如果主油路油压不正常，表明油泵或液压控制系统有故障。表2-7列出了主油路油压不正常的可能原因。

表2-6 自动变速器主油路油压标准

车型	自动变速器型号	发动机型号	变速杆位置	主油路油压 /kPa	
				怠速工况	失速工况
宝来	01M	AUM	D	340 ~ 380	1 240 ~ 1 320
			R	500 ~ 600	2 300 ~ 2 400
威驰		5AFE	D	440 ~ 460	980 ~ 1 079
			R		1 706 ~ 1 844

续表

车型	自动变速器型号	发动机型号	变速杆位置	主油路油压 /kPa	
				怠速工况	失速工况
奇瑞	4HP14	CAC480M	D	700 ~ 1 000	1 000 ~ 1 300
			R	1 000 ~ 1 200	1 000 ~ 1 200
宝马	ZF4HP22/EH	325e、524td、528e 系列	D	588 ~ 735	
			R	1 078 ~ 1 274	
		535i、635esi、735i 系列	D	588 ~ 735	
			R	1 470 ~ 1 666	

表 2-7 主油路油压不正常的可能原因

试验项目	试验结果	故障原因
怠速主油压	所有挡位的主油压均低于标准值	①油泵故障； ②主油路调压阀卡死； ③主油路调压阀弹簧过软； ④主油路电磁阀故障； ⑤节气门拉索或节气门位置传感器调整不当； ⑥节气门阀卡滞； ⑦主油路泄漏； ⑧自动变速器油液滤清器堵塞
	前进挡和前进低挡的主油路油压均过低	①前进挡离合器活塞漏油； ②前进挡油路泄漏
怠速主油压	前进挡的主油路油压正常，前进低挡的主油路油压过低	① 1 挡离合器或 2 挡离合器活塞泄漏； ②前进低挡制动器油路泄漏
	D 位主油路油压正常 R 位主油路油压过低	①倒挡离合器活塞泄漏； ②低挡、倒挡制动器油路泄漏
	D 位和 R 位的主油路油压均过高	①节气门拉索调得过紧或节气门位置传感器调整不当； ②主油路调压阀卡滞； ③节气门拉索卡滞在节气门开启较大的位置； ④自动变速器油液温度传感器损坏 (信号超限)； ⑤主油压电磁阀卡滞或内部短路
失速主油压	D 位和 R 位失速油压均低	①自动变速器油液滤清器堵塞； ②自动变速器油液冷却器堵塞
	个别挡位失速油压较低	与失速油压低的挡位相关的离合器、制动器油路内部泄漏

五、道路试验

自动变速器道路试验的目的是对自动变速器各项性能进行综合性测试，以确定自动变速器工作是否正常及其故障部位；自动变速器内部的各离合器、制动器是否打滑，变速杆在各位置时换挡点的速度是否正确，换挡时车辆的平顺性，行驶时自动变速器内有无异常响声，各种行驶模式时车辆的行驶性能，液力变矩器的锁止离合器工作状况和发动机制动作用等。

1. 试验前的准备

●发动机、底盘等各总成或系统的技术状态完好，自动变速器已通过基本检查，车辆以中低速行驶约 10 min，使发动机和自动变速器都达到正常工作温度 (50 ℃ ~ 80 ℃)。

● 将超速挡开关置于"ON"位置(O/D OFF 指示灯熄灭),并将模式开关置于常规模式。

● 准备被试车型的《自动变速器维修手册》(内有如图 2-8 所示的换挡规律图或换挡点表),以便对照检查。

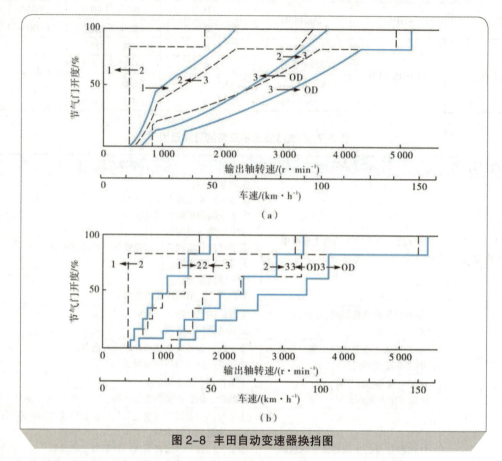

图 2-8 丰田自动变速器换挡图

● 因为道路试验只能凭感觉以及车速表、转速表检查其性能,所以试车人员应具有驾驶多种自动变速器汽车的经验,以便能敏锐地感觉换挡冲击。

道路试验是检验自动变速器的工作性能和诊断常见故障的有效手段,只要车辆还能行驶,就应尽量做道路试验。

2. 自动变速器道路试验的内容

(1)连续升挡的试验

自动变速器自动升挡时发动机转速会瞬时下降,同时车身有轻微冲动。试验者凭此现象可判定自动变速器是否升挡。试验时将变速杆置于 D 位,打开 O/D 挡开关,踩下加速踏板,使节气门开度保持在 50% 左右,试验自动变速器有汽车起步加速连续升挡情况。

自动变速器正常时,起步后挡位随着车速升高,试验者应能感觉到自动变速器顺利地逐级由 1 挡升入 2 挡、2 挡升入 3 挡、3 挡升入 4 挡(超速挡)。如果自动变速器不能升入 3 挡或超速挡,表明电液控制系统或换挡执行元件(离合器、制动器)有故障。

（2）升挡车速（换挡点）的试验

升挡车速的试验是指在汽车道路试验中，变速杆在D位，节气门保持在某一固定开度时，测定各挡位的升挡和降挡时的车速（即换挡点）是否正确。换挡点的试验是道路试验的重要内容。

① 升挡车速试验的内容

升挡车速试验主要包括以下两方面的内容：
- 升挡车速是否正常，是否出现提前换挡（即升挡时车速低于和降挡车速高于规定值）或换挡滞后（即升挡车速高于和降挡车速低于规定值）。
- 换挡时是否平顺，是否出现冲击、打滑或异响。

② 升挡车速试验的方法

将变速杆置于D位，打开O/D挡开关，踩下加速踏板，将节气门稳定在某一开度，使汽车起步加速。当觉察到自动变速器自动换挡（车身有轻微的冲动感）时，记录升挡时的车速，然后与被测车自动变速器换挡图中的有关数据进行对照，看其是否在规定的范围内。

③ 升挡试验结果的分析

- 一般四挡自动变速器在节气门开度保持50%时，由1挡升至2挡的升挡车速为25～35 km/h，2挡升至3挡的升挡车速为55～70 km/h，3挡升至4挡（超速挡）的升挡车速为90～120 km/h。只要升挡车速基本保持在上述范围内，而且试车行驶中加速良好，无明显的换挡冲击，就可认为其升挡车速基本正常，则可初步判定节气门位置传感器、节气门阀拉索、车速传感器及控制系统基本正常。

  升挡车速过低一般是控制系统的故障所致；而升挡车速过高则可能是控制系统或换挡执行机构的故障所致，应重点检查节气门位置传感器、车速传感器、节气门阀拉索和控制阀中的节气门调压阀、速控阀和主油路调压阀。

- 电控自动变速器的换挡冲击十分微弱。如果感觉换挡冲击过大，则表明自动变速器的控制系统或换挡执行机构有故障，其原因可能是主油路油压过高或换挡执行机构打滑。

- 升、降挡点车速是不一样的，降挡点的车速比升挡点的车速低，但自动变速器降挡时不易察觉，所以在道路试验中无法检验降挡车速，一般只通过升挡车速判断自动变速器有无故障。

（3）升挡时发动机转速试验

在进行升挡车速试验的同时，应注意观察试验中发动机转速的变化情况，发动机转速是判断自动变速器工作是否正常的重要依据之一。

升挡时，发动机转速的测定与升挡试验同时进行，在记录下各升挡车速的同时，记下发动机转速，通常汽车由起步加速直至升入高速挡的整个行驶过程中，发动机转速将低于 3 000 r/min。通常在加速至即将升挡时，发动机转速可达到 2 500～3 000 r/min；在刚升挡后的短时间内发动机转速将下降至 2 000 r/min 左右。

如果在整个行驶过程中发动机转速始终过低，加速至升挡时仍低于 2 000 r/min，说明升挡时间过早或发动机动力不足；如果在行驶过程中发动机转速始终偏高，升挡前后的转速为 2 500～3 000 r/min，而且换挡冲击明显，说明换挡时间过迟；如果在行驶过程中发动机转速过高，经常高于 3 000 r/min，在加速时达到 4 000～5 000 r/min，甚至更高，则说明自动变速器的换挡执行元件（离合器或制动器）严重打滑，应拆检自动变速器。

（4）锁止离合器工作状况的试验

道路试验中可以对液力变矩器的锁止离合器工作质量进行检查，将汽车加速至超速挡并以高于 80 km/h 的速度行驶，节气门保持在低于 50% 开度的位置，使变矩器进入锁止状态。此时快速将加速踏板踩下，使节气门至 2/3 开度，同时检查发动机转速的变化情况。如果发动机转速没有太大变化，表明锁止离合器处于接合状态；若发动机转速升高很多，则表明锁止离合器没有接合，其原因可能是锁止控制系统有故障。

（5）发动机制动作用的试验

将自动变速器变速杆置于低挡 S、L(或 2、1) 位置，在汽车以 2 挡或 1 挡行驶时，突然松开加速踏板，如果车速立即随之下降，表明有发动机制动作用；否则表明控制系统锁止电磁阀，或锁止离合器，抑或前进强制离合器有故障。

（6）强制降挡功能的试验

将自动变速器变速杆置于 D 位，保持节气门开度为 1/3 左右，在汽车以 2 挡、3 挡或超速挡行驶时，突然将加速踏板踩到底，自动变速器应能立即强制降低一个挡位。在强制降挡时，发动机转速会突然升高至 4 000 r/min 左右，并随着加速升挡，转速逐渐下降。如果没有出现强制降挡，表明强制降挡功能失效；如果强制降挡时发动机转速过高，并在升挡时出现换挡冲击，表明换挡执行机构打滑，应分解维修自动变速器。

任务四　自动变速器电控系统的检测

下面以丰田汽车为例,介绍汽车自动变速器电控系统的检测方法。

一、TT 端子电压的检查

O/D OFF 指示灯不能指示节气门位置传感器信号、制动信号或换挡位置信号,但是可通过测量插头"TT"端子的电压来检查,如图 2-9 所示。

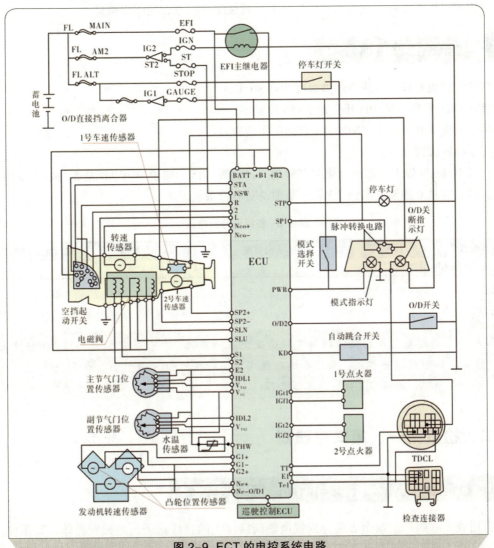

图 2-9　ECT 的电控系统电路

1. 检查节气门位置传感器信号

- 接通点火开关（处于"ON"位置），但不起动发动机；
- 在检测插头"TT"和"E1"端子之间接一直流电压表；
- 缓慢踩下加速踏板，"TT"端子电压应当从 0 阶梯升高到 8 V。

若电压变化不与节气门开度角成正比，则说明节气门位置传感器或电路有故障。

挡位开关的检查与调整

2. 检查制动信号

- 用万用表直流电压挡，正表笔接"1VR"端子，负表笔接"E1"端子；
- 接通点火开关（处于"ON"位置），但不起动发动机；
- 踩下加速踏板，直到"TT"端子输出电压达到节气门位置传感器信号电压的最大值（8 V）时，再踩下制动踏板，此时"TT"端子输出电压为 0，松开制动踏板，则为节气门位置传感器的最高信号电压（8 V）。

如果指示电压不正确，则说明制动灯开关及其线路有故障，应予以检修。

3. 检查换挡位置信号

- 起动发动机并预热，使冷却液温度达到 80 ℃；
- 接通 O/D 开关（即 O/D 开关置于 ON 位置）；
- 将驱动模式开关置于"NORM（普通）"位置；
- 将选挡杆拨到 D 位；
- 在以 10 km/h 以上车速进行道路试验期间，检测"TT"端子输出电压是否与表 2-8 的升挡位置电压一致，即从 0 逐渐升高到 7 V，如是则说明电控系统正常。

表 2-8 各挡位升挡电压

升挡位置	1 挡	2 挡	2 挡锁定	3 挡	3 挡锁定	O/D 挡	O/D 锁定
"TT"端子电压 / V	0	2	3	4	5	6	7

注意

换挡时，通过发动机的轻微振动或转速改变来确定传动挡位。正常的 2 挡、3 挡锁止离合器很少接合。为触发这一作用，要将加速踏板踩下其行程的 50% 或更多。少于 50%，电压可以按 2→4→6→7 V 的顺序变化，这不算故障。

二、检查第一、第二电磁阀

1. 检查第一、第二电磁阀断路、短路故障

用万用表（欧姆挡）两个表笔分别接电磁阀插座上的接线端子与电磁阀壳体，其阻值正常应为 11～15 Ω。若阻值不符合要求（过大或过小），则应更换。

2. 检查第一、第二电磁阀的功能

把蓄电池正极接电磁阀的接线端子，负极接电磁阀外壳，此时电磁阀阀芯应当移动并发出"咔嗒"响声。若阀芯不动，则应检修或更换。

3. 检测第一、第二电磁阀的密封性

不通电时，向第一、第二电磁阀吹入 490 kPa 的压缩空气，电磁阀阀门应不漏气；通电后电磁阀阀门应畅通。若不符合要求，则应更换。

三、检查第三、第四电磁阀

1. 检测第三、第四电磁阀断路、短路故障

用万用表（欧姆挡）两表笔分别接第三、第四电磁阀的两个接线端子，第三电磁阀电磁线圈的阻值应为 3.6 ~ 4.0 Ω；第四电磁阀电磁线圈的阻值应为 5.1 ~ 5.5 Ω。

若阻值过大或过小，则应更换第三、第四电磁阀。

2. 检测第三、第四电磁阀的功能

将蓄电池正极串联一只 8 ~ 10 W/12 V 灯泡后连接到端子"1"上，蓄电池负极接另一端子"2"，此时电磁阀阀芯应向里移动（注意电流不大于 1 A）；切断电路时，电磁阀阀芯应向外移动。

若阀芯不动，则应检修或更换。

四、检查空挡起动开关

用万用表的欧姆挡检查每一挡位时开关端子的导通情况，如图 2-10 所示。若不符合要求，则应检修或更换。

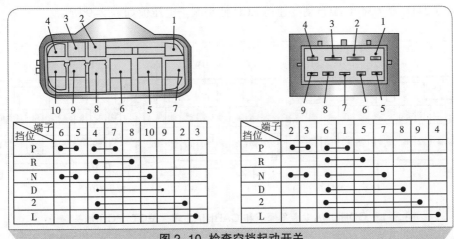

图 2-10 检查空挡起动开关

五、检查超速挡开关（O/D 开关）

超速挡开关的插座如图 2-11 所示。

拔下开关上的电线插头，当将 O/D 开关置于 "OFF" 位置时，用万用表（欧姆挡）检测插座的 1 号与 3 号端子，应导通。否则，应检修或更换。

六、检查驱动模式选择开关

驱动模式选择开关插座如图 2-12 所示。

对于 SUPRA 和 CRESSIDA 车型，当驱动模式选择开关在 POWER 位置时，用万用表（欧姆挡）测量 2 号与 3 号端子应导通；其他车型的 5 号与 3 号端子应导通。

当开关在 "NORMAL" 时，SUPRA 与 CRESSIDA 车型的驱动模式选择开关插座的 2 号与 4 号端子应导通；其他车型的 5 号与 4 号端子应导通。

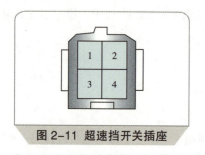

图 2-11 超速挡开关插座

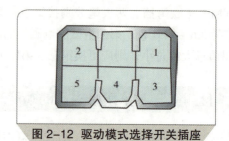

图 2-12 驱动模式选择开关插座

七、检查发动机和 ECT 电脑插头的电压

测量每一端子的电压时，将点火开关拧至 "ON"（接通）位置。

图 2-13 所示为 CORONA（皇冠）和 CARINAE 车上 A241E 型自动变速器配用的发动机和 ECT ECU 插头各有关端子；图 2-14 所示为 CROWN 车上 A340E 型自动变速器所配用的发动机和 ECT ECU 插头各有关端子。

A240E、A241E 及 A340E 型自动变速器 ECU 插头端子电压值如表 2-9 所示。

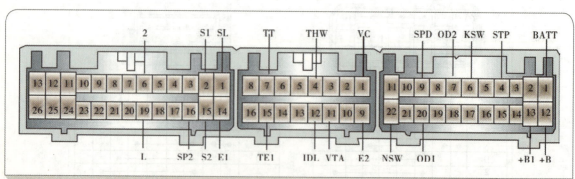

图 2-13 CORONA（卡罗娜）和 CARINAE 车上 ECT ECU 插头端子

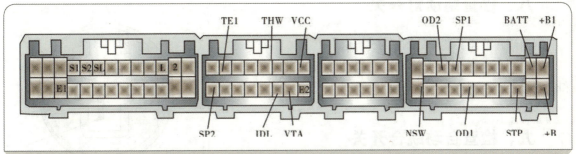

图 2-14 CROWN 车上 ECT ECU 插头端子

表 2-9 丰田车系 A240E、A241E 及 A340E 型自动变速器 ECU 端子电压测试值

端 子	测量条件		电 压 / V	
			A240E A241E	A340E
S1-E1	点火开关 ON（接通）		10.0 ~ 14.0	7.5 ~ 14.0
S2, SL-E1	点火开关 ON（接通）		1.0 或更小	0
P-E1	PWR（动力）方式			7.5 ~ 14.0
	NORM（正常）方式			0 ~ 1.5
B, K（或 STP）E1	制动踏板踩下		10.0 ~ 14.0	7.5 ~ 14.0
	制动踏板松开		1.0 或更小	0.0
THW-E1	水温 80℃		0.1 ~ 0.8	0.2 ~ 1.0
IDL-E1	节气门全关		1.0 或更小	0.0
	节气门全开		4.5 ~ 5.5	7.5 ~ 14.0
VAT-E2	节气门全关		0.1 ~ 0.8	0.3 ~ 0.8
	节气门全关		4.5 ~ 5.5	3.2 ~ 4.9
VC（或 VCC）E1			4.5 ~ 5.5	4.5 ~ 5.5
OD1-E1			10.0 ~ 14.0	5.0
OD2-E1	O/D 主开关接通（按下）		10.0 ~ 14.0	9.0 ~ 14.0
	O/D 主开关断开（接起）		1.0 或更小	0 ~ 3.0
SPD（或 SPl）-E1	巡行控制主开关断开	停住不动	1.0 或更小	0 或 5.0
		车辆移动	重复：大于 0，小于 14.0	2.0 ~ 3.0
SP2-E1	停住不动		1.0 或更小	0 或 5.0
	车辆移动		重复：大于 0，小于 5.5	2.0 ~ 3.0
NSW-E1	P、N 位		10.0 ~ 14.0	0 ~ 3.0
	R、D、2、L 位		1.0 或更小	9.0 ~ 14.0
2-E1	2 位		10.0 ~ 14.0	7.5 ~ 14.0
	2 以外任何挡位		1.0 或更小	0 ~ 2.0
L-E1	L 位		10.0 ~ 14.0	7.5 ~ 14.0
	L 以外任何挡位		1.0 或更小	0 ~ 2.0
+B（+B1）-E1	点火开关 ON（接通）		10.0 ~ 14.0	9.0 ~ 14.0
BATT-E1			10.0 ~ 14.0	9.0 ~ 14.0
KSW-E1	加速踏板松开		4.5 ~ 5.5	
	加速踏板踩下		1.0 或更小	

八、检查制动灯开关

制动灯开关插头端子如图2-15所示。

用万用表(欧姆挡)检测,在制动踏板踩下时端子1和3应导通,否则应更换制动灯开关。

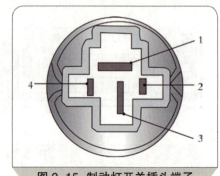

图2-15 制动灯开关插头端子
1,2,3,4—端子

九、检查自动跳合开关

用万用表(欧姆挡)检测,在压下自动跳合开关时其两端子应导通。若不导通,则应更换自动跳合开关。

课题小结

1. 电控自动变速器的结构比较复杂,一旦出现故障,检修的难度较大。因此,出现故障时首先必须确定故障部位,而确定故障部位的关键就是故障诊断。

2. 当电控自动变速器自诊断系统监测到控制系统有故障时,储存故障代码,并通过O/D OFF指示灯闪烁来警告驾驶员。

3. 对自动变速器电控系统进行检测时,应对与故障有关的部件和线路连接进行仔细检查。

4. 汽车自动变速器使用一段时间后,随着技术状况的下降会出现一系列故障,常见的故障会通过一定的现象特征表现出来。

简答题:

1. 自动变速器的故障诊断程序有哪些?
2. 怎样读取自动变速器电控系统的故障代码?
3. 自动变速器电控系统的检测主要包括哪些内容?
4. 常见的自动变速器故障有哪些?

课题三

ABS 和 ESP 系统的检测与故障诊断

[学习目的与要求]

1. 了解防抱死制动系统（ABS）的组成和工作原理。
2. 掌握防抱死制动系统的检测与故障诊断方法。
3. 了解 ESP 系统的组成和工作原理。
4. 掌握 ESP 系统的检测与故障诊断方法。

课题三 ABS 和 ESP 系统的检测与故障诊断

任务一　防抱死制动系统的检测与故障诊断

一、ABS 的工作原理

捷达系列轿车采用的是美国 ITT 公司 MK20 型 ABS 电控系统,是三通道的 ABS 调节回路,前轮单独调节,后轮则以两轮中地面附着系数低的一侧为依据统一调节。其 ABS 主要由 ABS 控制器(包括电子控制单元、液压单元、液压泵等)、4 个车轮转速传感器、ABS 故障警告灯、制动警告灯等组成。

ABS 原理

MK20 型防抱死制动系统(ABS)的元件布置如图 3-1 所示。其传感器、执行器和控制单元实物如图 3-2 所示。

ABS 系统的组成与原理

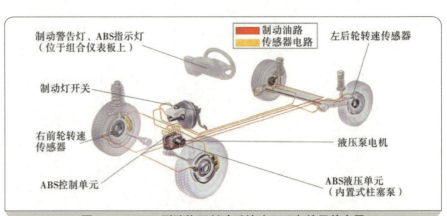

图 3-1　MK20 型防抱死制动系统(ABS)的元件布置

防抱死控制系统的控制及布置方式

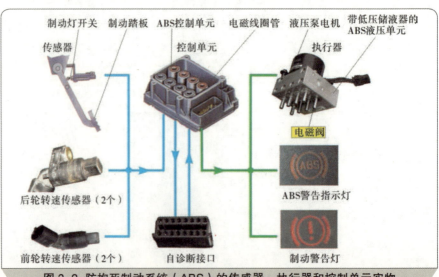

图 3-2　防抱死制动系统(ABS)的传感器、执行器和控制单元实物

防抱死制动系统的原理

汽车在制动过程中,车轮传感器将车轮的转速信号反馈给ABS控制单元,ABS控制单元根据该信号并根据内部储存的数据计算出车轮的滑移率(即有车轮抱死并向一侧滑移的趋向)。当滑移率超过规定值时,ABS控制单元发出指令给液压单元,令其保持或减小制动压力,完成防抱死过程。制动过程中如果车轮没有抱死的趋势,ABS不参与制动压力的控制。ABS的工作过程可参考图3-3。

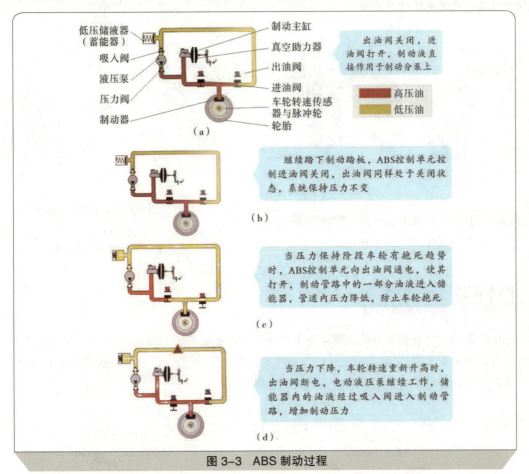

图3-3 ABS制动过程

(a)初始制动阶段(施加制动压力); (b)压力保持阶段; (c)压力降低阶段; (d)压力增加阶段

二、轮速传感器

 1. 电磁感应式轮速传感器

检查或更换ABS轮速传感器

(1)结构和原理

电磁感应式轮速传感器由传感头和齿圈两部分组成。电磁感应式轮速传感器传感头的结构如图3-4所示,它由永磁体、极轴和感应线圈等组成,齿圈由铁磁性材料制成。

当齿圈旋转时，齿顶与齿隙轮流交替对向磁芯，当齿圈转到齿顶与传感头磁芯相对时，传感头磁芯与齿圈之间的间隙最小，由永久磁芯产生的磁力线就容易通过齿圈，感应线圈周围的磁场就强，如图3-5（a）所示；而当齿圈转动到齿隙与传感头磁芯相对时，传感头磁芯与齿圈之间的间隙最大，由永久磁芯产生的磁力线就不容易通过齿圈，感应线圈周围的磁场就弱，如图3-5（b）所示。此时，磁通迅速交替变化，在感应线圈中就会产生交变电压，交变电压的频率将随车轮转速呈正比例变化。ECU可以通过转速传感器输入的电压脉冲频率进行处理来确定车轮的转速、汽车的参考速度等。

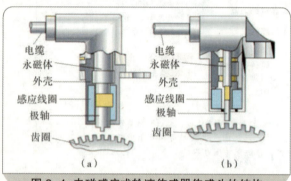

图3-4 电磁感应式轮速传感器传感头的结构

（a）凿式极轴；（b）柱式极轴

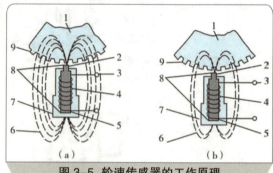

图3-5 轮速传感器的工作原理

（a）齿圈齿顶与传感器磁芯相对时；（b）齿圈齿隙与传感器磁芯相对时

1—齿圈；2—磁芯端部；3—感应线圈端子；4—感应线圈；5—磁芯；6—磁力线；7—传感器；8—磁极；9—齿顶

（2）检测

新款捷达MK70型制动系统共有4个车轮转速传感器，前轮的齿圈为43齿，安装在半轴上，转速传感器安装在万向节上，如图3-6（a）所示；后轮的齿圈也为43齿，安装在后轮毂上，转速传感器则安装在固定支架上，如图3-6（b）所示。

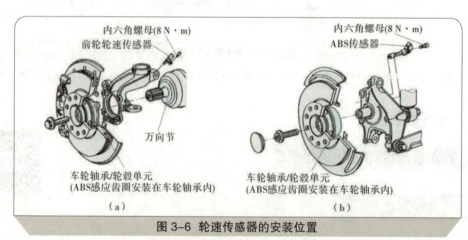

图3-6 轮速传感器的安装位置

（a）前轮轮速传感器；（b）后轮轮速传感器

① 故障征兆检测

电磁感应式轮速传感器如发生故障,将无法准确感知车轮轮速信号,从而使防抱死制动不可能正确地控制车轮防抱死机构的工作,只能依靠基本制动进行制动操作,此时ABS警告灯点亮,紧急制动时出现制动距离长、车轮抱死、两侧制动力不均匀、制动力不足、制动踏板剧烈振动、制动踏板行程过长、需用很大的力踩制动踏板、轻踩制动踏板时ABS工作、路面有拖印等故障现象。电磁感应式轮速传感器的常见故障主要是传感器本身的感应电路(感应线圈)断路或短路,传感头和齿圈沾染油液或其他脏物,因振动或敲击造成传感器发生消磁现象等。除此之外,还有轮速传感器的松动、脉冲齿圈距离、车轮轴承、制动轮缸、制动蹄片等出现问题,也会导致轮速传感器没有信号输出的故障。

② 电阻检查轮速传感器与 ABS ECU 的连接线路

将点火开关置于"OFF"位置,断开ABS ECU插头,用万用表欧姆挡测量如图3-7所示针脚,其电阻值应符合表3-1的规定。

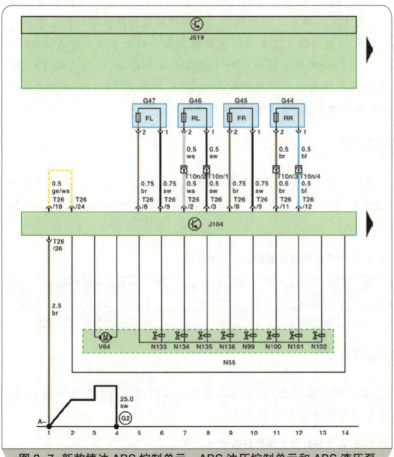

G44—右后轮转速传感器;
G45—右前轮转速传感器;
G46—左后轮转速传感器;
G47—左前轮转速传感器;
J104—ABS ECU;
J519—E-BOX ECU;
N55—ABS 油压控制单元;
T10n—10 芯蓝色对接插头(在 E-BOX 上);
T26—26 芯黑色插头连接;
V64—ABS 液压泵;
G2—搭铁点(在变速箱上);
ws—白色;sw—黑色;ro—红色;
br—棕色;gn—绿色;bl—蓝色;
gr—灰色;li—紫色;ge—黄色;
or—橘黄色

图 3-7 新款捷达 ABS 控制单元、ABS 油压控制单元和 ABS 液压泵

表 3-1 轮速传感器电阻值

轮速传感器	标准电阻值 /kΩ	轮速传感器	标准电阻值 /kΩ
左前轮轮速传感器阻值	1.0 ~ 1.3	左后轮轮速传感器阻值	1.0 ~ 1.3
右前轮轮速传感器阻值	1.0 ~ 1.3	右后轮轮速传感器阻值	1.0 ~ 1.3

如果电阻值不符合要求，可直接从所对应的轮速传感器处拔下导线，用欧姆表直接测量。如果达到上述标准电阻值，则说明线路有问题；如果仍达不到上述标准值，则说明传感器有故障。

如果检测的任何一个轮速传感器的电阻值都不在规定范围内，则首先应检查与该传感器连接的导线是否发生断路及其插头是否松动。如果经过检查未发现导线中有断路现象，且插头连接牢固，则应更换该轮速传感器。

③ 检测传感器线束的电阻值

关闭点火开关，拔下4个轮速传感器的2芯连接插头，然后拔下ABS ECU的连接端子。用万用表的电阻挡分别测量左前轮轮速传感器插头的1号端子与ABS电脑插头的T26/9端子之间的阻值、左前轮轮速传感器插头的2号端子与ABS ECU插头的T26/8端子之间的阻值、右前轮轮速传感器插头的1号端子与ABS ECU插头的T26/5端子之间的阻值、右前轮轮速传感器插头的2号端子与ABS ECU插头的T26/6端子之间的阻值、左后轮轮速传感器插头的1号端子与ABS ECU插头的T26/3端子之间的电阻值、左后轮轮速传感器插头的2号端子与ABS ECU插头的T26/2端子之间的阻值、右后轮轮速传感器插头的1号端子与ABS ECU插头的T26/12端子之间的电阻值、右后轮轮速传感器插头的2号端子与ABS ECU插头的T26/11端子之间的阻值，应均小于0.5 Ω，若相差很大或为无穷大，则说明线束断路。

④ 检测传感器信号电压

升降车轮，使4个车轮离地悬空，以1 r/s的速度分别转动各个车轮，用万用表或示波器分别测量各个车轮轮速传感器的信号输出电压值。各车轮轮速传感器的信号电压应满足表3-2所示的要求。

表 3-2 各车轮轮速传感器的标准电压值

轮速传感器	信号输出电压（转速 1 r/s）	轮速传感器	信号输出电压（转速 1 r/s）
左前轮	190 ~ 1 140 mV 的交流电压	左后轮	大于 650 mV 的交流电压
右前轮	190 ~ 1 140 mV 的交流电压	右后轮	大于 650 mV 的交流电压

⑤ 检测传感器与齿圈的间隙

升起汽车，使4个车轮离地，在齿圈上取4点，用非磁性塞尺测量齿圈与传感器之间的间隙。各车轮轮速传感器与齿圈的间隙应符合表3-3所示的要求。

表 3-3 各车轮轮速传感器与齿圈的间隙

检查项目	标准值 / mm
前轮轮速传感器与齿圈之间的间隙值	1.10 ~ 1.97
后轮轮速传感器与齿圈之间的间隙值	0.42 ~ 0.80

2. 霍尔效应式轮速传感器

（1）霍尔效应式轮速传感器的结构

霍尔效应式轮速传感器主要由传感器头和齿圈组成，传感器头由永久磁铁、霍尔元件和电子电路等组成，如图3-8所示。

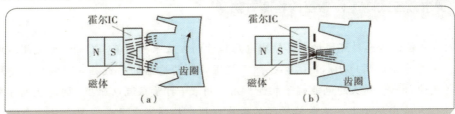

图3-8 霍尔传感器的组成

（a）霍尔元件磁场较弱；（b）霍尔元件磁场较强

（2）霍尔效应式轮速传感器的工作原理

当齿圈转动到齿缝正对传感器头时，永久磁铁的磁力线穿过霍尔元件通向齿圈的磁力线较为分散，磁场也相对较弱，如图3-8（a）所示；齿圈转动到凸齿正对传感器头时，永久磁铁的磁力线穿过霍尔元件通向齿圈的磁力线较为集中，磁场也相对较强，如图3-8（b）所示。这样在齿圈的转动过程中，由于通过霍尔元件的磁力线密度发生变化，因而引起霍尔元件上霍尔电压的变化，使霍尔元件向外输出一个正弦波电压信号。

霍尔元件在齿轮的运动下产生并向外输出一个mV级的正弦波霍尔电压，经放大器放大为V级的电压，然后送至施密特触发器输出标准的脉冲信号，并产生一定回差，以提高稳定性，最后送至输出级放大输出。霍尔效应式轮速传感器电子线路的框图及各级输出波形如图3-9所示。

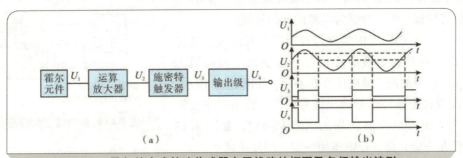

图3-9 霍尔效应式轮速传感器电子线路的框图及各级输出波形

（a）电子线路的框图；（b）各级输出波形

霍尔效应式轮速传感器的工作原理如图3-10所示，它的工作电压为8～15 V，负载电流为100 mA，工作频率为20 kHz，输出电压幅值为7～14 V。为了使汽车在各种温度下工作，霍尔效应式轮速传感器采用封闭式结构，将齿圈与传感器密封在一起，以保证在恶劣的环境中能可靠地工作。霍尔效应式轮速传感器是一种主动式轮速传感器。因此克服了电磁感应式轮速传感器的输出信号幅值变化、频率响应不高、抗电磁干扰能力差的缺点,具有输出信号幅值不变、频率响应高、抗电磁干扰能力强的优点,因此在一些新型汽车的ABS中将越来越多地使用此类型的轮速传感器。

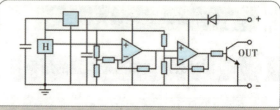

图 3-10 霍尔效应式轮速传感器的工作原理

(3) 霍尔效应式轮速传感器的检测方法

霍尔效应式轮速传感器可用检测其输出电压信号的方法来判断其工作好坏。关闭点火开关,将车支起,使每个轮胎离地 10 cm 左右,然后拔下轮速传感器的导线插接器插头,并用导线将线束插头与轮速传感器插头的电源端子相连,用万用表(打开交流电压挡)的两表笔分别搭在轮速传感器的信号输出端子上,测量传感器的输出电压。接通点火开关,用手转动车轮,万用表应显示 7～14 V 波动的交流电压,若电压不在此范围内,则应检查传感器与齿圈之间的间隙,该间隙的标准值应在 0.2～0.5 mm,否则应进行调整。

3. 新型霍尔效应式轮速传感器

霍尔效应式轮速传感器输出方波脉冲信号。由于霍尔效应式轮速传感器能克服电磁效应式轮速传感器输出信号电压幅值随车轮转速变化而变化、响应频率不高以及抗电磁波干扰能力差等缺点,因而被广泛应用于汽车防抱死制动系统(ABS)的轮速检测。轮速传感器是汽车ABS的重要组成部分,它将轮速信号传给 ABS ECU,然后 ABS ECU 通过计算决定是否开始并准确地进行防抱死制动,因此轮速传感器性能的好坏直接关系到驾驶员的生命及财产安全。

为降低汽车生产成本,近年来,越来越多的汽车 ABS 采用一种新型霍尔效应式轮速传感器,如奥迪A8、奇瑞风云、雪铁龙新爱丽舍等车型。普通霍尔效应式轮速传感器有三根引线,分别为电源线、信号线和搭铁线;而新型霍尔效应式轮速传感器(见图3-11)只有两根引线,分别为电源线和信号线。

新型霍尔效应式轮速传感器与普通霍尔效应式轮速传感器的输出信号均为方波脉冲信号,占空比范围一般为50%,但输出信号的高、低电压存在差异,如图3-12所示。新型霍尔效应式轮速传感器输出信号的高、低电压不受轮速影响,主要由 ABS ECU 内部的电阻 R 决定,如图3-13所示,电阻 R 一定,高、低电压便一定,即使轮速很低,ABS ECU 仍能检测到输出信号电压,这就克服了电磁感应式轮速传感器输出信号电压随转速变化而变化的缺点。

新型霍尔效应式轮速传感器的检测:传感器有两条线,其中一条是 ABS ECU 提供的 8 V 或 12 V 的工作电源,通过传感器另一条信号线再回到 ABS

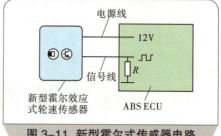

图 3-11 新型霍尔式传感器电路

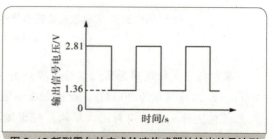

图 3-12 新型霍尔效应式轮速传感器的输出信号波形

ECU 控制搭铁，转子旋转时，传感器产生 0.75～2.50 V 的方波脉冲信号。因为霍尔效应式传感器的独特性能，使传感器的搭铁和信号线共用一条线，如图 3-14 所示。

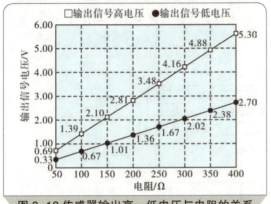

图 3-13 传感器输出高、低电压与电阻的关系

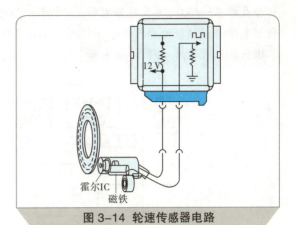

图 3-14 轮速传感器电路

4. 磁阻式轮速传感器

（1）结构和安装位置

新款皇冠的轮速传感器采用磁阻式半导体传感器，简称 MRE 传感器。磁性转子是由内置带磁性粒子的橡胶制成南北共 48 极，磁极按圆周方向均匀分布的环状垫片镶嵌在后轮轴承内圈上，与车轮同速度旋转。MRE 传感器则安装在轮毂上固定不动，与磁性转子间存在 0.5～0.8 mm 的空气间隙，如图 3-15 所示。

（2）工作原理

当磁性转子随车轮旋转时会产生磁场变化，使传感器内的磁阻值发生相应变化，经电路处理，以脉冲信号输出给 ABS ECU。MRE 传感器与广泛采用的其他方式轮速传感器比较，能检测到从零开始的车速，此外，还能够检测到转子的旋转方向，因此系统可以区分车辆是向前还是向后运动，为坡道起步辅助控制系统 HAC 提供制动控制信号，如图 3-16 所示。

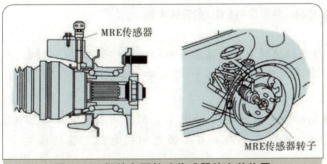

图 3-15 新款皇冠轮速传感器的安装位置

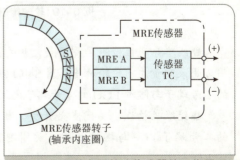

图 3-16 新款皇冠轮速传感器的工作原理

新款皇冠使用的新型磁阻轮速传感器除具备主动型轮速传感器的功能外，还能够检测出车轮的旋转方向。新型磁阻轮速传感器内部有两个磁阻，在车轮转动时产生两个信号，把这两个信号叠加在一起后，再发送给电脑。由于车辆向前或者向后行驶时两个磁阻发出的信号是不同的，所以电脑可以根据传感器信号来判断车轮的旋转方向和车辆的实际行驶方向，如图3-17所示。其输出的正常波形如图3-18所示。

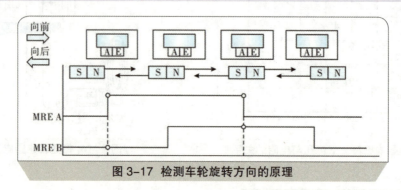

图3-17 检测车轮旋转方向的原理

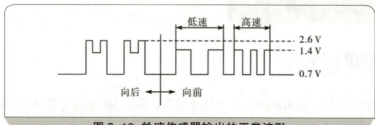

图3-18 轮速传感器输出的正常波形

（3）检测

新款皇冠轮速传感器与制动防滑控制ECU的连接电路如图3-19所示。

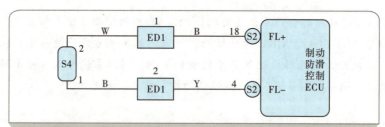

图3-19 轮速传感器与制动防滑控制ECU的连接电路

● 线路导通性检测。关闭点火开关，断开轮速传感器连接器和制动防滑控制ECU连接器，用万用表测量左前轮轮速传感器S4的2号端子与防滑ECU的18号端子、左前轮轮速传感器S4的1号端子与防滑ECU的4号端子之间的电阻值，其值应小于1Ω。

● 绝缘性检测。关闭点火开关，断开制动防滑控制ECU连接器，用万用表测量防滑ECU的4号端子FL-与搭铁之间、防滑ECU的18号端子FL+与搭铁之间的电阻，其值应大于10 kΩ。

●输入电压检测。关闭点火开关,断开轮速传感器连接器,打开点火开关,用万用表检测左前轮轮速传感器 S4 的 2 号端子与车身搭铁的电压,其值应在 7～12 V。

●示波器检测。使用示波器,利用背插法,在不脱开端子的条件下测量,输出的波形应该符合图 3-18,否则检查线路或更换传感器。

三、ABS 故障诊断

1. 检查 ABS 警告灯

检查 ABS 警告灯是否依下列方式亮起:
●将点火开关转到"ON"位置,ABS 警告灯亮约 1.7 s,然后熄灭。
●如果不是上述情况,则表示有故障,请检查故障码。
●如果警告灯完全不亮,参考无故障码故障检查表。

ABS 系统的控制原理

2. 信息状态的读取

接通故障诊断仪后,将点火开关转至"ON"位置,选取功能菜单项 01,按"OK"键确认,屏幕将显示下列状态信息。
●例如 ECU 图号及版本号:ABSMK20IE;
●编码 01901。

3. 读取和清除故障码

●在功能选择菜单中选择"02 读取故障码"后,首先显示故障总数,如果没有故障代码,则显示无故障代码。这时,按"OK"键翻页,往下翻看故障代码及其描述。故障码前一般有 P 或者 O 字样,表示这是一个持续性故障(Persistent)或是偶然故障(Occasional)。持续性故障一直存在,偶然性故障可以被清除,只有实车行驶时才有可能再现。

ABS 故障码的读取与清除

注意

读故障代码功能时不能中途退出,只有翻阅完所有故障代码,才能返回功能菜单,清除故障码。

●在功能选择菜单选择"05",按"OK"键,即可消除故障码,如果故障码无法消除,则表示这个故障码代表的故障一直存在;如果存储的故障可以消除,则表示这是一个偶发性故障,只有在实车行驶时才能重新检测到。

4. 故障码显示方式

故障码显示方式如表 3-4 所示。

表 3-4 故障码显示方式

系统问题		显示代码
目前没有问题 （ABS 警告灯不亮）	以前不曾发生	无故障码
	以前曾发生	偶发性故障码
问题仍存在 （ABS 警告灯亮）	以前不曾发生	非偶发性故障码
	以前曾发生	偶发性故障码和非偶发性故障码

5. 液压控制单元诊断

用故障诊断仪对液压控制单元进行诊断，在功能中选择"3 液控单元诊断"后，按表 3-5 所示步骤操作。

表 3-5 液压控制单元诊断步骤

步 骤	操作者动作	屏 幕 显 示	正常时的结果
1	踩下制动踏板不放	液控单元诊断——液压泵测试	泵电机工作
2		左前轮——踩下制动踏板	
3	踩下制动踏板不放	左前轮——常开阀开，常闭阀闭，车轮抱死	车轮抱死
4		左前轮——常开阀闭，常闭阀闭，车轮抱死	车轮抱死
5		左前轮——常开阀闭，常闭阀开，车轮可自由转动	车轮可自由转运，踏板回弹，可听见泵电机工作噪声
6		左前轮——常开阀闭，常闭阀闭，车轮可自由转动	车轮可自由转动
7		左前轮——常开阀开，常闭阀闭，车轮抱死	车轮抱死，踏板自动微微下沉
8	松制动踏板		

对每一轮子执行上面 2～8 步的测试。顺序如下：左前→右前→左后→右后。

如果上面的各个步骤中某一步结果与正常时的结果不同，则说明相应的执行元件未能正常工作，请检查相应元件。

这里凡是屏幕出现"返回"的位置，都可以用"ESC"键结束测试，返回功能菜单。

6. 故障排除快速索引

故障排除快速索引如表 3-6 所示。

表 3-6 故障排除快速索引

诊断码	故障描述	诊断内容	检查表编号
65535	电子控制单元	损坏	
01276	ABS 液压泵	电动机无法工作	1
00283	左前轮传感器	电气及机械故障	2, 3, 4
00285	右前轮传感器		
00290	左后轮传感器		
00287	右后轮传感器		
01044	ABS 编码错误		5
00668	供电端子 30		6
01130	ABS 工作异常	信号不符合	7

7. 无故障码故障检查表索引

无故障码故障检查表索引如表 3-7 所示。

表 3-7 无故障码故障检查索引

故障状况		检查表编号
将点火开关转到"ON"（发动机熄火状态），ABS 警告灯不亮		1
发动机发动后，警告灯不灭		2
ABS 工作异常	两侧制动力不均匀	3
	制动力不足	
	轻踩制动踏板时 ABS 工作（汽车处于静止状态）	
	轻踩制动踏板时 ABS 工作（汽车处于行驶状态）	
	ABS 工作时，制动踏板剧烈振动	
制动踏板行程过长		4
需用很大的力踩制动踏板		5
无故障代码输出（无法与故障诊断仪通信）		6

8. ABS ECU 插座针脚分布

ABS ECU 插座针脚分布如图 3-20 所示。

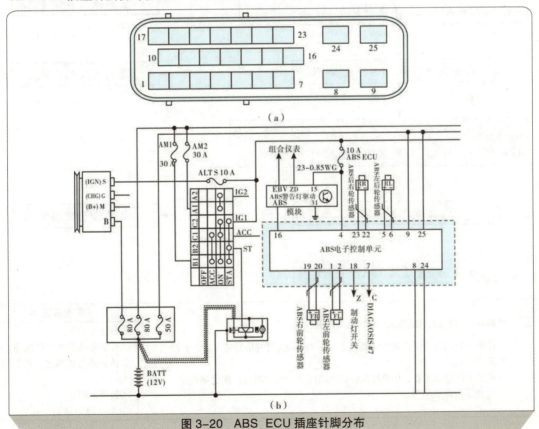

图 3-20 ABS ECU 插座针脚分布

（a）出线端视图；（b）电气线路图

三、ABS 故障检查

1. 故障码故障检查

故障码故障检查如表 3-8 所示。

ABS 系统拆装

制动液的加注与 ABS 排空气

表 3-8 故障码故障检查

1 故障码为 01276	可能原因
[说明] 当车速超过 20 km/h 时，ABS ECU 监控到电动机不能正常工作，就会记录此故障码。 [提示] 出现此故障时，可能是电动机和 ECU 之间的线束连接松脱，用故障诊断仪的液压单元功能测试驱动电动机，使其进行此项测试	①电源断路或搭铁； ②电动机线束松脱； ③电动机损坏

注意

如果蓄电池过度放电，则电动机无法被驱动。所以，在进行电动机驱动测试时，应先确认蓄电池电压是否正常；在进行电动机驱动测试时，车辆需在静止状态下。

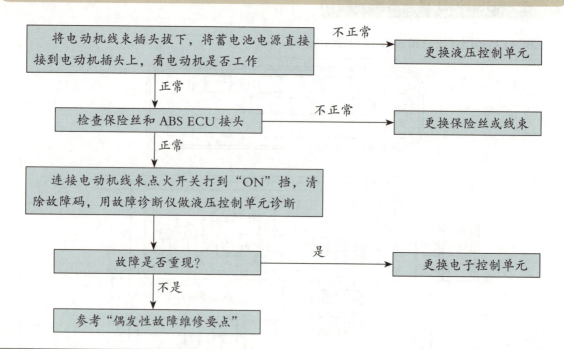

2 故障码为 00283，00285，00290，00287	可能原因
[说明] 当检测不到回路开路，而车速到达 20 km/h 以上仍没有信号输出时，此故障码即出现。 [提示] 可能是由传感器漏装，传感器线圈或线束短路，传感器与齿圈之间气隙过大或是齿圈漏损引起	①传感器漏装； ②传感器线圈或线束短路； ③传感器与齿圈之间的气隙过大； ④齿圈漏损； ⑤ABS ECU 故障

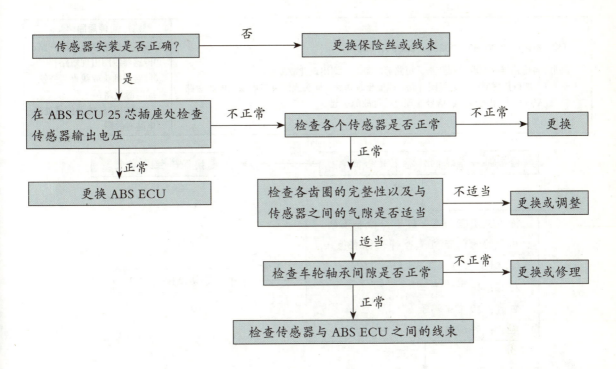

3 故障码为 00283, 00285, 00290, 00287

[说明] 当车速 >20 km/h 时, 若传感器信号超出公差范围, 即出现此故障码。

[提示] 很可能是由于传感器线圈或线束间歇性接触不良或短路, 齿圈损坏, 传感器与齿圈间的气隙过大或轴承间隙过大造成传感器信号太弱

可能原因
①传感器线圈或线束间歇性接触不良或短路;
②传感器与齿圈间的气隙过大或过小;
③齿圈损坏;
④轴承间隙过大;
⑤ABS ECU 故障

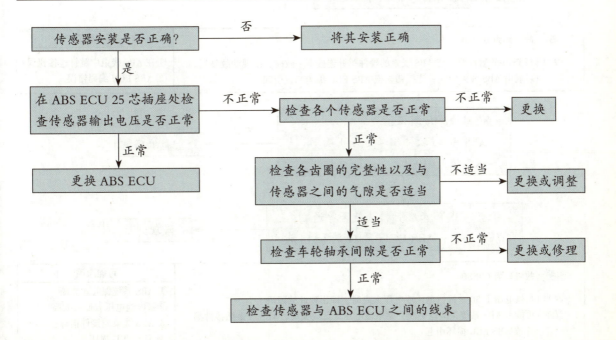

课题三 ABS 和 ESP 系统的检测与故障诊断

4 故障码为 00283，00285，00290，00287

[说明] 当传感器存在可识别开路、短路等故障时，即出现此故障码。

[提示] 可能由传感器插件或线圈开路，线圈出现短路，插头或线束与搭铁或电源短路，ABS ECU 中的传感器信号处理电路有故障引起

可能原因
①传感器插接件或线圈开路；
②传感器线圈出现短路；
③传感器插头或线束与搭铁或电源短路；
④ABS ECU 传感器信号处理电路有故障

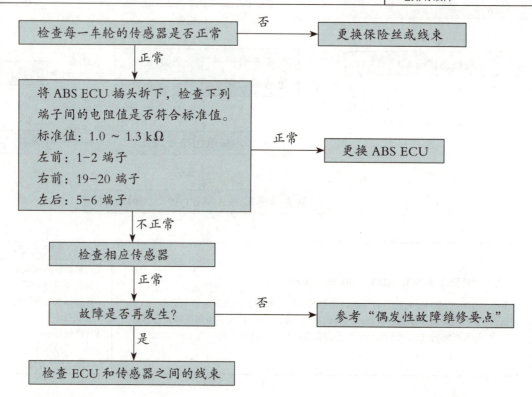

5 故障码为 01044

[说明] 当 ECU 的软件编码与 ABS 线束的硬件跳针连接不一致时，出现此故障码。

[提示] 可能由 ABS 线束中跳针连接错误或 ABS ECU 编码错误引起

可能原因
①在 ABS 线束中跳针连接错误；
②ABS ECU 编码错误

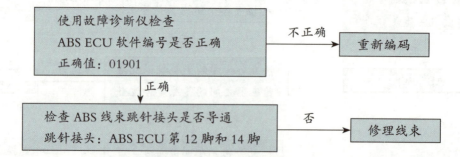

6 故障码为 00668

[说明] 当供电端子 30 未提供电压或电压太高时，即出现此故障码

[提示] 可能由 ABS 系统保险丝烧断，蓄电池电压太低或太高，ABS 线束插接件损坏或 ABS ECU 损坏引起

可能原因
①ABS 系统保险丝烧断；
②蓄电池电压太低或太高；
③ABS 线束插接件损坏；
④ABS ECU 损坏

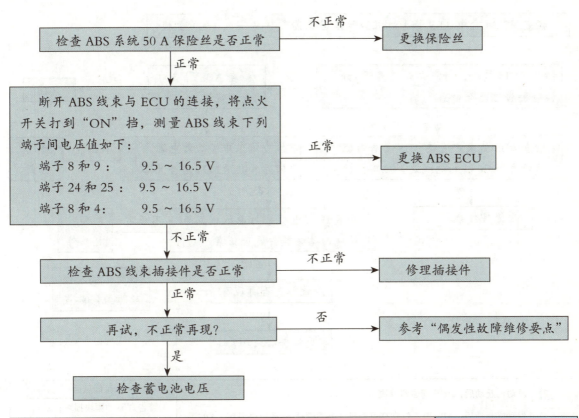

7 故障码为 01130

[说明] 当 ABS 受高频电磁波干扰或微处理器认为输入车速信号不可信时，即出现此故障码。

[提示] 可能因高频电磁波干扰，传感器损坏或传感器电线束损坏，ABS ECU 损坏引起

可能原因
①高频电磁波干扰；
②传感器损坏或传感器电线束损坏；
③ ABS ECU 损坏

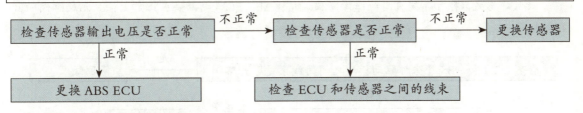

2. 无故障码故障检查

无故障码故障检查如表 3-9 所示。

表 3-9　无故障码故障检查

	可能原因
1　点火开关在 ON 位置（发动机熄火），但 ABS 警告灯不亮 [说明] ABS 警告灯不亮，可能是警告灯电源回路开路，ABS 警告灯灯泡烧坏，电源线路断路 或 ABS 警告灯驱动模块损坏	①保险丝烧坏； ② ABS 警告灯灯泡烧毁； ③电源线路断路； ④ ABS 警告灯驱动模块损坏

课题三 ABS 和 ESP 系统的检测与故障诊断

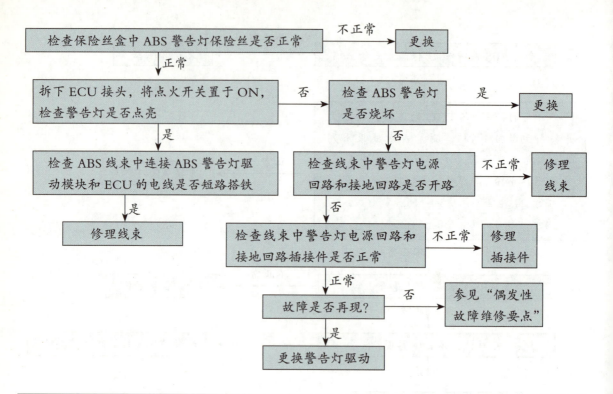

2 发动机起动后，ABS 警告灯常亮	可能原因
[说明] 发动机起动后，ABS 警告灯常亮可能是 ABS 警告灯驱动模块损坏，ABS 警告灯驱动模块回路开路或 ABS ECU 损坏	①警告灯驱动模块损坏； ②ABS 警告灯驱动模块回路开路； ③ABS ECU 损坏

> **注意**
>
> 此故障形式只限于系统可与故障诊断仪通信（ABS ECU 电源供应正常），且无故障代码出现的情况。

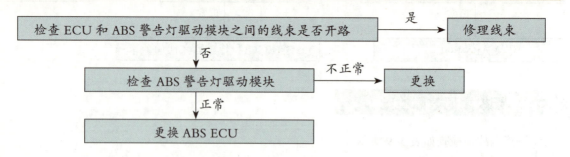

3 ABS 工作异常	可能原因
[说明] 这个问题与驾驶员状况及路面条件密切相关，所以不容易进行故障诊断。然而，如果没有故障码记忆，可进行检查	①传感器安装不当； ②传感器线束有问题； ③传感器损坏； ④齿圈损坏； ⑤传感器粘附异物； ⑥车轮轴承损坏； ⑦ABS HCU（液压单元）损坏； ⑧ABS ECU（电控单元）损坏

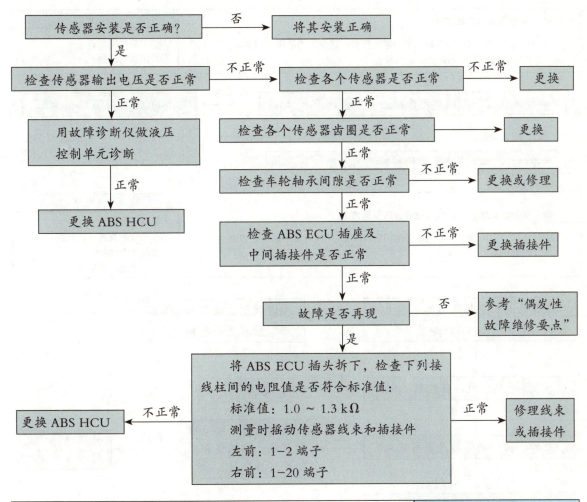

	可能原因
4 制动踏板行程过长	①漏制动液；
[说明] 先以目视检查是否有外部泄漏或机械故障；用排气方法检查系统中是否有空气；用故障诊断仪液压单元功能测试检查常闭阀是否泄漏	②系统中有空气； ③制动盘严重磨损； ④制动液面开关出现故障

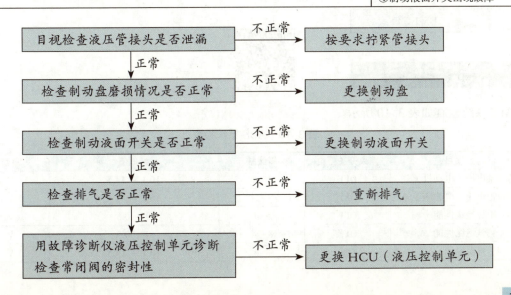

课题三 ABS 和 ESP 系统的检测与故障诊断

5 需用很大的力踩踏板	可能原因
[说明] 用传统方法检查助力器和制动踏板行程；常开阀的故障可用故障诊断仪液压单元功能测试进行检查	①助力器有问题； ②常闭阀有问题

用故障诊断仪液压控制单元诊断检查常开阀是否正常 —不正常→ 更换 HCU（液压控制单元）

↓正常

按非 ABS 车的传统方法检查助力器与踏板行程

6 无诊断码输出（无法与故障诊断仪通信）	可能原因
[说明] 无法与故障诊断仪通信时可能因为 ABS ECU 的电源回路或是诊断线回路开路	①保险丝烧毁； ②诊断线断裂或接头松脱； ③ABS ECU 损坏； ④故障诊断仪有问题

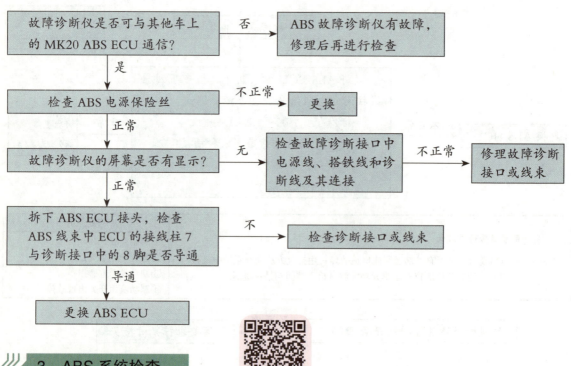

3. ABS 系统检查

防抱死制动和驱动防滑系统检测步骤

ABS 系统检查如表 3-10 所示。

表 3-10 ABS 系统检查

检查项目	点火开关挡位	接线柱	标准值	单位
蓄电池电压（电动机）	OFF	25-8	10.1 ~ 14.5	V
蓄电池电压（电磁阀）	OFF	9-24	10.1 ~ 14.5	V
电源绝缘性能	OFF	8-4	0 ~ 0.5	V
搭铁绝缘性能	OFF	8-24	0 ~ 0.5	V
电源电压	ON	8-4	10.1 ~ 14.5	V

续表

检查项目	点火开关挡位	接线柱	标准值	单位
ABS 警告灯	OFF	ECU 未连接	警告灯熄	目视
ABS 警告灯	ON	ECU 未连接	警告灯亮	目视
ABS 警告灯	OFF	连接 ECU	警告灯熄	目视
ABS 警告灯	ON	连接 ECU	警告灯亮约 1.7 s 后熄灭	目视
制动灯开关功能踏板未踩下	ON	8-18	0 ~ 0.5	V
制动灯开关功能踏板踩下	ON	8-18	10.0 ~ 14.5	V
诊断接口	OFF	诊断接头 K 和 7	0 ~ 0.5	Ω
左前轮轮速传感器电阻值	OFF	1-2	1.2 ~ 1.3	kΩ
右前轮轮速传感器电阻值	OFF	19-20	1.2 ~ 1.3	kΩ
左后轮轮速传感器电阻值	OFF	5-6	1.0 ~ 1.3	kΩ
右后轮轮速传感器电阻值	OFF	22-23	1.0 ~ 1.3	kΩ
左前轮轮速传感器输出电压值	OFF	1-2	3.4 ~ 14.8	mV/Hz
右前轮轮速传感器输出电压值	OFF	19-20	3.4 ~ 14.8	mV/Hz
左后轮轮速传感器输出电压值	OFF	5-6	>12.2	mV/Hz
右后轮轮速传感器输出电压值	OFF	22-23	>12.2	mV/Hz
轮速传感器输出电压比	$\dfrac{最高峰峰值电压}{最低峰峰值电压} \leq 2$			
注：进行下列检查时，需有真空作用在真空助力器上				
左前轮常开阀及常闭阀密封性	ON	踩踏板	左前轮无法转动时，踏板不下沉	常闭阀检查
左前轮常开阀及常闭阀密封性	ON（两阀和泵同时通电）	踩踏板	左前轮可自由转动，踏板不下沉	常开阀检查
右前轮常开阀及常闭阀密封性	ON	踩踏板	右前轮无法转动时，踏板不下沉	常闭阀检查
右前轮常开阀及常闭阀密封性	ON（两阀和泵同时通电）	踩踏板	右前轮可自由转动，踏板不下沉	常开阀检查
左后轮常开阀及常闭阀密封性	ON	踩踏板	左后轮无法转动时，踏板不下沉	常闭阀检查
左后轮常开阀及常闭阀密封性	ON（两阀和泵同时通电）	踩踏板	左后轮可自由转动，踏板不下沉	常开阀检查
右后轮常开阀及常闭阀密封性	ON	踩踏板	右后轮无法转动时，踏板不下沉	常闭阀检查
右后轮常开阀及常闭阀密封性	ON（两阀和泵同时通电）	踩踏板	右后轮可自由转动，踏板不下沉	常开阀检查
注：本项检查用故障诊断仪功能"03 液压控制单元诊断"进行。				

4. ABS 工作检查

（1）检查车轮轮速传感器输出电压

- 检查车轮轮速传感器与齿圈之间的间隙是否合乎标准值。
- 顶起车轮，松开手制动。
- 拆下 ABS 线束，在线束插接器处测量。
- 以约 0.5 r/s 的速度转动车轮，用万用表或示波器测量输出电压。
- 接线柱 1-2；
- 接线柱 19-20；

- 接线柱 5-6；
- 接线柱 22-23；
- 输出电压；
- 前轮参见相关标准；
- 后轮参见相关标准。
- 输出电压不在以上范围内可能有下述原因：
- 传感器和齿圈之间气隙过大；
- 传感器故障；
- 检查传感器电阻值（$1.0 \sim 1.3\,\mathrm{k}\Omega$）；
- 在齿圈上取四点，检查齿圈与车轮轮速传感器之间的气隙（齿圈变形）。

（2）检查液压单元 HCU

- 顶起车子，确认车轮可自由转动。
- 放开手制动。
- 连接故障诊断仪后将点火开关转到"ON"位置，此时无须起动发动机。
- 参照液压控制单元诊断进行检查。

注：连接或拆下故障诊断仪时，点火开关务必位于 OFF 位置。

任务二　ESP 系统的检测与故障诊断

一、ESP 的组成

ESP 由中央控制单元（ECU）及转向角传感器、轮速传感器、减速度（G）传感器、横摆率传感器、制动液压力传感器和执行器等组成。图 3-21 所示为大众宝来轿车 ABS/ASR/ESP 电控系统结构。图 3-22 所示为大众宝来轿车 ABS/ASR/ESP 系统部件位置。

ESP 原理

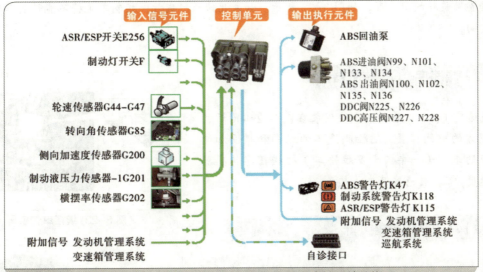

图 3-21　大众宝来轿车 ABS/ASR/ESP 电控系统结构

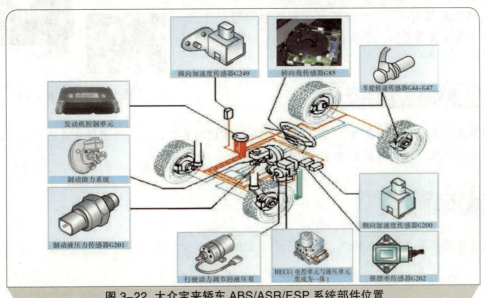

图 3-22　大众宝来轿车 ABS/ASR/ESP 系统部件位置

1. ABS/ASR/ESP 电控单元

ABS/ASR/ESP 电控单元通过线束与每个传感器和执行器相连，它接收传感器的信号，计算汽车侧滑状态和恢复到安全状态所需的旋转量和减速度，并向执行器发出控制命令。

2. 输入信号元件

（1）横摆率传感器

横摆率传感器也叫偏航率传感器，装在汽车行李舱前部，与汽车垂直轴线平行，它检测汽车绕垂直轴旋转的角速度，如图 3-23 所示。如果此传感器失效，控制单元将不能识别车辆是否发生转向，ESP 功能失效。

（2）减速度（G）传感器

减速度（G）传感器水平地安装在汽车重心附近、地板下方的中间位置，它检测汽车的纵向和横向加速度。有的车型（如丰田卡罗拉轿车）把横摆率传感器与减速度（G）传感器装在一起。

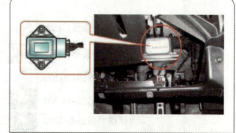

图 3-23 横摆率传感器

（3）转向角传感器

转向角传感器（见图 3-24）安装在方向盘后侧，向带有 ESP/ASR 的 ABS 控制单元传递方向盘转角信号。如该传感器失效，系统将不能识别车辆的预期行驶方向（驾驶员意愿），导致 ESP 不起作用。

（4）制动液压力传感器

图 3-24 转向角传感器

制动液压力传感器（见图 3-25）装在 ESP 液压控制装置内部，检测驾驶员进行制动操作时制动液压的变化。该传感器失效将会引起 ESP 功能失效。

（5）轮速传感器

轮速传感器装在每个车轮上，检测每个车轮的转速。

(6) ESP OFF 开关

驾驶员可以通过 ESP OFF 开关手动关断 ESP 功能，奔驰 S600 ESP OFF 开关的位置如图 3-26 所示。

图 3-25 制动液压力传感器

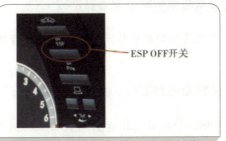

图 3-26 奔驰 S600 ESP OFF 开关

3. 输出执行元件

(1) 节气门体

节气门体装在发动机进气通道上，在 ESP 起作用期间调节发动机输出功率，由节气门体上的节气门电动机来控制发动机节气门的开度。

(2) ABS/ASR/ESP 液压控制装置

ABS/ASR/ESP 液压控制装置装在发动机一侧，在正常情况下，制动时如果车轮抱死，它将执行 ABS 的功能；当车轮在起步、加速下出现打滑空转时，它执行 ABS/ASR 的功能；当汽车转向出现侧滑时，它执行 ESP 的功能。总之，在电脑的控制下，ABS/ASR/ESP 液压控制装置把受到控制的制动液压施加到每个车轮上。

ESP 液压控制装置主要分 4 个部分，如图 3-27 所示。

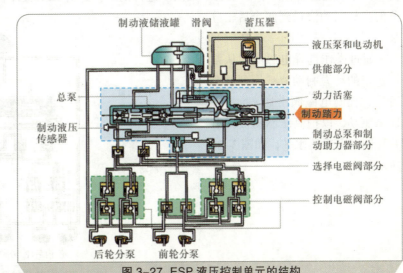

图 3-27 ESP 液压控制单元的结构

① 液压制动力的产生部分

液压制动力的产生部分由电动机驱动液压泵和蓄压器组成。蓄压器储存由液压泵供应的制动液，作为本液压装置的压力源。

② 制动总泵和制动助力器部分

根据驾驶员的制动操作产生液压，并进行助力。

③ 选择电磁阀部分

当 ABS、ASR 或 ESP 工作时，它关闭制动总泵的制动液，并把从液压制动力产生部分来的制动液或从制动助力器（调节液压）来的制动液送到控制电磁阀，从而控制每个车轮制动分泵的液压。

④ 控制电磁阀部分

当 ABS、ASR 或 ESP 工作时，它增加或降低每个车轮制动分泵的液压，以控制每个车轮的制动力。

二、ESP 的工作原理

1. 抑制前轮侧滑

当因前轮产生侧滑而出现转向不足现象时，ESP 系统把制动力施加到一个或两个后轮上（即使对两个后轮施加制动，制动也不是同步进行的），这时 ESP 液压控制装置的基本动作是把经调节的高压制动液送到两个后轮分泵。

通过操作选择电磁阀，从蓄压器来的动力制动液被导到两个后轮，控制电磁阀由通/断占空比来驱动，以把高压制动液调节并控制到合适的水平，如图 3-28 所示。

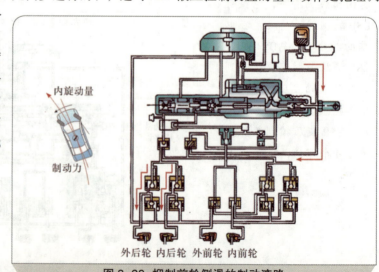

图 3-28 抑制前轮侧滑的制动液路

2. 抑制后轮侧滑

当因后轮产生侧滑而使汽车过度转向时，ESP立即把制动力加至正在转弯的外前轮上。这时ESP液压控制装置的基本动作就是把经调节的制动液送到正在转弯的外前轮上。

通过操作选择电磁阀，从蓄压器来的高压制动液被导向正在转弯的外前轮，如图3-29所示。控制电磁阀由通/断占空比来驱动，把高压制动液调节并控制到合适的水平。

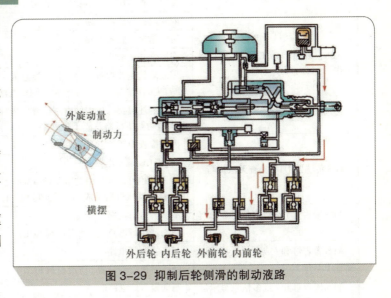

图3-29 抑制后轮侧滑的制动液路

三、ESP的检修

ESP具有自诊断功能，下面以丰田卡罗拉为例，介绍其ESP的检修。

> 丰田车上称ESP为VSC，ASR为TRC；卡罗拉轿车装备有ABS、VSC（电子稳定控制系统）、TRC（驱动防滑系统）、BA（刹车辅助系统，也称EBA或BAS）、EBD（电子制动力分配系统）。

1. ESP故障诊断表

使用故障诊断表（见表3-11）可帮助诊断故障原因，以递减的顺序表示故障的可能性，按顺序检查每个可疑部位，必要时维修或更换有故障的零件或进行调整。

表3-11 车辆稳定性控制系统故障症状

故障症状	可疑部位
ABS、BA和/或EBD不工作	再次检查DTC，并确保输出正常系统代码
	IG电源电路
	前轮轮速传感器电路
	后轮轮速传感器电路
	用故障检测仪检查制动器执行器总成（利用主动测试功能检查制动器执行器总成的工作情况）。如果异常，则检查液压回路是否泄漏
	如果上述可疑部位中的电路检查完毕且证明一切正常，而症状仍然存在，则更换制动器执行器总成（防滑控制ECU）

续表

故障症状	可疑部位
ABS、BA 和 / 或 EBD 不能有效工作	再次检查 DTC，并确保输出正常系统代码
	前轮轮速传感器电路
	后轮轮速传感器电路
	刹车灯开关电路
	用故障检测仪检查制动器执行器总成（利用主动测试功能检查制动器执行器总成的工作情况）。如果异常，则检查液压回路是否泄漏
	如果上述可疑部位中的电路检查完毕且证明一切正常，而症状仍然存在，则更换制动器执行器总成（防滑控制 ECU）
ABS 传感器 DTC 检查无法进行	再次检查 DTC，并确保输出正常系统代码
	TC 和 CG 端子电路
	如果上述可疑部位中的电路检查完毕且证明一切正常，而症状仍然存在，则更换制动器执行器总成（防滑控制 ECU）
ABS 警告灯和 / 或多信息显示屏异常（一直亮）	ABS 警告灯电路
	制动器执行器总成（防滑控制 ECU）
ABS 警告灯和 / 或多信息显示屏异常（不亮）	ABS 警告灯电路
	制动器执行器总成（防滑控制 ECU）
制动警告灯和 / 或多信息显示屏异常（一直亮）	制动警告灯电路
	制动器执行器总成（防滑控制 ECU）
制动警告灯和 / 或多信息显示屏异常（不亮）	制动警告灯电路
	制动器执行器总成（防滑控制 ECU）
VSC 和 / 或 TRC 不工作	再次检查 DTC，并确保输出正常系统代码
	IG 电源电路
	检查液压回路是否泄漏
	前轮轮速传感器电路
	后轮轮速传感器电路
	横摆率和加速度传感器电路
	转向角传感器电路
	如果上述可疑部位中的电路检查完毕且证明一切正常，而症状仍然存在，则更换制动器执行器总成（防滑控制 ECU）
VSC 传感器 DTC 检查无法进行	再次检查 DTC，并确保输出正常系统代码
	TC 和 CG 端子电路
	如果上述可疑部位中的电路检查完毕且证明一切正常，而症状仍然存在，则更换制动器执行器总成（防滑控制 ECU）
VSC OFF 指示灯和 / 或多信息显示屏异常（一直亮）	VSC OFF 指示灯电路
	制动器执行器总成（防滑控制 ECU）
VSC OFF 指示灯和 / 或多信息显示屏异常（不亮）	VSC OFF 指示灯电路
	制动器执行器总成（防滑控制 ECU）
打滑指示灯异常（一直亮）	打滑指示灯电路
	制动器执行器总成（防滑控制 ECU）
打滑指示灯异常（不亮）	打滑指示灯电路
	制动器执行器总成（防滑控制 ECU）
无法进行传感器检查	TS 和 CG 端子电路
	制动器执行器总成（防滑控制 ECU）
防滑控制蜂鸣器异常	防滑控制蜂鸣器电路
	制动器执行器总成（防滑控制 ECU）

2. ESP 故障自诊断

（1）故障诊断

卡罗拉 ESP 可利用诊断系统对车辆进行故障排除。

如果防滑控制 ECU 检测到故障，则 ABS 警告灯、VSS OFF 指示灯、打滑指示灯和主警告指示灯（见图 3-30）将亮起，多信息显示屏将显示警告信息，以警告驾驶员。

表 3-12 指出当某项功能出现故障时，哪些灯将亮起。

ABS警告灯　　制动警告灯　　VSS OFF指示灯　　打滑指示灯　　主警告指示灯

图 3-30 故障警告灯和指示灯

表 3-12 车辆稳定性控制系统故障症状

项目/故障部位	ABS	EBD	BA	TRC	VSC	防滑控制 ECU
ABS 警告灯	○	○	○	○	○	—
制动警告灯	—	○	—	—	—	○
VSS OFF 指示灯	●（VSS OFF 开关置于"OFF"位置）	●（VSS OFF 开关置于"OFF"位置）	●（VSS OFF 开关置于"OFF"位置）	●（VSS OFF 开关置于"OFF"位置）	●（VSS OFF 开关置于"OFF"位置）	●（VSS OFF 开关置于"OFF"位置）
打滑指示灯	○	○	○	○	○	○
多信息显示屏	○	○	○	○	○	○
注：○：灯亮起或显示 ON；●：灯亮起（闪烁）；—：灯熄灭。						

说明：DTC 同时被储存在存储器中。可通过在 DLC3 的端子 TC 和 CG 之间连接检查线，观察 ABS 警告灯和 VSS OFF 指示灯的闪烁方式，阅读多信息显示屏或连接诊断仪读取 DTC。

（2）故障码的读取与清除

① 使用诊断仪时

故障码的读取：
- 将诊断仪连接到 DLC3。
- 将发动机开关置于 ON（IG）位置。

课题三 ABS 和 ESP 系统的检测与故障诊断

- 接通诊断仪。
- 根据诊断仪屏幕上的提示读取 DTC。进入以下菜单项：Chassis/ABS/VSC/TRC/DTC。
- 检查 DTC 的详情。

清除 DTC：

- 将诊断仪连接到 DLC3。
- 将发动机开关置于 ON（IG）位置。
- 接通诊断仪。
- 操作诊断仪清除代码。进入以下菜单项：Chassis/ABS/VSC/TRC/DTC/Clear。

② 未使用诊断仪时

故障码的读取：

- 使用检查线连接 DLC3 的端子 TC 和 CG，如图 3-31 所示。
- 将发动机开关置于 ON（IG）位置。
- 观察 ABS 警告灯和 VSS OFF 指示灯的闪烁方式，读取多信息显示屏，以识别 DTC。

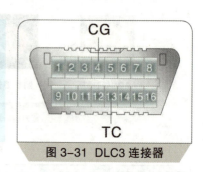

图 3-31 DLC3 连接器

小提示

如果无代码出现，检查 TC 和 CG 端子电路、ABS 警告灯和 VSC OFF 指示灯电路。

例如：图 3-32 显示 ABS 警告灯和 VSC OFF 指示灯的正常系统代码和故障码 11 和 21 的闪烁方式，及 ABS 和 VSC 在多功能信息显示屏上故障码 32 的显示。

检查完成后，断开 DLC3 的端子 TC 和 CG，以关闭显示屏。

如果同时检测到 2 个或更多个 DTC，则按升序显示 DTC。

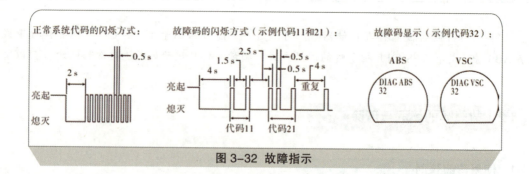

图 3-32 故障指示

清除 DTC：

- 使用检查线连接 DLC 的端子 TC 和 CG。
- 将发动机开关置于 ON（IG）位置。
- 5 s 内踩下制动踏板 8 次或更多次，以清除 ECU 中存储的 DTC。

检查并确认警告灯指示正常系统代码。

从DLC3端子上拆下SST。

> **小提示**
>
> 不能通过断开蓄电池端子或ECU-IG NO.1保险丝清除DTC。

③ 故障码读取/清除结束

将发动机开关置于ON（IG）位置。

检查并确认ABS警告灯在约3 s内熄灭。

3. ESP故障码表

卡罗拉轿车ESP故障码如表3-13所示。

表3-13 卡罗拉轿车ESP故障码

故障部位	检测项目	DTC代码
43	ABS控制系统故障	ABS控制系统
C1201/51	发动机控制系统故障	发动机控制系统
C1203/53	ECM通信电路故障	ECM
C1210/36	未完成横摆率传感器的零点校准	①横摆率和加速度传感器 ②未进行零点校准 ③制动器执行器总成（防滑控制ECU）
C1231/31	转向角传感器电路故障	①转向角传感器 ②转向角传感器电路 ③转向角传感器电源 ④制动器执行器总成（防滑控制ECU）
C1232/32	加速度传感器卡滞	①横摆率和加速度传感器 ②横摆率和加速度传感器电路
C1234/34	横摆率传感器故障	①横摆率和加速度传感器 ②横摆率和加速度传感器电路 ③传感器的安装
C1290/66	转向角传感器零点故障	①横摆率和加速度传感器零点校准未完成 ②方向盘置中调节不准确 ③前轮定位调节不准确
C1336/39	未进行加速度传感器的零点校准	①横摆率和加速度传感器 ②未进行零点校准 ③制动器执行器总成（防滑控制ECU）
U0100/65	与ECM/PCM失去通信	CAN通信系统（防滑控制ECU至ECM）
U0123/62	与横摆率传感器模块失去通信	CAN通信系统 （防滑控制ECU至横摆率和加速度传感器）
U0126/63	与转向角传感器模块失去通信	CAN通信系统 （防滑控制ECU至转向角传感器）

课题三 ABS 和 ESP 系统的检测与故障诊断

📢 课题小结

1. ABS 主要由 ABS 控制器（包括电控单元、液压单元、液压泵等）、轮速传感器、ABS 故障警告灯、制动警告灯等组成。

2. ABS 系统的故障诊断包括有故障码的故障诊断和无故障码的故障诊断。

3. ESP 是电子稳定程序的简称。当车辆行驶中出现险情时，ESP 系统能够帮助驾驶者避免车辆出现不稳定状态。

4. ESP 系统出现故障后，可以使用故障诊断仪读取、清除故障码，还可以阅读数据流并进行液压控制单元电磁阀测试、电子稳定控制系统液压回路测试、系统排气测试等。在对 ABS、TCS/ESP 进行检修之前，应先排除常规制动系统故障。

简答题：

1. 简述 ABS 的组成与工作原理。
2. ABS 和 ESP 有什么共同的联系？
3. 简述 ESP 的组成与工作原理。
4. ESP 的检测与故障诊断包括哪些内容？

课题四

电控悬架系统的检测与故障诊断

[学习目的与要求]

1. 了解电控悬架系统的分类与功用。
2. 掌握电控悬架系统的组成和工作原理以及常用的传感器、执行器的结构和工作原理。
3. 能正确分析电控悬架系统的电路图及故障原因并排除故障。
4. 熟悉常见汽车电控悬架系统的组成和工作原理以及检修方法。

课题四 电控悬架系统的检测与故障诊断

任务一 电控悬架系统概述

传统的汽车悬架主要由弹簧、减振器、稳定杆和弹性轮胎等组成,悬架的高度和弹性是不可调整的。电控悬架系统突破了传统悬架的局限性,通过控制调节悬架系统的弹簧刚度和减振器的阻尼力,使悬架的特性与道路状况和行驶状态相适应,保证汽车在行驶过程中获得良好的行驶平顺性和操纵稳定性。

一、电控悬架系统的分类与功用

汽车悬架的作用是缓和冲击、衰减振动,并且把路面作用于车轮的各种力和力矩传递给车身。传统的悬架主要由弹簧、减振器和导向装置三部分组成。随着人们对乘车舒适性的要求不断提高,传统悬架系统的弹簧刚度、减振器阻尼不能随路面状况和车速而调整的缺陷也变得越来越明显,无法同时满足行驶平顺性和操纵稳定性的要求,只能根据车辆的功用选择一种最优折中。例如,轿车的悬架相对偏软,在平坦路面行驶时,比较舒适,但高速行驶或在起伏路面行驶时,操纵稳定性变差,且悬架变形量较大;载货车的悬架较硬,满载行驶时,车身振动较小,但空载或轻载时,高速行车振动较大,平顺性较差。

电控悬架的出现使得行驶平顺性和操纵稳定性的矛盾得到了解决,在车身电脑的控制下,弹簧刚度、减振器阻尼可以随着车速、载荷、路面状况以及汽车行驶条件自动变化,满足了不同情况下对悬架的要求。

1. 电控悬架的分类

现代汽车电控悬架根据工作原理不同分为半主动悬架和主动悬架两大类。

(1) 半主动悬架

半主动悬架可以根据路面激励和车身的响应对悬架阻尼参数进行自适应控制,使车身上的振动响应始终被控制在某个范围内。由于阻尼变化响应快,很像一个主动系统,因此称为半主动系统。但这种半主动悬架在转向、起动、制动等工况下还不能对参数实施有效的控制,它比全主动式系统优越的地方是不需要外加能量系统。

半主动悬架根据阻尼是否能连续可调,分为有级半主动悬架和无级半主动悬架两种。

（2）主动悬架

主动悬架是一种具有做功能力的悬架，由于在悬架系统中附加了一个可控制作用力的装置，因此需要一套提供能量的设备。主动悬架可根据汽车载荷、路面状况（好坏路）、行驶速度（高低速）、起动、制动、转向等行驶条件的变化，自动调整悬架的刚度、阻尼及车身高度，但能量消耗较大、成本较高、液压装置噪声较大。

主动悬架根据组成的不同又分为主动空气弹簧悬架和主动油气弹簧悬架两类。

2. 电控悬架的功用

汽车电控悬架类型不同，其功用也有所差别，但基本功用是一致的，即能根据路面状况和行车状况自动调整悬架阻尼参数，对悬架的响应进行控制，确保行驶平顺性和操纵稳定性。同时主动悬架还具有以下功用。

（1）车身高度控制

悬架系统可以根据路面起伏、车速高低、载荷大小自动控制车身高度的变化，车身高度传感器有光电式和机械式两种，如图4-1所示，它们可以传递车身高度信息。

（2）车身姿态控制

悬架系统能根据汽车行驶状况自动调整弹簧刚度和减振器阻尼，前后悬架的匹配，以及车身姿态的变化，防止转弯、制动、加速等状况造成车身姿态改变。

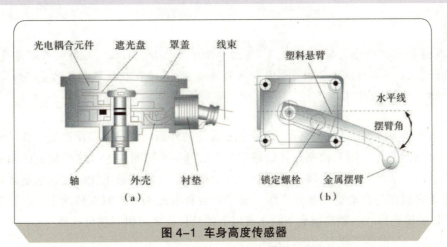

图4-1 车身高度传感器
（a）光电式；（b）机械式

二、电控悬架系统的结构与工作原理

1. 空气弹簧

在空气悬挂系统中,空气弹簧代替了普通悬挂系统的螺旋弹簧。它有一个被卡紧在弹簧底部活塞上的合成橡胶和塑料膜片,一个端盖固定在膜片的上部,并且在端盖上有空气弹簧阀。通过空气弹簧的充气或者放气,可保证恒定的车辆纵倾高度。前空气弹簧(见图4-2)安装在控制臂和横梁之间。空气弹簧的下端用卡箍卡紧在控制臂上,而上端安装在横梁的弹簧座上。前减振器和弹簧是分开安装的。

在有些新式空气悬挂系统中,空气弹簧安装和密封在减振器上(见图4-3)。减振器的下端通过绝缘轴套连接在下控制臂上,而上端通过绝缘轴套连接在底盘上。这种空气悬挂,前下控制臂和转向节是铝的,而上控制臂是锻钢的。球窝接头安装在上下控制臂的外端。铝质悬挂部件减小了簧下质量,提高了行驶质量。同时,减小了车重也就提高了燃油经济性。上下球窝接头是控制臂总体的一部分,它们不能被单独地更换。

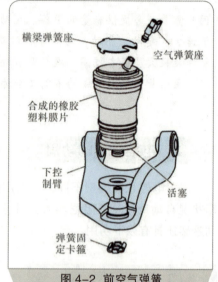

图 4-2 前空气弹簧

通常,节气阀位置传感器(TPS)是一个连接在节气阀柄臂的电压表。当节气阀被打开时,可移动的触点绕着一个环形的变化电阻滑动,从而改变与节气阀打开量有关的传感器电压信号。节气阀位置传感器(TPS)把节气阀打开量的信号传递到发动机电子控制 IV (EEC IV) 系统的动力传动控制模块(PCM)。在空气悬挂系统中,空气弹簧支撑着底盘质量。

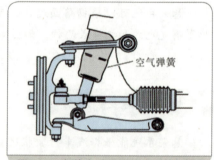

图 4-3 安装在减振器上的空气弹簧

注意

在上球窝接头内的球窝接头螺杆,与转向节无压力配合。当松开球窝接头螺母时,球窝接头螺杆上的六边卡握部位防止了松开螺母时杆的转动。如果球窝接头螺杆在铝质万向节内转动,则有可能损坏万向节上的孔。

另外,一些车辆上的空气弹簧安装在前后减振柱的外面,而且这些减振器安装了使不同减振柱阀打开的电磁调节器,用来控制悬挂的稳定性(见图4-4和图4-5)。这些减振柱调节器与编程式悬挂控制(PRC)系统的减振柱调节器类似。由于有些空气悬挂系统控制悬挂稳定性是不可手动调节的,因此它被称为自动空气悬挂系统。某些安装有电磁调节器减振柱的车辆,最多有4种悬挂模式可供驾驶员选择。一辆高级豪华轿车有以下的悬挂模式可供驾驶员选择:

- 舒适模式——提供平顺舒适的行驶质量。
- 自动模式——悬挂计算机根据速度、驾驶员风格和道路状况,使舒适性和操控性尽最大可能地结合。

- 动态模式——最硬的、最差的、最运动性的和最具动力学的悬挂模式。
- 安全模式——用在比较粗糙的路面、陡峭的道路和深雪中。这种模式仅用于低速行驶。

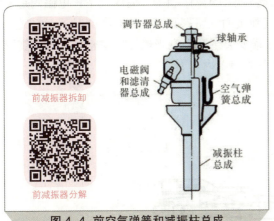

图 4-4 前空气弹簧和减振柱总成

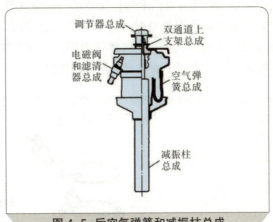

图 4-5 后空气弹簧和减振柱总成

当驾驶员选择一种悬挂模式时，悬挂模块就确定了减振柱调节器的位置，从而获得了期望的行驶质量。同时，悬挂模块也调整了空气弹簧的压力，从而保证了合适的行程高度。

这种空气悬挂系统大大地减小了车体的摇摆以及转弯和急刹车产生的车体俯仰。由于空气悬挂系统在高速时降低了行程高度，所以它提高了空气动力效率。

后空气弹簧与前空气弹簧是类似的，并且支撑也是类似的。有些后空气弹簧连接在后悬挂臂和车架之间，而减振器和弹簧是分开安装的（见图 4-6）。另外一些后空气弹簧安装在后减振器上，而减振器安装在下控制臂和车架之间。有些四轮驱动车辆的新式空气悬挂系统安装了有横轴球窝接头的后转向节。下横轴球窝接头是一个安装在下控制臂的圆环形绝缘轴套，并且用螺栓固定在转向节的下部。上横轴球窝接头是一个安装在转向节上部的圆环形绝缘轴套，并且用螺栓固定在上控制臂上（见图 4-7）。这个后悬挂系统的上下控制臂是一个铝制的可调的束角连杆，连接在转向节和车架之间，保证了后束角的调整。后轮外倾角通过外倾角调整部件调整，而这个外倾角调整部件代替了上转向节到控制臂的卡紧螺栓。

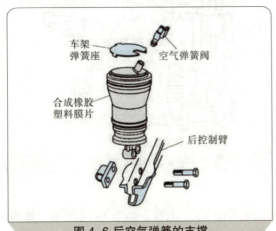

图 4-6 后空气弹簧的支撑

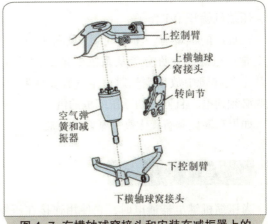

图 4-7 有横轴球窝接头和安装在减振器上的空气弹簧的后空气悬挂系统

2. 空气弹簧阀

在每个空气弹簧的上部都安装了一个空气弹簧阀（见图 4-8），并且正常情况下该电磁阀是关闭的。当电磁阀线圈通电时，活塞移动就会使到空气弹簧的气路打开。上面这种情况下，空气就会进入空气弹簧，或者从空气弹簧中排出。在阀的末端安装了两个 O 形圈，用来密封空气弹簧罩。而阀就安装在类似于散热器承压盖的两层转动的空气弹簧罩内。

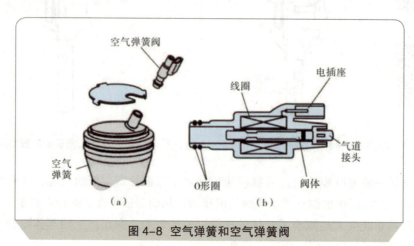

图 4-8 空气弹簧和空气弹簧阀

（a）连接图；（b）空气弹簧阀结构

3. 空气压缩机

空气压缩机（见图 4-9）的单活塞通过曲轴和连杆的带动在缸体内上下运动，电枢连接在曲轴上，因此电枢转动就会使活塞上下运动。当压缩机的输入端接上 12 V 电源时，电枢开始转动。在缸体的顶部有进气阀和排气阀。压缩机上安装的硅胶干燥器可以去除进入系统空气中的水分。

尼龙空气管连接在压缩机的出气口和空气弹簧阀之间。为了恢复车辆行程高度，当空气压缩机需要把空气压入一个或者更多空气弹簧时，压缩机就开始工作了。

在缸体的顶部有一个放气阀（见图 4-10），这个常闭电磁阀允许空气从系统中排出。当需要从空气弹簧中放出空气时，空气弹簧阀和排气阀必须通电，且同时切断压缩机的供电。

如果车辆控制行程太高，则需进行放气。

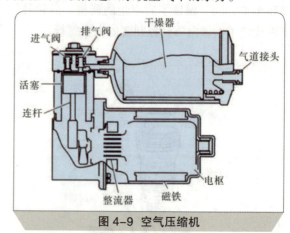

图 4-9 空气压缩机

4. 压缩机继电器

当压缩机继电器通电时，它使用连接在压缩机输入端的 12 V 电源，如图 4-11 所示。如果继电器被断电，继电器触点就会使压缩机回路断开。有些空气悬挂系统使用了电子继电器。

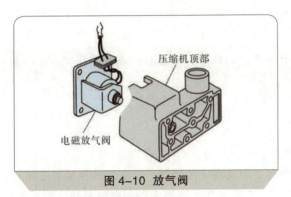

图 4-10 放气阀

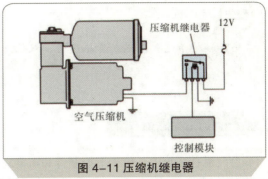

图 4-11 压缩机继电器

5. 控制模块

控制模块是一个操控压缩机、排气阀以及空气弹簧阀的微处理器，保证了车辆的控制行程高度不变。在一些车辆上，控制模块位于行李舱内（见图 4-12），而在另外的一些车辆上，控制模块安装在仪表盘的下面、停车制动器的正上方。

当悬挂出现故障时，控制模块就会使车顶板或者仪表盘的悬挂装置指示灯发光，警告驾驶员。在悬挂模块中也设计了诊断能力。有些车辆的悬挂模块被称为车辆动力学模块 (VDM)。在许多空气悬挂系统上，悬挂模块通过数据链路内连在车内的其他计算机和仪表盘下的数据链路连接器 (DLC) 上。连接在数据链路连接器 (DLC) 上的解码器，用来分析车辆上的空气悬挂和电子系统。数据链路使数据在车载计算机和数据链路连接器 (DLC) 之间传递。例如，车速传感器 (VSS) 信号通过连接线传输到动力传动控制模块 (PCM)，控制发动机的功能。如果悬挂控制模块需要车速传感器 (VSS) 信号，那么动力传动控制模块 (PCM) 就会通过数据链路传送车速传感器 (VSS) 信号。如果新式空气悬挂系统出现电子故障，那么故障码 (DTC) 就会存储在悬挂模块芯片中。当把解码器连接在数据链路连接器 (DLC) 上时，通过数据链路，悬挂模块就会把故障码 (DTC) 传送到数据链路连接器 (DLC) 和解码器上。

6. 双位开关

安装在行李舱内的双位开关用来接通和断开回路到控制模块的 12 V 电源（见图 4-13）。根据车辆制造和设计的年代，安装双位开关时必须拆掉行李舱的一到两块板。在车辆被吊起、顶起或者拖曳时，必须关闭双位开关。某些空气悬挂维护程序需要双位开关处于关闭状态。

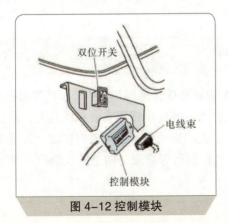

图 4-12 控制模块

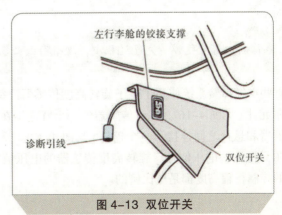

图 4-13 双位开关

> **警告**
>
> 当车辆被吊起、顶起或者拖曳时,双位开关处于开的状态,可能会造成人身伤害或者车辆损坏。

7. 高度传感器

在空气悬挂系统中,位于下控制臂和横梁之间有 2 个前高度传感器,而在悬挂和车架之间有 1 个后高度传感器(见图 4-14)。每个高度传感器都有一个安装在传感器上端的磁性滑块。当车辆行程高度发生变化时,磁性滑块就会在传感器下壳内上下运动(见图 4-15)。传感器下壳上有 2 个通过线束连接在控制模块上的电子继电器。

当车辆在某个控制行程高度时,电子继电器是闭合的,并且控制模块收到了控制行程高度的信号。如果磁性滑块向上移动,那么上面的行程继电器就会打开,并且车辆下降的信号就会从高度传感器传送到控制模块。当控制模块收到这个信号时,它就会适度地打开空气弹簧阀和放气阀。空气就会从空气弹簧中放出,从而校正向上控制行程高度的状况。当磁性滑块向下移动时,上面的行程继电器就会闭合,下面的行程继电器就会打开。这时,高度传感器就会向控制模块传送车辆上升的信号。当控制模块收到这个信号时,就会使压缩机继电器通电,压缩机开始工作,并且适度地打开空气弹簧阀,使空气进入空气弹簧,从而校正向下控制行程高度的状况。高度传感器是作为一个部件进行维护的。

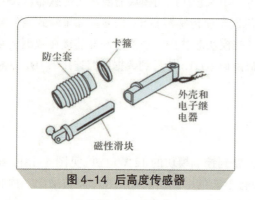

图 4-14 后高度传感器

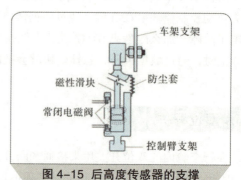

图 4-15 后高度传感器的支撑

> **注意**
>
> 在诊断或者空气弹簧充气过程中,这个引线必须接地。

有些空气弹簧系统使用了电子旋转高度传感器。每个旋转高度传感器都有 1 个永磁体电枢和 1 个霍尔元件(见图 4-16)。高度传感器的一个臂连接在电枢上。高度传感器安装在底盘上,并且在传感器臂和悬挂之间连接了一个连杆(见图 4-17)。悬挂系统的运动使永磁体电枢转动,从而改变了霍尔元件内的电压信号。旋转高度传感器的电压信号与控制行程高度、向上的控制行程高度和向下的控制行程高度都是成比例的。

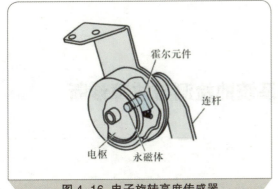
图 4-16 电子旋转高度传感器

图 4-17 高度传感器的支撑

注意

禁止拆开滑块型传感器的电子继电器,因为这可能损坏传感器。

8. 警示灯

当控制模块监测到一个系统故障时,控制模块就会打开车顶仪表板或者仪表盘上的警示灯(见图 4-18),警告驾驶员出现了一个故障。如果空气悬挂系统工作正常,那么当打开点火开关时,警示灯会亮 1 s。此后,警示灯就会熄灭。警示灯在点火开关的起始位置是不工作的,而它只有在自诊断过程和弹簧充气过程才工作。

在有些车辆上,仪表盘信息中心的 CHECK SUSPENSION(悬挂检查)信息代替了空气悬挂警示灯。如果在空气悬挂系统出现电子故障,那么悬挂模块就显示出 CHECK SUSPENSION(悬挂检查)信息。如果空气悬挂开关处于关闭状态,那么在信息中心就会显示 AIR SUSPENSION SWITCHED OFF(空气悬挂关闭)的信息。

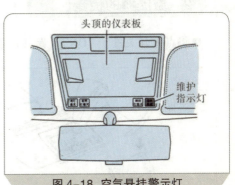
图 4-18 空气悬挂警示灯

任务二　电控悬架系统的检测与故障诊断

一、初步检查（功能检查）

1. 汽车高度调整功能的检查

- 检查轮胎气压是否正常（前后分别为 225 kPa 和 245 kPa）。
- 检查汽车高度（下横臂安装螺栓中心到地面的距离）。
- 如图 4-19 所示，将高度控制开关由"NORM"转换到"HIGH"，车身高度应升高 10～30 mm，所需时间为 20～40 s。

2. 溢流阀的检查

- 将点火开关置于"ON"，跨接高度控制插接器的 1、7 端子，如图 4-20 所示，使压缩机工作。

图 4-19　高度控制开关

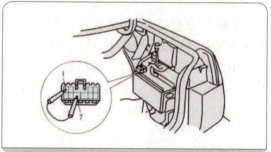

图 4-20　跨接高度控制插接器的 1、7 端子

- 压缩机工作一会儿后，检查溢流阀是否放气，如图 4-21 所示。如果溢流阀不放气，则说明溢流阀堵塞、压缩机有故障或存在漏气的部位。
- 检查结束后将点火开关置于"OFF"，清除故障码。

3. 漏气检查

- 将高度控制开关置于"HIGH"。
- 使发动机熄火。
- 在各管的接头处（见图 4-22）涂抹肥皂水，查找是否有漏气处。

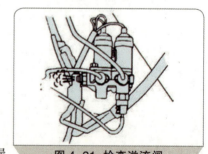

图 4-21　检查溢流阀

二、故障诊断

1. 指示灯检查

● 将点火开关置于"ON"。
● LRC 指示灯（SPORT 指示灯）和高度控制（HEIGHT）指示灯（NORM 和 HI 指示灯）应点亮 2 s，指示灯的位置如图 4-23 所示。
● 如果 NORM 指示灯以 1 s 的间隔闪亮，则表明悬架 ECU 中存有故障码。如果出现故障，则应检查相应电路。

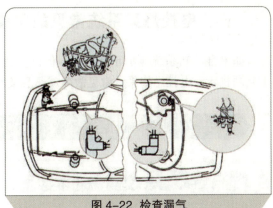

图 4-22 检查漏气

2. 读取故障码

● 将点火开关置于"ON"。
● 跨接 TDCL 或检查插接器的 TC 与 E1 端子，如图 4-24 所示。
● 通过 NORM 指示灯的闪烁读取故障码，NORM 指示灯的位置如图 4-25 所示。

如果高度控制 ON/OFF 开关置于"OFF"，会输出代码 71，这是正常的。

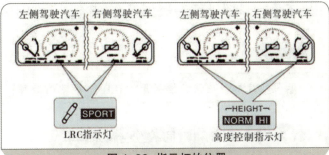

图 4-23 指示灯的位置

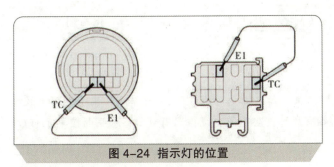

图 4-24 指示灯的位置

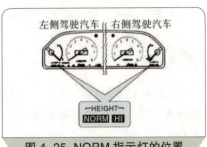

图 4-25 NORM 指示灯的位置

3. 清除故障码

将点火开关置于"OFF"，拆下 1 号接线盒中的 ECU-B 熔丝（见图 4-26）10 s 以上；或将点火开关置于"OFF"，跨接高度控制插接器的 8、9 端子 10 s 以上，如图 4-27 所示。

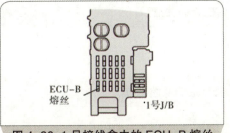

图 4-26 1 号接线盒中的 ECU-B 熔丝

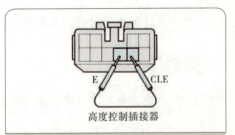

图 4-27 跨接高度控制插接器的 8、9 端子

三、电控悬架系统常见故障诊断

如果自诊断系统显示正常代码，但汽车悬架系统故障仍然存在，则应根据故障的现象进行人工判断排除。电控悬架系统常见故障就是悬架刚度和阻尼系数控制失灵和高度控制失灵。

1. 悬架刚度和阻尼系数控制失灵

（1）LRC 指示灯显示状态不变

现象

不管如何操作悬架刚度和阻尼系数控制开关（LRC），LRC 指示灯显示状态保持原样不变。

原因

悬架刚度和阻尼系数控制开关（LRC）电路有故障；悬架电控单元（ECU）有故障。

（2）悬架刚度和阻尼系数控制无调节

现象

汽车在行驶时，悬架刚度和阻尼系数不随着行驶状况、路况、汽车姿态变化而调节。

原因

悬架控制执行器电路有故障；悬架控制执行器电源电路有故障；TC 与 TS 端子电路有故障，悬架刚度和阻尼系数控制开关（LRC）电路有故障；空气弹簧减振器有故障；悬架电控单元（ECU）有故障。

（3）只有防侧倾控制失效

现象

汽车在急转弯行驶时有侧倾现象，其他方面正常。

原因

转向传感器电路有故障；悬架电控单元（ECU）有故障。

（4）只有防后坐控制失效

现象

汽车在急加速行驶时车身后部有下沉（后倾）现象。

原因

节气门位置信号电路有故障；悬架电控单元(ECU)有故障。

（5）只有防前倾控制失效

现象

汽车在紧急制动时车身前部有下沉（前倾）现象，其他均正常。

原因

停车灯开关电路故障；车速传感器电路有故障；悬架电控单元(ECU)有故障。

（6）只有高速控制失效

现象

汽车在高速行驶时明显感到悬架比较软，操纵稳定性较差。

原因

车速传感器电路有故障；悬架电控单元(ECU)有故障。

2. 高度控制失灵

（1）高度控制指示灯的显示不随高度控制开关操作而变化

现象

高度控制开关无论转换在何种模式，高度指示灯显示模式都不变。

原因

高度控制开关电路有故障；调节器电路有故障；高度控制电源电路有故障；高度控制传感器有故障；悬架电控单元(ECU)有故障。

（2）汽车高度控制功能失效

现象

汽车在行驶、驻车、乘员和行李变化时，车高没有变化。

原因

调节器电路有故障；高度控制电源电路有故障；高度控制开关电路有故障；高度控制开关ON／OFF有故障；高度控制传感器有故障；悬架电控单元(ECU)有故障。

（3）只有高速时汽车高度控制失效

现象

汽车在高速行驶时，高度不降低而维持原样。

原因

车速传感器电路有故障；悬架电控单元(ECU)有故障。

（4）汽车高度变化不符合控制逻辑

现象

汽车在行驶、驻车、乘员和行李变化时，车高变化不大或产生相反变化。

原因

空气泄漏；高度控制传感器有故障；悬架电控单元(ECU)有故障。

（5）汽车有高度调节作用，但是车高不均匀

现象

汽车在行驶、驻车、乘员和行李变化时，车高虽然有变化，但是前后左右高低不一。

原因

高度控制阀、排气阀电路有故障；高度控制传感器连接杆调整不当。

（6）汽车高度调节值与标准不符

现象

汽车有高度调节作用，但是汽车高度升高或降低不符合规定高度。

原因

高度控制传感器连接杆调整不当。

（7）汽车高度要么特别高要么特别低

现象

调整车高时，汽车处于非常高或非常低的位置。

原因

高度控制传感器有故障。

（8）汽车关闭了高度控制功能，高度控制仍起作用

现象

虽然将高度控制 ON／OFF 开关拨到"OFF"位置，汽车在行驶、驻车、乘员和行李变化时，车高依然按控制逻辑进行调节。

原因

高度控制 ON／OFF 开关有故障；悬架电控单元(ECU)有故障。

(9) 汽车驻车时高度非常低

现象

汽车驻车时片刻，或一至两天内高度下降太多。

原因

空气泄漏；空气弹簧减振器故障。

(10) 空气压缩机的驱动电动机长时间运转不停机

现象

汽车在高度升高后，很长时间压缩机驱动电动机仍在工作，不停机。

原因

空气泄漏；高度控制继电器电路有故障；压缩机驱动电动机电路有故障；悬架电控单元(ECU)有故障。

(11) 点火开关 OFF 控制不起作用

现象

将点火开关拧到"OFF"位置时，汽车高度并不下降为驻车状态。

原因

门控制开关电路有故障；高度控制电源电路有故障；悬架电控单元(ECU)有故障。

(12) 车门打开后，点火开关 OFF 控制不解除

现象

只要将汽车某一扇门打开，点火开关 OFF 控制仍有作用，并没有解除。

原因

门控制开关电路有故障；悬架电控单元(ECU)有故障。

🔊 课题小结

电控悬架系统能对减振器的阻尼力、弹性元件刚度、车身高度和姿势进行控制,从而极大地改善了车辆的乘坐舒适性和操纵稳定性。本课题介绍了电控悬架系统的基本功能、结构和工作原理,并介绍了电控悬架故障检测方法。

简答题:

1. 电控悬架系统有什么作用?
2. 电控悬架系统的基本工作原理是怎样的?
3. 汽车电控悬架系统常见的故障有哪些?如何进行故障判断?

课题五

电控助力转向系统的检测与诊断

[学习目的与要求]

1. 了解电控液压助力转向系统的结构与工作原理。
2. 掌握典型汽车电控液压助力转向系统的检测与故障诊断方法。
3. 了解电动助力转向系统的组成与工作原理。
4. 掌握电动助力转向系统的检测与故障诊断方法。

电控助力转向系统根据动力源的不同，分为液压式和电动式两种。电控助力转向系统的主要特点是：能够根据车速快慢和转向盘转动的角速度控制汽车转向助力效果的大小。

拆方向盘转向柱

转向横拉杆球头的拆装

转向机分解

转向机械零部件的检查和更换

转向系的拆装

任务一　电控液压助力转向系统的检测与诊断

一、电控液压助力转向系统的结构与工作原理

电控液压助力转向系统是在传统液压助力转向系统的基础上增加了电控装置而构成的。按其结构和控制方式不同,又分为流量控制式、反力控制式和阀灵敏度控制式三种。

1. 电控装置的组成与工作原理

流量式电控助力转向系统(见图5-1)的电控装置主要有:旁通流量控制阀、车速传感器、转向盘转角传感器、电控单元和控制开关等。在转向液压泵与转向器之间设有旁通管路,在旁通管路中设有旁通油量控制阀。电控单元根据车速传感器、控制开关和转向角度传感器输入的信号,控制旁通流量控制阀的开度,改变旁通管路中的液压油流量,从而调整流向转向器的液压油量,改变转向助力的大小。

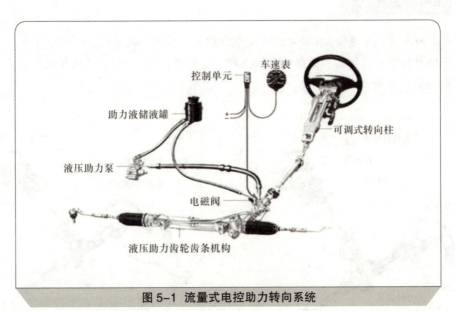

图5-1　流量式电控助力转向系统

2. 旁通流量控制阀的结构与工作原理

旁通流量控制阀在阀体内装有主滑阀和稳压滑阀,在主滑阀的右端与电磁线圈柱塞连接,主滑阀与电磁线圈的推力成正比移动,从而改变主滑阀左端流量主孔的开口面积,如图5-2所示。

调整调节螺钉可以调节旁通流量的大小。稳压滑阀的作用是保持流量主孔前后压差的稳定，以使旁通流量与流量主孔的开口面积成正比。当因转向负荷变化而使流量主孔前后压差偏离设定值时，稳压滑阀阀芯将在其左侧弹簧张力和右侧高压油压力的作用下发生滑移。如果压差大于设定值，则阀芯左移，使节流孔开口面积减小，流入阀内的液压油量减少，前后压差减小；如果压差小于设定值，则阀芯右移，使节流孔开口面积增大，流入阀内的液压油量增多，前后压差增大。流量主孔前后压差的稳定，保证了旁通流量的大小只与主滑阀控制的流量主孔的开口面积有关。

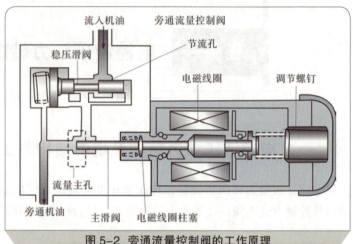

图 5-2 旁通流量控制阀的工作原理

二、电控液压助力转向系统的检测与故障诊断

1. 故障的检修

（1）系统的组成

以广州本田雅阁轿车为例，其转向系统属于电控液压助力转向系统。对于 2.0 L 和 2.4 L 车型，其电控液压助力转向系统的基本组成如图 5-3 所示。对于 3.0 L 车型，其电控液压助力转向系统的基本组成如图 5-4 所示。

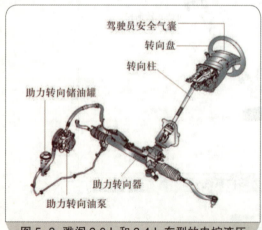

图 5-3 雅阁 2.0 L 和 2.4 L 车型的电控液压助力转向系统的基本组成

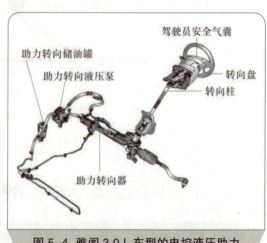

图 5-4 雅阁 3.0 L 车型的电控液压助力转向系统基本组成

（2）故障症状和检修索引

从表 5-1 中"症状"一栏找出故障症状的类型，按表中"程序"一栏所列出的顺序进行相关内容的检查，直至查出故障原因。

表 5-1　广州本田雅阁轿车电控液压助力转向系统故障症状和检修索引

症　状	程　序	其他检查项目
转向困难	见转向困难检修	①改变的悬架； ②损坏的悬架； ③轮胎尺寸、轮胎变化、气压
高速时转向过轻	检查齿条导承的调整	前轮定位
车轮抱死时发抖或振动	①检查齿条导承的调整； ②检查传动带是否打滑； ③对助力转向器进行大修； ④检查助力转向泵油压	
转向盘回位不顺畅	①检查油缸管路是否变形； ②检查车轮定位； ③对助力转向器进行大修	
转向不均匀或不稳定	①检查齿条导承的调整； ②检查传动带； ③检查发动机怠速是过低还是异常； ④检查助力转向系统是否由于油位低而窜入空气或油泵进口软管有空气泄漏； ⑤检查助力转向系统是否因存在泄漏致使助力转向油罐的油位低； ⑥对转向器进行大修	
转向较大时转向盘反转	①检查传动带； ②检查助力转向泵油压	
嗡嗡声	①出现噪声时检查： ◆如果在冷天时，发动机起动后，此噪声持续 2～3 min 属正常现象； ◆如果汽车停止，转动转向盘时听见此噪声，也属正常现象，这是由油压脉动而产生的； ②查高压软管是否碰到辅助车架或车身； ③检查自动变速器液力变矩器的噪声； ④检查助力转向油中是否有气泡	油泵压力
喀哒声（齿条喀哒）	①检查松动的转向部件（转向横拉杆和球头），必要时锁紧或更换； ②检查转向柱轴的摆动，如果转向柱摆动，则更换转向柱总成； ③检查齿条导承的调整； ④检查助力转向泵的带轮： ◆如果带轮松弛，则调紧； ◆如果油泵轴松动，则更换油泵	
嘶嘶声	①检查油位，如果油位低，则给储油罐注油，直至合适的水平，检查泄漏； ②检查储油罐是否泄漏； ③检查入口软管是否破裂，管夹是否因松动引起空气进入系统的吸入端； ④检查助力转向泵轴油封是否泄漏	助力转向油中有空气

续表

症 状	程 序	其他检查项目
油泵噪声	①正常工作温度下，比较油泵的声音与其他同类车型油泵的声音有何不同（在冷天时，起动发动机后，油泵噪声持续2~3 min是正常的）； ②拆卸油泵，检查是否磨损或损坏	①助力转向泵的压力 ②助力转向油中有空气
啸叫声	检查传动带	
转向机漏油	①阀体装置的顶部漏油：对阀体装置（SHOWA的转向器）进行大修； ②左护罩漏油：更换小齿轮轴上的阀门油封，更换转向器侧的缸头密封； ③右护罩漏油：更换右缸头密封； ④靠近转向球头下部螺栓的小齿轮轴漏油：对阀体装置进行大修； ⑤阀体装置（SHOWA 转向器）上的转向减振器阀盖漏油：更换阀罩； ⑥油缸上的转向减振器阀接头 A 和 B 漏油，或插接器松动（TKS 转向器）：更换油缸壳体	
管路漏油	①油缸管路的接合处漏油（连接螺母）：拧紧接合处，重新测试； ②油缸管路的损坏处漏油：更换油缸管路； ③泵的出口软管或回油管与阀体装置的接合处漏油（连接螺母）：拧紧接头，重新测试。如果仍有泄漏，必要时更换软管、管路或阀体装置	
油泵漏油	①前油封漏油：更换前油封； ②助力转向泵壳体漏油：更换泄漏的 O 形圈或密封件，必要时更换助力转向泵	
储油罐漏油	①油罐盖周围漏油：油位太高，将油液排放至合适油位； ②油内有空气：检查油泵入口处有无空气泄漏； ③油罐漏油：检查储油罐有无破损，必要时更换	
泵的出油软管漏油（高压）	①检查螺栓是否松动：如果螺栓已锁紧，更换接头形密封圈； ②下垂的接头处漏油：更换出油软管	
泵的入油软管漏油（低压）	检查软管是否破损、老化或安装不正确，必要时进行更换或修理	

（3）转向困难的检修

● 检查助力，观察起动负载是否大于 29 N。如果是，转到下一检查步骤；如果不是，说明助力正常。

● 急速运转时，测量油泵在稳定状态下的油压，观察压力是否为 1 500 kPa 或更小。如果是，转到下一步骤；如果不是，转到步骤⑦。

● 急速运转时，测量油泵的释放压力，观察 2.0 L 与 2.4 L 车型的压力是否为 7 160~7 850 kPa 或更小，3.0 L 车型的压力是否为 7 940~8 630 kPa 或更小。如果是，转到下一步骤；如果不是，为泵总成故障。

● 使用弹簧秤，测量左右两个方向的助力，观察两次测量值是否都小于 2.9 N。如果是，转到下一步骤；如果不是，转到步骤⑧。

- 开启截止阀和压力表阀，测量转向盘完全转至左方或右方时的油压，观察 2.0 L 与 2.4 L 车型的压力是否为 7 160 ~ 7 850 kPa 或更小，3.0 L 车型的压力是否为 7 940 ~ 8 630 kPa 或更小。如果是，转到下一步骤；如果不是，说明转向器故障。
- 调整齿条导承，然后重新进行测试，观察转向是否正常。如果正常，维修结束；如果不正常，为转向器故障。
- 检查泵与转向器之间的供油和回油管路，观察管路是否堵塞和变形。如果是，维修或更换管路；如果不是，为阀体装置或泵故障。
- 检查油缸管路，观察管路是否变形。如果是，更换管路；如果不是，转到下一步骤。
- 检查齿条轴，观察齿条轴是否弯曲或齿条导承是否调整不当（太紧）。如果是，更换齿条轴或重新调整齿条导承；如果不是，为阀体装置故障。

2. 检查与测试

（1）转向盘转动游隙的检查与测试

- 将前轮旋转至正前方位置。
- 如图 5-5 所示，保持前轮不动，测量转向盘左右转动的最大距离。

◆ 如果游隙在极限范围内，则转向器和连杆正常。
◆ 如果游隙超出极限范围，则调整齿条导承。如果齿条导承调整后，游隙仍然超出极限范围，则检查转向连杆和转向器。

（2）助力系统的检查与测试

- 检查助力转向油的油位。
- 起动发动机，让其怠速运转。将转向盘从一个止点转到另一个止点，来回转动几次，以便将油液加热。
- 将汽车停在干净、干燥的路面上，如图 5-6 所示，在转向盘上挂一个市面上可以购买到的弹簧秤，让发动机怠速运转，读出轮胎开始旋转时的数据。初始转向负荷：29 N。

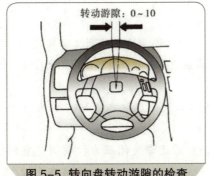

图 5-5 转向盘转动游隙的检查

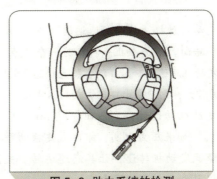

图 5-6 助力系统的检测

◆如果弹簧秤读数没有超出技术要求，则转向器和油泵正常。

◆如果弹簧秤读数超出技术要求，则对转向系统进行故障检修。

（3）油泵压力的检查与测试

① 2.0 L 和 2.4 L 车型

所需专用工具：

◆ P/S 接头适配器（泵）07ZAK-S7C0101；

◆ P/S 接头适配器（软管）07ZAK-S7C0200。

测试步骤：按照下述步骤检查油压，确定是油泵故障还是转向器故障。

◆检查助力转向油的油位。

◆如图 5-7 所示，将油泵出口软管从油泵出口处断开，小心不要使助力转向油溅到车架和其他零件上，将 P/S 接头适配器（泵）安装在油泵的出口上。

◆将 P/S 接头适配器（软管）连接到 P/S 压力表上，然后将油泵出口软管连接到 P/S 接头适配器（软管）上。

◆将 P/S 压力表安装到 P/S 接头适配器（泵）上。

◆将截止阀完全打开（见图 5-8）。

◆将压力控制阀完全打开（见图 5-8）。

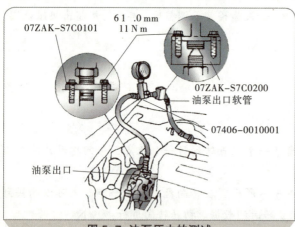

图 5-7 油泵压力的测试

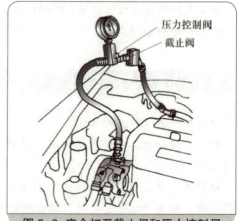

图 5-8 完全打开截止阀和压力控制阀

◆起动发动机，让其怠速运转。

◆将转向盘从一个止点转到另一个止点，来回转动几次，使油液加热到工作温度 70 ℃。

◆发动机怠速运转时，测量稳定状态下的油压。如果油泵状态良好，则压力应不大于 1 500 kPa。如果压力过大，则检查出口软管或阀体装置。

将发动机转速升高到 3 000 r/min，然后测量油压。如果油压状态良好，则压力至少应为 1 500 kPa。如果压力太高，维修或更换油泵。

◆降低发动机转速，让其怠速运转。关闭截止阀，然后逐渐关闭压力控制阀，直到压力表的指针稳定为止，读取压力值。

注意

截止阀的关闭时间不要超过5 s，否则油泵会因过热而损坏。

◆立即将压力控制阀完全打开。如果油泵状态良好，则压力表读数应为7 160～7 850 kPa。若读数偏低，则说明对全助力而言，油泵输出压力太低，应维修或更换油泵。

② 3.0 L车型

所需专用工具：

◆P/S接头适配器（泵）07RAK-S040111。
◆P/S接头适配（软管）07RAK-S040122。
◆P/S压力表 07406-0010001。

测试步骤：按下述步骤检查压力油，确定是油泵故障还是转向器故障。

◆检查助力转向油的油位。

◆如图5-9所示，将油泵出口软管从油泵出口处断开，小心不要使助力转向油溅到车架和其他零件上，将P/S接头适配器（泵）安装在油泵的出口上。

◆将P/S接头适配器（软管）连接到P/S压力表上，然后，将油泵出口软管连接到P/S接头适配器（软管）上。

◆将P/S压力表安装到P/S接头适配器（泵）上。

◆将截止阀完全打开（见图5-8）。

◆将压力控制阀完全打开（见图5-8）。

◆起动发动机，让其怠速运转。

◆将转向盘从一个止点转到另一个止点，来回转动几次，使油液加热到工作温度70 ℃。

◆发动机怠速运转时，测量稳定状态下的油压。如果油泵状态良好，则压力应不大于1 500 kPa。如果压力过大，则检查出口软管或阀体装置。

◆关闭截止阀，然后逐渐关闭压力控制阀，直到压力表的指针稳定为止，并读取压力值。

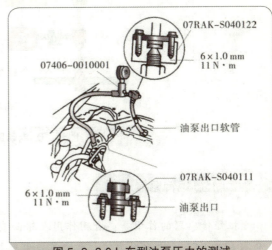

图5-9 3.0 L车型油泵压力的测试

注意

压力控制阀的关闭时间不要超过5 s，否则油泵会因过热而损坏。

◆立即将压力控制阀完全打开。如果油泵状态良好，则压力表读数应为7 940～8 630 kPa。若读数偏低，则说明对全助力而言，油泵输出压力太低，应维修或更换油泵。

任务二 电动助力转向系统的检测与诊断

一、电动助力转向系统的组成与工作原理

1. 电动助力转向系统的组成

电动助力转向系统（EPS）是电子技术在汽车上的推广应用，也是中小型乘用车助力转向技术的发展方向。电动助力转向 ECU 根据扭矩传感器的扭矩及转向信号和车速信号，调节电动机的转向助力扭矩。电控电动助力转向系统由装在转向器输入端的扭矩传感器、电磁离合器、电动机及变速器（减速机构）、控制单元（EPS/ECU）等元件组成，如图 5-10 所示。

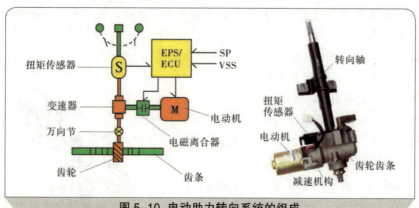

图 5-10 电动助力转向系统的组成

（1）扭矩传感器

扭矩传感器的作用是：检测作用在转向盘上的扭矩大小和方向，把不同的电压信号传送给电脑 EPS/ECU。电动助力转向系统多采用光电式、磁电式、磁阻式三种结构。

（2）电磁离合器

电磁离合器的作用是：当 EPS 系统发生故障时，离合器分离，转向助力变为普通手动转向。有的车型无电磁离合器（如本田飞度），在 EPS/ECU 中有失效保护断电功能，对电动机停止供电，转为手控转向。

（3）直流电动机及减速机构

直流电动机的特点是：转矩大、调速范围宽，改变驱动电流的大小即可使其转速突变，在适当的时候提供转向助力转矩。电动机分为直流有刷永磁电动机和直流无刷永磁电动机，前者可靠性差，但控制程序简单；后者可靠性高，但其控制程序复杂。

减速机构起减速、增扭的作用，通常为蜗轮蜗杆式或行星齿轮式。两种减速机构如图5-11所示。

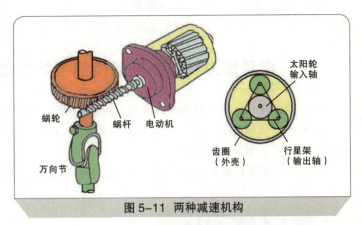

图5-11 两种减速机构

（a）蜗轮蜗杆式；（b）行星齿轮式

（4）电脑 EPS/ECU

电动助力转向系统的控制单元接受扭矩传感器信号、车速传感器信号VSS、发动机转速信号SP，经过分析编程处理，输出不同的电流值（见图5-12）。EPS通过助力电动机，随时根据驾驶员的意图提供转向动力。

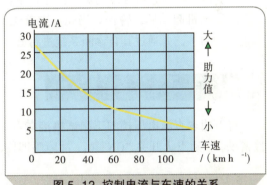

图5-12 控制电流与车速的关系

2. 电动助力转向系统的工作原理

电动助力转向系统的基本工作原理是：电脑EPS/ECU接受转向盘的转向转矩信号、车速传感器信号及发动机转速信号，并据此判断发动机是否工作，以决定EPS系统是否投入工作，在发动机熄火情况下，EPS系统停止工作。经过判断和处理后，根据事先存储器中确定好的助力特性，确定和输出助力扭矩电流的大小和方向（助力电动机的正、反转，工作时间及工作频率）。低速时，助力作用大，转向轻便；高速时，助力减小，以提高路感和操纵稳定性。

电动助力转向系统的控制原理

- 不转向时，助力电动机不工作。
- 当转向盘转动时，与转向轴相连的转矩传感器不断地测出作用于转向轴上的力矩，并将力矩转换为电信号，车速传感器产生车速信号，ECU根据这两个信号，经过运算处理后，向离合器和电动机发出控制指令，即输出一个适合的电流，在离合器接合的同时，电动机产生一个转矩，转矩经过减速机构减速增矩后，施加在输出轴上，输出轴的下端与齿轮齿条转向器总成中的小齿轮相连，于是由电动机发出的转矩最后通过齿轮齿条转向器施加到汽车的转向机构上，使之得到一个与工况相适应的转向助力。

二、电动助力转向系统的检测与故障诊断

电控助力转向系统一般都具有故障自诊断功能，用以监测、诊断系统的工作情况。

当系统出现故障时，电控单元将其故障信息以代码形式显示出来，以使维修人员快速、准确地判断出故障类型及故障部位。

下面以铃木奥拓轿车电动式 EPS 为例，介绍电控助力转向系统的故障自诊断测试方法。

1. 警告灯的检查

当点火开关处于"ON"位置时，EPS 警告灯应点亮（见图 5-13），发动机起动后警告灯熄灭为正常。

警告灯不亮时，检查灯泡是否损坏，熔丝和导线是否断路。

若发动机起动后，警告灯仍亮，则首先考虑该系统是否处于保险状态（只有常规转向工作，无电动助力），并通过其自诊断系统进行必要的检查。

2. 自诊断检查的操作

将万用表直流电压挡的正测试棒接在自诊断连接器（见图 5-14）的 2 号接线柱上，负测试棒接搭铁，接通点火开关"ON"挡，故障码即按由小到大的顺序显示出来。故障码及其含义见表 5-2。

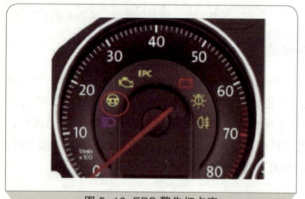

图 5-13 EPS 警告灯点亮

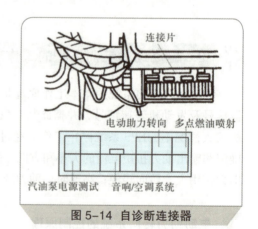

图 5-14 自诊断连接器

表 5-2 故障码

故障码	输出图样	检查诊断项目	故障码	输出图样	检查诊断项目
0		正常	13		转矩传感器（主、副侧电压差过大）
11		转矩传感器（主）			
12		转矩传感器（副）	21		车速传感器（主）

续表

故障码	输出图样	检查诊断项目	故障码	输出图样	检查诊断项目
22		车速传感器(主、副侧电压差过大)	44		直流电动机锁止
23		车速传感器(主)电压急减	51		电磁离合器
31		交流发电机L端子	54		ECPS控制装置
41		直流电动机	55		转矩传感器E/F回路不良
42		直流电动机电流	—		ECPS控制装置(ECU)不良
13		直流电动机过电流			

3. 扭矩传感器的检查

从转向机总成上拆下扭矩传感器及其连接器(见图5-15(a)),测定扭矩传感器主侧端子③与⑤之间和副侧端子⑧与⑩之间的电阻,其标准值应为(2.18±0.66)kΩ。若不符合要求,则为扭矩传感器异常,应更换转向机总成。

用万用表直流电压挡测量上述各端子之间的电压,来判定扭矩传感器是否良好。检查时,转向盘应处于中间位置,电压约 2.5 V 为良好,4.7 V 以上为断路,0.3 V 以下为短路。

4. 电磁离合器的检查

从转向机上断开电磁离合器的导线插接器(见图5-15(b)),将蓄电池的正极接到电磁离合器端子①上,蓄电池的负极与端子⑥相接。

在接通与断开端子⑥的瞬间,离合器应有工作声音。

若没有声音,表明电磁离合器有故障,应更换转向机总成。

5. 直流电动机的检查

从转向机上断开电动机的导线插接器(见图5-15(a)),给电动机加上蓄电池电压时,电动机应有转动声音。若没有声音,则应更换转向机总成。

6. 车速传感器的检查

从变速器上拆下车速传感器,用手转动车速传感器的转子检查其能否顺利运转,若有卡滞,则应予以更换。

测定车速传感器导线插接器(见图5-15(c))的主侧端子①与②之间及副侧端子④与⑤之间的电阻值,其值等于(165±20)Ω 为良好。

若与上述不符,则必须更换车速传感器。

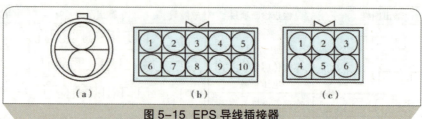

图 5-15 EPS 导线插接器

（a）直流电动机导线插接器；（b）转矩传感器和电磁离合器的导线插接器；（c）车速传感器导线插接器

课题小结

1. 电控助力转向系统根据动力源的不同，分为液压式和电动式两种。

2. 电控液压助力转向系统根据车速传感器、控制开关和转向角度传感器输入的信号控制旁通流量控制阀的开度，改变旁通管路中的液压油流量，从而调整流向转向器的液压油量，改变转向助力的大小。

3. 电动助力转向 ECU 根据扭矩传感器的扭矩及转向信号和车速信号，调节电动机的转向助力扭矩。

4. 电动转向助力系统出现故障时应先进行自诊断，然后根据诊断结果检查扭矩传感器、电磁离合器和车速传感器等装置。

简答题：

1. 电控液压助力转向系统的主要装置有哪些？
2. 电控液压助力转向装置转向困难时应怎样检修？
3. 电动助力转向系统的主要装置有哪些？
4. 怎样通过 EPS 警告灯诊断电动助力转向系统的故障？

课题六

空调控制系统的检测与诊断

[学习目的与要求]

1. 掌握汽车空调的自动控制与调节原理知识。
2. 掌握汽车空调故障诊断的常用方法。
3. 掌握用歧管仪对汽车空调进行故障诊断的方法。
4. 掌握汽车自动空调故障诊断的基本程序。
5. 了解汽车空调常见故障诊断与排除的方法。

转向机分解

任务一 空调系统的检测与诊断

一、汽车空调的自动控制与调节

为了维持汽车空调系统的正常工作，以及当空调系统出现故障时保护空调系统和压缩机，汽车空调系统中设置了一系列调节控制原件、执行机构和安全保护装置，它们是通过电子控制系统来实现自动控制和调节的。汽车空调自动控制环节包括：电磁离合器控制、防止蒸发器结霜控制、制冷循环的压力控制、冷凝器风扇控制、鼓风机转速控制、发动机过载保护控制、发动机怠速提升控制、制冷系统过热保护控制以及环境温度控制等。

1. 电磁离合器控制

电磁离合器安装在压缩机上，其作用是控制发动机与压缩机的动力传递，是目前空调制冷系统的主要机件。电磁离合器接合，发动机驱动压缩机运转，能够实现空调制冷；电磁离合器分离，切断发动机到压缩机的动力传递，空调系统不制冷。

电磁离合器的结构如图 6-1 所示，它主要包括压力板、皮带轮和定子等部件。压力板与压缩机轴相连，皮带轮通过轴承安装在压缩机的壳体上，皮带轮通过皮带由发动机驱动，定子线圈也安装在压缩机的壳体上。

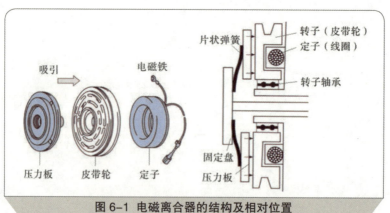

图 6-1 电磁离合器的结构及相对位置

当接通空调开关使空调制冷系统进入工作状态时，电磁离合器的定子线圈通电，线圈通电后产生磁力，将压力板吸向皮带轮，使两者结合在一起，发动机的动力便通过皮带轮传递到压力板，带动压缩机运转，如图 6-2 所示。

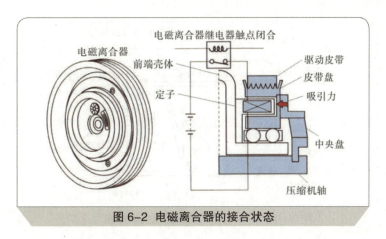

图 6-2 电磁离合器的接合状态

当空调制冷系统停止工作时，电磁离合器的定子线圈断电，磁力消失，压力板与皮带轮分离，此时皮带轮通过轴承在压缩机壳体上空转，压缩机停止运转，如图 6-3 所示。

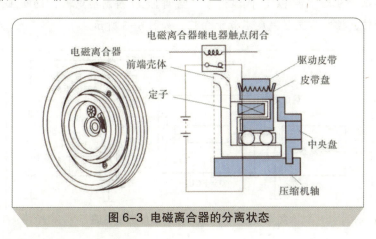

图 6-3 电磁离合器的分离状态

2. 防止蒸发器结霜控制

如果蒸发器的温度低于 0 ℃，凝结在蒸发器表面的水分就会结霜或结冰，严重时将会堵塞蒸发器的空气通路，导致系统制冷效果大大降低。因此，必须控制蒸发器的温度在 0 ℃ 以上。控制蒸发器温度的方法通常有两种：一是利用接于蒸发器上的温度控制器控制压缩机的运转，防止蒸发器结霜；二是利用低压回路中的低压开关控制压缩机运转，防止控制蒸发器结霜。

蒸发器的拆装与分解

（1）温度控制器

温度控制器又叫恒温器或恒温开关。恒温器插入蒸发器壳体内，通过检测蒸发器表面的温度控制电磁离合器的接合和分离，从而使压缩机断续工作。利用温度控制器既可以有效地控制车内的温度，又可防止蒸发器表面结霜。

如图 6-4 所示，机械式恒温器的感温毛细管插入蒸发器壳体翅片，感知蒸发器内的温度。当蒸发器内的温度接近凝点，蒸发器表面欲结霜时，波纹管收缩，恒温器触点断开，切断电磁离合器电路，压缩机停转，停止制冷；在蒸发器温度恢复到设定值之前，压缩机一直处于不工作状态；而蒸发器温度达到这一设定值时，恒温器触点闭合，压缩机恢复工作。

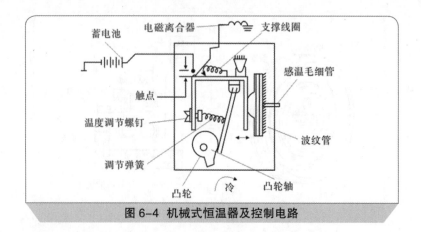

图 6-4 机械式恒温器及控制电路

电子式恒温器由热敏电阻作为传感元件，安装在蒸发器的表面。当蒸发器表面温度低于某一设定值时，热敏电阻给空调 ECU 低温信号，空调 ECU 控制继电器，切断压缩机电磁离合器电路，压缩机停转，控制蒸发器温度不低于 0 ℃，如图 6-5 所示。

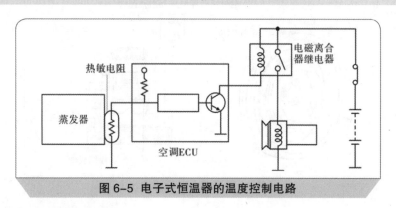

图 6-5 电子式恒温器的温度控制电路

（2）低压压力循环开关

在节流管式制冷系统中，装有低压压力循环开关（如所有的奥迪车型、高尔夫、通用、福特、克莱斯勒等轿车）。低压压力循环开关一般安装在气液分离器上或蒸发器至压缩机的低压管道中，它通过断开或接通压缩机离合器来控制蒸发器表面温度，达到防止蒸发器结霜的目的。

制冷剂循环系统工作过程中，压力循环开关在压力低于 0.17～0.19 MPa 会断开。但有些压力循环开关工作压力范围为可调式，如奥迪，拆下压力循环开关接头，内部螺钉用来调整压力循环开关断开的压力。在手动空调控制系统中，这个开关多和压缩机离合器线圈电路串联；在自动空调控制系统中，压力开关的参数经放大器或 ECU 来控制压缩机的断开和接通。

3. 制冷循环的压力控制

空调制冷系统中如果出现压力异常，将会造成系统的损坏。如果系统压力过低，说明制冷剂量过少，润滑油不能随制冷剂一起循环，易使压缩机因缺油而损坏；如果由于制冷剂过多或冷凝器冷却不良造成系统压力过高，则有可能造成系统部件胀裂而损坏。因此，在空调制冷系统工作时，必须对系统压力进行监测，防止出现压力异常。

压力过低的保护措施是：压力低于规定值，低压开关切断压缩机的电路使压缩机停止工作。压力过高的保护措施是：压力高于规定值，既可采用加强对冷凝器的冷却强度使压力降低的方式保护，又可采用切断电磁离合器的电路使压缩机停止运转的方式保护，如图6-6所示。一般情况下，加强冷却强度控制的压力要低于切断离合器控制电路的压力。

汽车空调制冷系统中，一般都设有压力开关，如高压开关、低压开关、高低压组合开关。在制冷系统中，当制冷剂压力高于或低于规定的极限值时，压力开关自动切断电磁离合器的电流，使压缩机停止工作，从而保护制冷系统不受损坏。此外，从控制蒸发器温度的角度来说，它也可以用来替代温控开关。

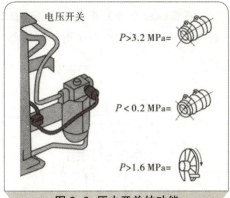

图6-6 压力开关的功能

（1）高压开关

高压开关一般安装在干燥过滤器与膨胀阀之间的高压管路上，作用有二：若系统高压过高，高压开关将自动切断电磁离合器回路，使压缩机停机，保护制冷系统零部件特别是压缩机不被损坏；当高压管路压力过高时，它会接通冷凝器风扇高速挡电路，自动提高风扇转速，以降低冷凝器的温度和压力。

高压开关的结构如图6-7所示。当制冷剂的压力超过最高设定值（一般为2.65 MPa）时，制冷剂的压力大于弹簧的弹力，推动膜片下行，触点断开，电磁离合器的电路便被切断，压缩机停转；当制冷剂压力降到最低设定值（2.06 MPa）以下时，弹簧张力使膜片回位，触点重新闭合，电磁离合器电路又被接通，压缩机又重新工作。

（2）低压开关

因某些原因造成空调系统制冷剂泄漏时，如果再开启空调系统，将会因制冷剂严重不足或没有制冷剂而引起压缩机润滑不良，使压缩机遭受损坏。为此，一般在高压管路中设有低压开关，当制冷剂严重不足时，切断电磁离合器的电路，使压缩机停止工作。

低压开关的结构如图6-8所示。当系统制冷剂压力低于某一设定值（一般为196 kPa）时，弹簧的弹力大于制冷剂的压力，推动膜片上行，触点断开，电磁离合器断电，压缩机便停止工作。正常工作时，制冷剂压力正常，触点接通，电磁离合器通电，压缩机正常运转。

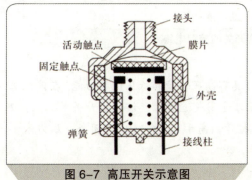

图6-7 高压开关示意图

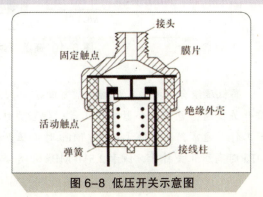

图6-8 低压开关示意图

（3）高低压组合开关

高低压组合开关将高压开关与低压开关装在一个壳体内，安装在高压回路中，结构原理如图6-9所示，控制电路如图6-10所示。

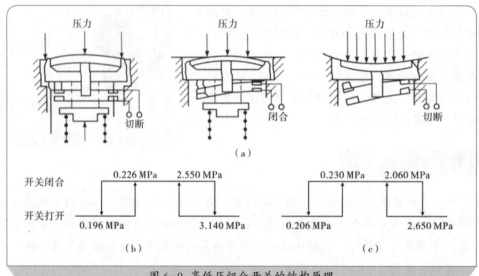

图6-9 高低压组合开关的结构原理

（a）压力开关的结构；（b）R134a系统压力开关的状态；（c）R12系统压力开关的状态

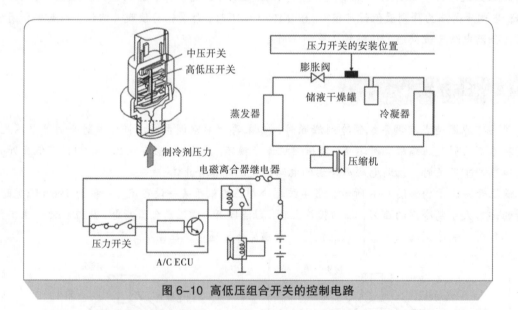

图6-10 高低压组合开关的控制电路

高低压组合开关串入压缩机控制回路中，同时具有高压保护和低压保护功能。在系统正常时，该开关接通，电磁离合器工作正常；但当系统压力过高或过低时，该压力开关关闭，使压缩机不工作。通常，压力低于0.196 MPa时低压开关打开，高于0.226 MPa时闭合；压力高于3.140 MPa时高压开关打开，低于2.550 MPa时闭合。

（4）高低中压组合开关

北京现代索纳塔等轿车的压力组合开关具有高压、低压、中压三重开关。当压力下降到 0.196 MPa 以下时，压缩机停止运转（防止因缺油而损坏）；当压力上升到 3.240 MPa 以上时，压缩机停止运转（防止因压力过高而使空调导管等爆裂）；当压力达到 1.400 MPa（中压）时，风扇高速运转，以降低制冷剂压力，便于制冷剂液化。

（5）低压压力循环开关

在节流管式制冷系统中，多装有低压压力循环开关。低压压力循环开关一般安装在气液分离器中或蒸发器至压缩机的低压管道中，它通过断开或接通压缩机离合器，控制蒸发器表面温度，达到防止蒸发器结霜的目的。

（6）制冷剂压力传感器

制冷剂压力传感器安装在冷凝器和蒸发器之间的管路上，控制电路如图 6-11 所示。压力传感器要向动力控制模块（PCM）输送管路中制冷剂压力的变化信号（连续变化，压力越高输出的电压也越高），动力控制模块据此实现以下控制：当压力高于 2.700 MPa 时，分离空调离合器；压力低于 0.285 MPa 时，分离空调离合器；加强怠速控制，补偿空调的怠速负荷；控制冷却风扇的工作。

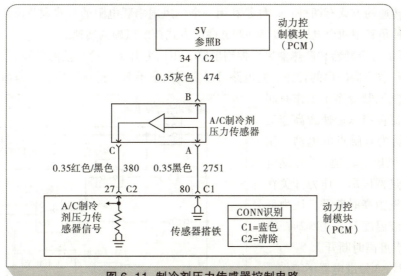

图 6-11 制冷剂压力传感器控制电路

制冷剂压力传感器为不可修复件，损坏后应换新。压力传感器一般有三根引线：电源线（灰线）、搭铁线（黑线）、信号线（红/黑线）。工作电源线电压为 5 V；信号线的电压随着制冷系统压力的升高而均匀增大，如表 6-1 所示。

表 6-1 制冷剂压力传感器的信号电压

压力 / MPa	0.2	1	1.8	2.8
电压 / V	0.5 ~ 0.7	1.4 ~ 1.8	2.8 ~ 4.0	3.5 ~ 4.0

各种压力开关的对比如表 6-2 所示。

表 6-2 各种压力开关比较

种类		特性	作用
高低压组合开关	低压开关	常闭	当高压回路的压力低于规定值时,压缩机停转
	高压开关	常闭	当高压回路的压力高于规定值时,压缩机停转
低压压力循环开关		常闭	当低压回路的压力低于规定值时,压缩机停转
高压开关		常开	当高压回路的压力高于规定值时,冷凝器风扇运转
压力传感器		线性变化	当高压回路的压力高于规定值时,压缩机停转
			当高压回路的压力低于规定值时,压缩机停转
			当高压回路的压力高于规定值时,冷凝器风扇运转
			当高压回路的压力高于规定值时,加强急速空调的补偿

4. 冷凝器风扇控制

不少轿车的冷凝器风扇与冷却系统散热风扇共用一个电风扇。当冷却液温度较低时,风扇不工作;当冷却液温度升高到某一设定值时,风扇以低速转动;当温度进一步升高到另一设定值时,风扇则以高速运转;当空调制冷系统开始工作时,不管冷却液温度高低,风扇都低速运转;当制冷系统压力高过某一设定值时,风扇则以高速运转。

控制风扇转速的方式有两种:一种是利用一个电风扇串联电阻的方式调节风扇的转速;另一种是利用两个电风扇以串联和并联的方式调节风扇的转速。

冷凝器的拆装

图 6-12 所示为冷凝器和散热器风扇控制电路,用压力开关、冷却液温度开关和 3 个继电器控制冷凝器风扇和散热器风扇的转速。此电路可以实现风扇不转、低速运转、高速运转三级控制。3 号继电器只在空调制冷系统工作时起作用,使冷凝器风扇以低速或高速运转。2 号继电器为双触点继电器,用来控制冷凝器风扇的转速。1 号继电器用于控制散热器风扇。压力开关在空调制冷系统压力高时断开,压力低时接通。冷却液温度开关在冷却液温度低时接通,温度高时断开。

关闭空调时,3 号继电器不工作,冷凝器风扇也不工作。如果冷却液温度过高,冷却液温度开关断开,1 号继电器线圈断电,触点闭合,散热器风扇运转,加强散热。

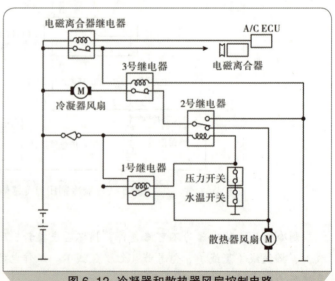

图 6-12 冷凝器和散热器风扇控制电路

打开空调，3号继电器线圈通电，触点闭合。如果冷却液温度较低，空调系统内压力也较低，2号继电器线圈也通电，使其下触点闭合，形成了冷凝器风扇和散热器风扇的串联电路，两个风扇都以低速运转。如果冷却水温升高或制冷系统内压力增大，压力开关或冷却液温度开关将切断2号和1号继电器线圈电路，使2号继电器的上触点闭合，1号继电器的触点接通，将冷凝器风扇和散热器风扇连接成并联电路，两个风扇都以高速运转。

5. 鼓风机转速控制

当蒸发器鼓风机工作时，电动机驱动一个鼠笼式风扇，推动空气通过蒸发器及加热器。目前，汽车空调系统多通过改变电阻值来控制电动机转速。

鼓风机开关与鼓风机变阻器的作用是：调节空调器的空气流量，并作为空调器本身的控制开关。鼓风机变阻器串联于鼓风机开关与电动机之间，其压降被用于改变电动机的端电压，控制电动机转速和调节空气流量。

当电动机运转时，变阻器会发热，需要冷却。因此，变阻器被安装在鼓风机电动机前、蒸发器箱内，使之通风散热良好。手动鼓风机控制电路如图6-13（a）所示。

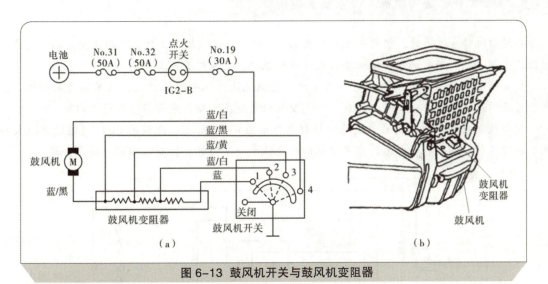

图6-13 鼓风机开关与鼓风机变阻器

（a）手动鼓风机控制电路；（b）鼓风机变阻器位置

6. 发动机过载保护控制

（1）发动机冷却液温度开关与水温传感器

为了防止冷却液温度过高，有些空调控制电路中设有冷却液温度开关或传感器。当冷却液温度高过一定值（一般为105 ℃）时，切断压缩机电磁离合器电路，使压缩机停止运转。在温度下降到某设定值（大约为95 ℃）时，再接通电磁离合器电路，使空调重新工作，如图6-14所示。

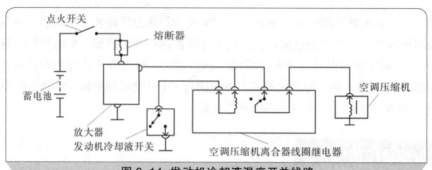

图 6-14 发动机冷却液温度开关线路

发动机水温传感器应用于自动空调系统中，它通常由 ECU 提供一个 5 V 基准电压。此时，发动机水温传感器依冷却液温度的变化产生和送出一个回馈电压信号给 ECU。ECU 将水温传感器的回馈电压信号经 A/D 计算放大类比处理后，再去控制压缩机电磁离合器通或断的工作状态。

在空调系统中，所有的温度传感器均采用负温度系数的热敏电阻。

（2）发动机转速传感器与发动机失速控制

当发动机转速过低时，空调就认为发动机已过载，使压缩机不工作，从而防止发动机失速。因此，大部分的自动空调在发动机不转或转速过低时，压缩机是不工作的。

当发动机转速与压缩机的转速不同步时，空调就认为压缩机已过载，从而切断压缩机，防止由于压缩机过载而导致发动机过载，避免发动机失速或发动机皮带断裂等现象出现。

空调控制电路中防止发动机失速的控制电路如图 6-15 所示。空调的 ECU 通过检测点火线圈的脉冲来计算发动机的转速，当发动机的转速低于一定值时，切断压缩机电磁离合器。

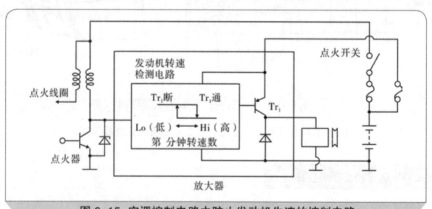

图 6-15 空调控制电路中防止发动机失速的控制电路

（3）空调压缩机转速传感器与皮带打滑控制

当动力转向的油泵、发电机等附件与空调压缩机采用同一皮带驱动时，如果压缩机出现故障而锁死，则传动皮带将被破坏。为了防止这种情况的产生，有些空调的控制电路中采用了皮带保护控制装置。空调放大器通过比较发动机转速与压缩机转速来判定压缩机皮带的打滑。压缩机转速传感器的安装位置如图6-16所示，判断压缩机皮带是否打滑的示意图如图6-17所示，皮带保护控制装置的原理如图6-18所示。空调放大器（或ECU）同时接收发动机的转速信号和压缩机的转速信号，并对两个转速进行比较，当这两个转速的信号出现的差异超过某一限值时，空调放大器便认定压缩机出现故障，随后就会切断压缩机电磁离合器的电源，使压缩机停止工作，以保证其他附件的正常运转。

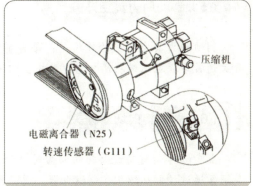

图6-16 压缩机转速传感器的安装位置

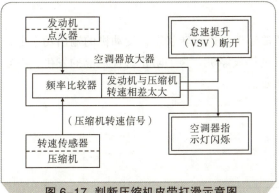

图6-17 判断压缩机皮带打滑示意图

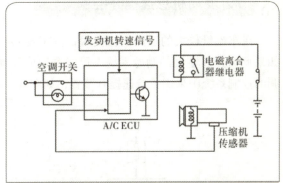

图6-18 皮带保护控制装置原理

压缩机转速传感器采用磁阻式结构，它的电阻一般为100～1 000 Ω。当压缩机离合器工作时，压缩机转速传感器能输出交流电，一般不低于5 V。

（4）汽车空调加速切断控制

汽车空调加速切断器的作用是：当汽车加速时，暂时切断空调压缩机，以增大汽车的后备功率，使汽车有足够的动力超车，且不损坏压缩机零件。一般电路断开12 s之后又能自动接通，空调器恢复工作。

早期高级轿车上为了提高超车能力，常装设这种结构，如奥迪100和桑塔纳轿车就装有这种加速切断器。新款轿车取消了这个开关，但对发动机内的电脑程序进行了修改，可以监控节气门位置传感器，当节气门开度超过90%时，切断压缩机工作。

加速切断器由一个微动开关和一个控制簧片组成。控制簧片由加速踏板臂控制，当汽车加速时，在加速踏板踏到其行程的90%时，加速踏板臂碰到切断器的控制簧片，从而使切断器断开压缩机电磁离合器的电源，压缩机停止运行。当切断器断开时，压缩机转速为4 500 r/min左右。由于压缩机的最高极限转速一般为6 000 r/min，所以可以保证压缩机不会超速运转，使压缩机零件免受损坏。加速切断器断开后，由于压缩机停止了工作，发动机不再供给压缩机功率，所以提高了汽车的加速性能。

（5）制动助力真空开关

制动助力真空开关的作用是：每当制动系统需要最大制动力时，脱开空调器压缩机。这个开关通常串联在压缩机离合器电路中，它不向ECU提供数据。

（6）动力转向切断开关

当车辆转向需要最大转向助力时，动力转向切断开关脱开空调器压缩机。动力转向切断开关通常通过控制压缩机控制继电器，进而控制压缩机。

7. 发动机怠速提升控制

在车流量较大的道路上行驶时，汽车发动机经常处于怠速运转状态，发动机的输出功率低，如果此时开启空调的制冷系统，可能会造成发动机过热或停机。为了防止这种情况的发生，在空调的控制系统中采用了怠速提升装置，如图6-19所示。

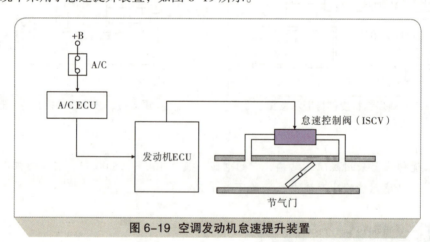

图6-19 空调发动机怠速提升装置

当接通空调制冷开关后，发动机的ECU接收到空调开启的信号，之后ECU控制怠速控制阀，将怠速旁通气道的通路增大，使进气量增加，提高怠速；如果是节气门直动式怠速控制机构，ECU便控制电动机将节气门开大，提高怠速。

8. 制冷系统过热保护控制

常见的制冷系统过热保护装置有三种：过热开关、热力熔断器、制冷剂温度开关。它们的结构不同，但都可以检测高压回路制冷剂的温度，在制冷剂温度超过规定值时，就会切断压缩机。为了可靠地切断压缩机，一般将过热保护开关串联在压缩机电磁离合器线路上。

（1）过热开关与热力熔断器

图6-20所示为热力熔断器的工作原理，热力熔断器与过热开关配合使用。过热开关是一种

温度压力感应开关，一般安装在压缩机缸体内。当过热开关闭合时，通向电磁离合器的电流通过热力熔断器中的加热器，加热器温度升高，直到把熔断器熔化，电磁离合器电路中断，压缩机停止工作。

当系统处在高温高压状态下时，过热开关保持常开；当系统处在中温低压状态或低温低压状态时，此开关闭合。系统的高温低压状态通常在缺少制冷剂时出现，此时，如果压缩机继续运转，将会因润滑油少而过热损坏，过热开关将使压缩机停止运行，直至故障排除为止。

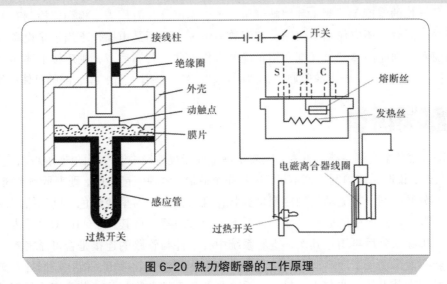

图 6-20 热力熔断器的工作原理

（2）制冷剂温度开关

在部分叶片式压缩机和斜盘式压缩机上装有制冷剂温度开关，防止压缩机因温度过高而损坏。如图 6-21 所示，当制冷剂的温度超过 180 ℃时，该开关断开，切断压缩机电磁离合器的电路。

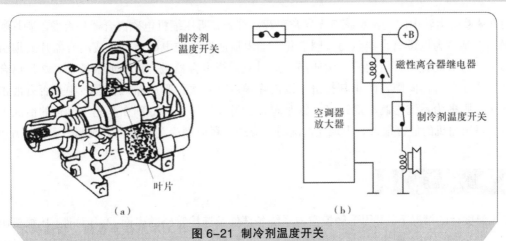

图 6-21 制冷剂温度开关
(a) 安装位置；(b) 工作线路

9. 环境温度控制

部分车辆在控制电路中设有环境温度开关，在环境温度低于规定值时，环境温度开关断开，切断压缩机电磁离合器的电路,空调制冷系统停止工作。当环境温度高于规定值时,制冷系统进入工作状态。

二、汽车空调故障诊断的常用方法

汽车空调故障检修是通过看(查看系统各设备的表面现象)、听(听系统运转的声音)、摸(用手触摸设备各部位的温度)、测(利用歧管压力表、温度计、万用表、检测仪检测有关参数)等手段来进行的。同时,还应仔细向驾驶员询问故障情况,判断是由操作不当还是设备本身造成的故障。若属前者,则应向驾驶员详细介绍正确的操作方法;若属后者,则应按上述四个方面进行综合分析,找出故障所在,查出故障原因,然后再进行修理。看、听、摸、测的具体应用如下。

1. 看(现象)

用目视法观察整个空调系统。首先,查看干燥过滤器视液镜中制冷剂的流动状况,若流动的制冷剂中央有气泡,说明系统内制冷剂不足,应补充至适量。若视液镜透明,则表示制冷剂加注过量,应缓慢放出部分制冷剂。若流动的制冷剂呈雾状,且水分指示器呈淡红色,则说明制冷剂中含水量偏高,应缓慢放尽系统中的原有制冷剂,拆下干燥过滤器,将其置于110 ℃烘箱内,对干燥剂作干燥处理,排除水分后再用。其次,查看系统中各部件与管路的连接是否可靠密封,是否有微量的泄漏。若有泄漏,在制冷剂泄漏的过程中常夹有冷冻油一起泄出,故在泄漏处有潮湿痕迹,并依稀可见黏附在其上的一些灰尘。最后,看冷凝器是否被杂物封住,散热翅片是否倾倒变形。若有此情况,流过冷凝器的冷却空气流量将被影响,导致冷凝器冷凝效果变差,流经膨胀阀的制冷剂温度偏高,从而影响系统的制冷效果,此时,应将冷凝器清扫干净,将变形的散热翅片修正。

2. 听(响声)

用耳朵聆听运转中的空调系统有无异常声音。首先,听压缩机电磁离合器是否发出刺耳噪声。若有噪声,则多为电磁离合器磁力线圈老化,通电后所产生的电磁力不足或离合器片磨损引起其间隙过大,造成离合器打滑而发出尖叫声。这时应重绕离合器磁力线圈或抽掉1~2片离合器调整垫片,减小离合器间隙,防止其打滑,以消除噪声。其次,听压缩机在运转中是否有液击声。若有此声,则多为系统内制冷剂过多或膨胀阀开度过大,导致制冷剂在未完全汽化的情况下吸入压缩机,对压缩机的危害很大。出现此情况时,应缓慢释放制冷剂至适量,或调整膨胀阀开度。

3. 摸(温度)

在无温度计的情况下,可用手触摸空调系统各部件及连接管路的表面。高压回路(压缩机出口—冷凝器—储液器—膨胀阀进口)应呈较热状态,若在某一部位特别热或进出口之间有明显温差,则说明此处有堵塞。触摸低压回路(膨胀阀出口—蒸发器—压缩机进口)应较冷。若压缩机高、低压侧无明显温差,则说明系统存在泄漏或制冷剂不足的问题。

4. 测（数据）

通常看、听、摸这些方法只能发现不正常的现象，最后要做出正确的结论，还要借助有关仪表进行测试，在具备数据资料的基础上，对各种现象做认真分析，找出故障所在，然后进行排除。

- 用检漏仪检漏。用检漏仪检查系统的各个接头处是否泄漏。
- 用万用表检查。用万用表可以检查出空调电路故障，判断出电路是断路还是短路。
- 用温度计检查。用温度计可以判断出蒸发器、冷凝器、储液器的故障。正常工作时，蒸发器表面温度在不结霜的前提下越低越好；冷凝器入口管温度为70 ℃～90 ℃，出口管温度为50 ℃～65 ℃；储液器温度应为50 ℃左右。若储液筒上下温度不一致，则表明储液器有堵塞。
- 用压力表检查。将歧管压力计的高、低压表分别接在压缩机的排气口、吸气口的维修阀上，在空气温度为30 ℃～35 ℃、发动机转速为2 000 r/min 时检查。将鼓风机风速调至高挡，温度调至最冷挡，其正常状况是：高压端压力为1.421～1.470 MPa，低压端压力为0.147～0.196 MPa，若不在此范围，则说明系统有故障。

三、用歧管压力表进行故障诊断

使用歧管压力表测量高低压管路的压力状况，判断故障产生的原因。在外界空气温度为30 ℃～35 ℃，发动机转速为1 500～2 000 r/min，风扇速度开关在最大，温度调节开关在最强时，在歧管压力表上读取压力值。R134a空调系统歧管压力表的正常读数：低压侧为0.150～0.250 MPa，高压侧为1.370～1.810 MPa。R12空调系统歧管压力表的正常读数：低压侧为0.147～0.196 MPa；高压侧为1.442～1.471 MPa。

连接好歧管压力表后，读取高低压力表的显示值，如图6-22所示。

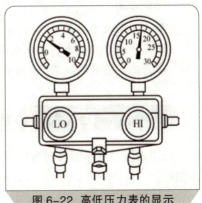

图6-22 高低压力表的显示

制冷系统的正常压力值如表6-3所示。

表6-3 制冷系统的正常压力值

环境温度 / ℃	发动机不运转时制冷循环压力 / kPa	发动机运转时制冷循环压力 / kPa	
		高压	低压
15	390	—	—
20	470	—	—
25	550	1 050～1 250	100～150
30	660	1 350～1 550	150～200
35	750	1 450～1 810	200～250
40	880	1 850～2 530	250～300
45	980	—	—

1. 高压表和低压表压力均较低

高压表和低压表显示值比正常值低，如图 6-23 所示。另外，从视液镜内看到制冷剂中有气泡，冷气不凉，高压管温热，低压管微冷，温差不大。

故障原因：制冷剂不足或有泄漏。

排除方法：
- 用检漏仪寻找泄漏处，并予以修复。
- 加注足够的制冷剂。

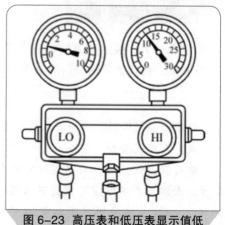

图 6-23 高压表和低压表显示值低

2. 高压表和低压表压力均太高

高压表和低压表显示值比正常值高很多，如图 6-24 所示。另外，从视液镜偶尔可看见制冷剂中有气泡，冷气不凉。

故障原因：制冷剂过多；制冷剂系统中有空气；冷凝器冷却不足。

排除方法：
- 更换储液干燥器。
- 充分抽真空，重新充注制冷剂。
- 清洗或更换冷凝器，检查风扇电动机及其电路。

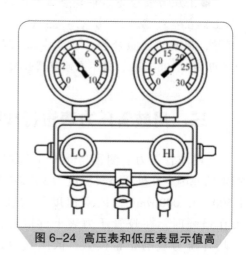

图 6-24 高压表和低压表显示值高

3. 低压表压力有时为负压（真空）

低压表压力显示值有时为负值（真空），有时正常，如图 6-25 所示。另外，系统间歇制冷或不制冷。

故障原因：制冷系统存在水分。

排除方法：
- 更换储液干燥器。
- 反复抽负压（真空）。
- 充注制冷剂至适量。

4. 低压表压力为负压（真空），高压表压力很低

低压表压力显示值为负压（真空），高压表压力显示值很低，如图 6-26 所示。另外，在储液干燥器或膨胀阀前后管路上结霜或有露水；系统不制冷或间歇制冷。

故障原因：制冷剂不循环。

排除方法：

- ●按制冷剂系统中存在水分处理。
- ●更换膨胀阀、储液干燥器。
- ●检查制冷剂是否被污染。

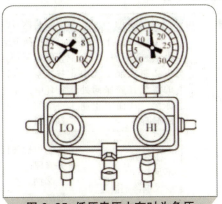

图6-25 低压表压力有时为负压

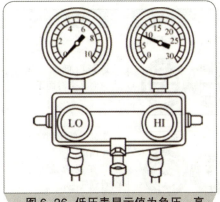

图6-26 低压表显示值为负压,高压表显示值很低

5. 低压表压力太高,高压表压力太低

系统不制冷,低压表压力显示值很高,高压表压力显示值很低,如图6-27所示。

故障原因:压缩机内部故障。

排除方法:更换损坏的零件或总成。

6. 低压表压力太低,高压表压力太高

低压表压力显示值很低,高压表压力显示值很高,如图6-28所示。另外,冷凝器上部和高压管路温度高,而储液干燥器并不热。

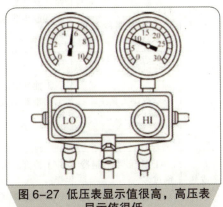

图6-27 低压表显示值很高,高压表显示值很低

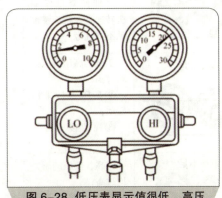

图6-28 低压表显示值很低,高压表显示值很高

故障原因:高压管路堵塞或被压扁。

排除方法:
- ●清洗或更换零件。

课题六 空调控制系统的检测与诊断

● 检查冷冻机油是否被污染。

其他故障诊断与排除方法如表6-4所示。

表6-4 用歧管压力表进行故障诊断与排除

故障现象	状况	可能的原因	诊断	排除方法
继续制冷，然后不制冷	运行时低压端压力时而真空时而正常	进入制冷系统的水分在膨胀阀处冻结，使循环过程暂时停止，在冻结融化后一段时间循环过程又恢复正常	①干燥瓶干燥剂处于饱和状态；②制冷剂系统中的湿气在膨胀阀处冻结，从而阻止制冷剂循环	①更换干燥瓶；②反复抽真空，排出空气，以除去循环中的湿气；③充入适量的新制冷剂
制冷不足	①高、低压两端压力均偏低；②在视液镜可连续看到气泡；③制冷不足	制冷系统漏气	①系统中制冷剂不足；②制冷剂泄漏	①用检漏仪检测并修理；②抽真空，重新灌制冷剂
制冷不足	①高、低压两端压力均偏低；②储液罐至制冷装置之间的管路结霜	储液罐中的杂物阻碍制冷剂的流动	储液罐堵塞	①更换储液罐；②抽真空，重新灌制冷剂
不制冷或断续制冷	①低压端出现真空示值；高压端出现很低的压力示值；②储液罐/干燥器或膨胀阀的前后管结霜或见到露珠	①系统中的湿气或杂物阻碍制冷剂的流动；②膨胀阀热敏管漏气，妨碍制冷	制冷剂不循环	①检查热敏管膨胀阀和蒸发器压力调节器；②清洗或更换膨胀阀，更换干燥瓶；③抽真空，重新灌制冷剂
制冷不足	①低、高压端压力均过高；②即使降低发动机转速，在视液镜也见不到气泡	①系统中制冷剂过量；②冷凝器散热不良（冷凝器散器片堵塞或风扇电动机故障）	①检查冷凝器散热；②检查风扇电动机；③检查制冷剂量是否过多	①清洗冷凝器；②修理风扇或线路，或更换；③放出多余制冷剂
制冷不足	①低、高压端压力均过高；②高压表针来回摆动；③视液镜中有气泡	空气进入系统	空气进入系统	①抽真空；②重新加入制冷剂
制冷不足	①高、低压端压力均过高；②低压端管路上出现大量露珠	膨胀阀存有故障或热敏管安装不当	①低压管路制冷剂过多；②膨胀阀开度过大	①检查安装热敏管；②检查膨胀阀，如有故障更换
制冷不足	①低压端压力太高；②高压端压力太低	压缩机漏气	①压缩机故障；②压缩机气门漏气或断裂	修理或更换压缩机

四、通过观察孔检查制冷剂量

使用下述步骤能快速检查空调系统充注的制冷剂是否恰当,如图6-29所示。

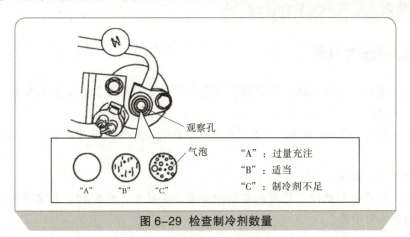

图6-29 检查制冷剂数量

- 按下列设定让空调工作几分钟:

空调及风扇开关:高位;

发动机转速:1 000 r/min(快转急速)。

- 通过观察孔检查空调系统内的制冷剂情况,并把观察到的情况和表6-5进行比较。

表6-5 制冷剂不适当出现的问题及排除方法

序号	问题	原因	处理方法
1	在观察孔内发现气泡过多	系统内制冷剂补充不足	用泄漏测试器检查系统是否泄漏
2	在观察孔内未发现气泡	系统内制冷剂已泄漏完或补充不足	参考步骤3、步骤4
3	在压缩机入口与出口之间温度变化不大	系统内无制冷剂或几乎无制冷剂	对空调系统抽真空,并重新加注,然后用泄漏测试器检查其泄漏情况
4	压缩机入口与出口之间的温度存在明显的差异	制冷剂适量或过量	参考步骤5、步骤6
5	在关闭空调时,观察孔内的制冷剂立即消失,观察孔保持清晰	系统内制冷剂充注过量	排泄过量制冷液,将其调节到规定的充注量
6	在关闭空调时,观察孔内先产生气泡,然后消失	系统内的制冷剂加注适量	无须处理,因为制冷剂加注正常

五、汽车空调的常见故障诊断及排除

汽车空调的制冷系统是一个完全密封的循环系统。其中任何一个零部件出现故障都会使汽车空调系统不能正常运行,制冷系统出现故障时是不能随便拆卸零部件的。作为汽车空调维修技术人员,掌握常见故障的分析判断方法是很重要的。虽然不同的空调系统维修作业的具体修理技术及修理方法有所不同,但故障的因素及分析方法却大同小异。根据这些判断及分析方法,可以较快找到故障的症结,制定出具体的修理方案。汽车空调常见的故障有暖风系统故障、制冷系统故障两大类。

1. 暖风系统故障的诊断及排除

（1）不供暖或暖气不足故障诊断

空调管路的拆装

① 送风系统故障及排除

● 鼓风机或其控制电路故障：用万用表检查鼓风机电动机电阻，如鼓风机电动机电阻过大或过小，则应更换。

● 鼓风机继电器、调温器故障：用万用表测继电器线圈电阻和调温器电阻，如为零或无穷大，则应更换。

● 热风管道堵塞故障：清除堵塞物。

● 温度门真空驱动器故障：检查真空驱动管路是否漏气，检查相关真空部件是否正常。若正常，则更换真空驱动器。

② 加热器系统故障及排除

● 加热器漏风故障：应更换加热器壳。

● 加热器芯内部有空气：应排出其内部空气。

● 加热器翅片变形造成通风不良故障：对翅片校正或更换。

● 温度门加热器管道积垢堵塞故障：应除垢使管道疏通。

空调系统采暖装置的维修

③ 冷却液管路故障及排除

● 冷却液流动不畅：应维修或更换。

● 热水开关或真空驱动器失效故障：应检修或更换。

● 发动机冷却液石蜡节温器失效故障：应更换节温器。

● 冷却液不足：应首先补足冷却液，并检查散热器盖是否漏气。

（2）不送风故障及排除

● 鼓风机电路或其控制电路熔丝熔断或开关接触不良：更换熔丝或开关。

● 鼓风机电动机绕组短路或断路：维修或更换鼓风机电动机。

● 鼓风机调速电阻断路、鼓风机继电器故障、鼓风机电路导线连接故障等：应维修或更换相应部件。

（3）管路泄漏故障诊断

● 管路老化故障：更换软管。

● 接头不牢、密封不严故障：检修紧固接头。

● 热水开关不能闭合故障：修复热水开关。

（4）供暖过热故障诊断

- 调风门调节不当：应重新调整。
- 发动机节温器损坏：应更换节温器。
- 风扇调速电阻损坏：应更换调速电阻。

（5）除霜热风不足故障诊断

- 除霜门调整不当：应重新调整。
- 出风口堵塞：应清堵。

（6）操作不灵敏故障诊断

- 操作机构卡死故障：应重新调定。
- 风门过紧：应修理风门。
- 真空器失灵：应检查真空系统是否漏气，如真空系统正常，则更换真空驱动器。

2. 制冷系统故障的诊断及排除

汽车空调制冷装置
的维修

（1）系统不制冷故障诊断

起动发动机，打开空调开关，打开鼓风机开关，温度设置在较低的位置，如出风口无冷风吹出，则应从电气和机械两方面去分析。

① 加热器系统故障及排除

系统不制冷主要是指压缩机没工作，压缩机电磁离合器基本控制电路主要是由空调A/C开关、高压开关、低压开关及温度控制器组成的串联电路，只要有一个元件发生故障，空调压缩机就要停止工作。

排除故障应做如下检查：
- 检查压缩机主电路及其控制电路熔丝是否熔断，若熔断，应用万用表电阻挡分段检查相关线路对地电阻，找出线路中非正常搭铁点，排除故障。
- 拔下压缩机电磁离合器线束插头，直接将电源正极连到电磁离合器线圈电路接头上，若电磁离合器工作，说明电磁离合器正常；否则，更换或维修电磁离合器。
- 检查电路中的A/C开关（风扇调速开关）、高压开关、低压开关、冷气继电器触点及温控器等，用短路法在接通电源时，分别短接所要检查的开关，如短接某开关时空调离合器工作，则该开关有故障。

② 机械方面故障

- 压缩机驱动皮带断了，压缩机停止工作。
- 制冷系统堵塞，制冷剂无法循环，导致系统不制冷。用歧管压力计检测系统内压力，如果低压侧压力很低，高压侧压力很高，系统最可能产生堵塞的部位是储液干燥器和膨胀阀。
- 膨胀阀感温包破裂，内部液体流失，造成膨胀阀膜片上方压力为零，阀针在弹簧力作用下将阀孔关闭，制冷剂无法流向蒸发器，因此系统无法制冷。感温包破裂后，膨胀阀一般要换新件。
- 系统内制冷剂全部泄漏。用歧管压力表测系统压力，若高、低压侧压力都很低，说明制冷剂已经泄漏，应用测漏仪详细检查确定其泄漏部位，并进行修复。修复后要对系统抽真空，然后按规定加足制冷剂及冷冻润滑油。
- 压缩机进、排气阀片损坏，制冷剂无法循环。用歧管压力表检测系统内压力，若高、低压侧压力接近相等，则说明阀片损坏。阀片损坏后，要拆卸压缩机，对其进行修理或更换新件。

（2）系统制冷不足故障诊断

① 制冷剂和冷冻润滑油原因

空调制冷剂的加注　　空调制冷剂的排放

- 系统内制冷剂不足。制冷剂不足时，从膨胀阀喷入蒸发器的制冷剂减少，从而蒸发器蒸发时吸收热量减少，故系统制冷能力下降。当诊断制冷剂不足时，可以从视液镜中看到偶尔冒出的气泡，说明制冷剂稍少；如果出现明显的翻腾气泡，则说明制冷剂缺少很多。
- 制冷剂注入量过多。制冷剂多，所占容量大，影响散热效果，因制冷效果和散热效果是热力学吸热和放热的两个过程，所以散热不好将直接影响制冷效果。如果从视液镜中看不到气泡，制冷系统高、低压两侧压力都提高，则可用歧管压力表排出多余的制冷剂。
- 制冷剂和润滑油中含有脏物。当脏物较多时，过滤器滤网上会出现堵塞现象，这使制冷剂流量减少，影响制冷效果。用手摸干燥器两端，正常情况是没有温差的，如感觉温差明显，则说明干燥器堵塞。可用歧管压力表检测，如高压侧压力过高，低压侧压力过低，则说明高压侧有堵塞。否则，说明干燥器堵塞，需更换。
- 制冷剂中含有空气。空气是导热不良物质，在系统压力和温度下，它不能溶于制冷剂，制冷剂中混有空气影响其散热；有些空气随制冷剂在系统中循环，使膨胀阀喷出的制冷剂量下降，导致制冷能力下降。当制冷剂通过膨胀阀节流孔时，由于其压力和温度迅速下降，导致空气中的水分在膨胀阀小孔处产生"冰阻"现象。停机一会儿，待冰融化后系统又恢复工作。这种情况需抽真空，重新注制冷剂。

② 机械方面因素

压缩机工作性能下降的故障及诊断修理方法如表6-6所示。

表6-6　压缩机工作性能下降的故障及诊断修理方法

故障现象	诊断	排除
低压侧压力高	压缩机内部泄漏磨损	拆下压缩机缸盖，检验压缩机，必要时更换阀板总成
高压侧压力低	缸盖密封垫漏气	更换密封垫
制冷效果不良	压缩机皮带打滑	调整皮带轮

● 检测压缩机进排气管口温度，如果温差不大，则用歧管压力计检测进排气口压力；如果高压侧压力偏低，低压侧压力偏高，则可诊断为压缩机漏气，原因为：压缩机使用时间较长，气缸及活塞磨损，气缸间隙增大及进、排气阀片关闭不严。压缩机漏气会使压缩机实际排气量远小于理论排气量。解决方法：更换压缩机。

● 压缩机驱动带松弛，工作时打滑，传动效率低。如有同步传感器的空调控制系统，可自动监控压缩机转速与发动机转速是否比例恒定，如超过某差值，将自动切断压缩机电磁离合器电路。解决方法：调紧驱动带。

● 电磁离合器压力板与带轮的接合面磨损严重或有油污，工作时出现打滑。电磁离合器线路电阻过大或供电电压太低也会使电磁离合器线圈吸力不足，造成离合器打滑。解决方法：观察离合器压力板与带轮的间隙是否均匀，压力板是否扭曲，如无法维修，则更换离合器。

● 冷凝器散热性能下降。出现此现象的原因为：冷凝器表面有污泥，被杂物覆盖或堵塞，翅片变形，冷却风扇驱动带松弛或转速过低等。解决方法：调整驱动带张力，清除冷凝器表面污物及覆盖物，修整好弯曲的翅片。

● 出风口吹出的冷气量不足。蒸发器表面结霜或鼓风机转速下降都会使吹出的冷气量不足。解决办法：检查鼓风机调速开关、鼓风机电动机、鼓风机继电器等电路。

③ 制冷系统有噪声故障诊断

● 制冷剂过量引起的高压管、压缩机的敲击声故障，此时应排放制冷剂，直至高压侧显示值正常。

● 制冷剂不足引起蒸发器进口的"嘶嘶"声故障，此时应查清有无泄漏；如有泄漏，则应先补漏，然后加足制冷剂。

● 制冷系统水分过量故障，此时应更换干燥器，排出原制冷剂，系统再次抽真空，充注制冷剂。

● 压缩机离合器噪声异常的故障诊断及排除方法见表6-7，空调系统的异响主要来源于压缩机和电磁离合器。

表6-7 压缩机离合器噪声异常的故障诊断及排除方法

故障现象及原因	排除方法	故障现象及原因	排除方法
传动带打滑	拉紧传动带	压缩机油封泄漏	更换油封
传动带不平行	调整平行度	零部件匹配不当	更换匹配良好的零部件
离合器打滑	调整间隙或更换离合器轮毂	离合器压力板有油污	查找油污来源，修理或更换
轴承损坏	更换轴承或离合器组件		

● 尖叫声。尖叫声主要由离合器接合时打滑发出，或者由于皮带过松或磨损引起。

● 振动。压缩机的振动以及轴的振动也是异响的来源之一，检查其支撑是否断裂，紧固螺栓是否松动。引起压缩机振动的原因还有皮带张力过紧或皮带轮轴线不平行；压缩机的轴承磨损过大会引起轴的振动；皮带轮轴承润滑不良也会引起异响。

六、空调电气部件的检测

1. 空调发动机冷却液温度传感器的检查

在给水逐渐加热的同时，将传感器的温度传感部分放入水中，并测量传感器的电阻值，如电阻与温度之间的关系如表6-8所示，则表明正常；如有故障，则用新传感器更换。

表 6-8 电阻与温度之间的关系

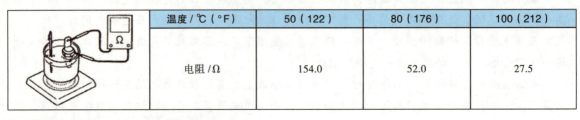

温度 /℃ (°F)	50 (122)	80 (176)	100 (212)
电阻 /Ω	154.0	52.0	27.5

2. 压力保护开关的检查

(1) 高低压保护开关的检查

● 当空调系统适量地充注了制冷剂和空调系统（压缩机）正在工作时，检查开关在正常温度下是否导通。在这两种情况下，开关都应导通。

● 当压力在如表 6-9 所示规定范围时，开关应不导通。

表 6-9 开关不导通的两种情况

高压侧压力	高低压保护开关
200 kPa（2.0 kg/cm²）或以下	不导通
3 200 kPa（32 kg/cm²）或以上	不导通

(2) 中压保护开关的检查

中压保护开关的工作状况如表 6-10 所示。

表 6-10 中压保护开关工作状态

高压侧压力	散热器电子风扇
1 500 kPa（15.2 kg/cm²）或以上	导通工作
1 000 kPa（10.0 kg/cm²）或以下	不导通停止

3. 空调冷凝器总成的检查

空调冷凝器总成如图 6-30 所示，检查以下情况：

● 冷凝器散热叶片或管路的管子是否泄漏、堵塞，以及是否损坏。

● 冷凝器装配件是否泄漏。

被阻塞的冷凝器散热叶片必须先用水清洗，然后用压缩空气吹干。

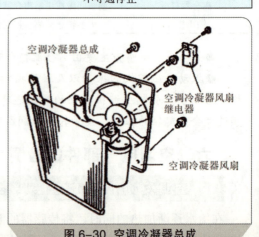

图 6-30 空调冷凝器总成

> **注意**
>
> 不要损坏冷凝器散热叶片,如冷凝器散热叶片弯曲,请用起子或镊子将之弄直;如发现配件或管子有泄漏,则应修理或更换冷凝器。

4. 空调冷凝器风扇电动机的检查

如图6-31所示,检查每两个端子之间是否导通。如检查结果是导通的,那么进行下一次检查;否则,应更换。

如图6-32所示,将蓄电池连接到空调冷凝器风扇电动机上,然后检查冷凝器风扇电动机工作是否平衡。

参考电流:在12 V时为5.0~6.2 A。

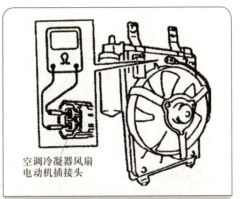

图6-31 检查冷凝器风扇电动机端子

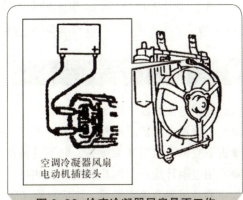

图6-32 检查冷凝器风扇是否工作

5. 空调冷凝器风扇继电器的检查

如图6-33所示,检查每两个端子之间的电阻。

"A"与"B"端子之间电阻:∞(无穷)。

"C"与"D"端子之间电阻:20 ℃(68 ℉)时80~100 Ω。

如检查结果符合规定,则请进行下一步检查;否则,应更换。

如图6-34所示,当蓄电池被连接到"C"和"D"端子上时,检查"A"与"B"端子之间是否导通。如发现不良,应更换。

图6-33 检查冷凝器风扇继电器电阻

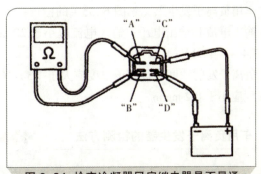

图6-34 检查冷凝器风扇继电器是否导通

6. 检查冷凝器风扇继电器

检查下列情况：

- 蒸发器的散热叶片有无泄漏、阻塞及损坏。
- 蒸发器配件是否泄漏。被阻塞的蒸发器散热叶片必须先用水清洗，然后用压缩空气吹干。

检查鼓风机风扇电动机的两个端子之间是否导通，如检查结果为导通，则进行下一步检查；否则，应更换。

可将电流表串连接到鼓风机风扇电动机上，然后检查鼓风机风扇电动机工作是否正常。其各挡位工作电流为：

- （2.2±0.2）A 时，250 m^3/h±20%（高）；
- （1.5±0.2）A 时，150 m^3/h±20%（中）；
- （0.9±0.2）A 时，100 m^3/h±20%（低）。

7. 空调及风扇开关的检查

- 拆卸蓄电池负极电线。
- 取下顶置蒸发器总成外壳。
- 拆下空调及风扇开关接头，取下空调及风扇开关。
- 使用电阻计检查空调及风扇开关的每两个端子之间是否正确导通。

如空调及风扇开关未导通，则应更换（见表6-11）。

表6-11 检查风扇开关导通情况

位置	"A"	"B"	"C"	"D"
断开	○			
低	○——○			
中	○——○	○——○		
高	○——○	○——○		○

8. 车用负离子发生器的检查

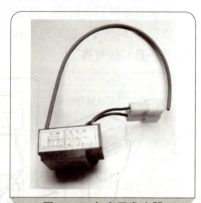

图6-35 负离子发生器

车用负离子发生器（见图6-35）的检查：

输入电流和输出电压：输入电流应小于20 mA，输出电压为 −3.4 ~ −4.8 kV；

负离子发射浓度：负离子浓度应大于 1.5×10⁶ 个/cm^3；臭氧浓度应小于 0.2 mg/m^3。

车用负离子发生器的检测方法

负离子发生器装入整机后，为检测其是否正常工作，通常采用以下两种方法进行检测：

①大气离子浓度检测仪检测法。接通空调电源,使顶置空调工作,用大气离子浓度检测仪对准空调出风口,从检测仪的指示表上可知负离子发生器是否工作且可测出负离子浓度。

②试电笔检测法。接通空调电源,使顶置空调工作,用氖管试电笔伸入空调出风口,靠近负离子发生器四个发射嘴中任意一个,试电笔氖管应发红光,否则负离子发生器未正常工作。采用此方法时,为避免因测试人员人体电阻的差别而影响测量效果,最好将试电笔接地端用软导线连接电源负极,且此种方法只能检测负离子发生器是否工作,不能检测负离子的浓度。

9. 鼓风机调速电阻器的检查

按表6-12检查端子与端子之间的电阻。如检查结果在表中规定的范围内,应更换鼓风机风扇电动机及电阻器。

表6-12 检查端子与端子之间的电阻

端子-端子	电阻/Ω
"A"-"B"	1.84±0.28
"A"-"C"	5.84±0.60
"B"-"C"	4.00±0.60

10. 前置蒸发器热敏电阻的检查

热敏电阻:防止蒸发器表面结霜,该电阻具有负温度特性,当蒸发器的温度低于2℃时,切断压缩机;当蒸发器的温度高于5℃时,起动压缩机。

如检查结果在表6-13中范围内,应更换热敏电阻。

表6-13 前置蒸发器热敏电阻的检查

传感器温度/℃(℉)	电阻/kΩ
0(32)	6.3~7.0
25(77)	1.8~2.2

注意

热敏电阻被拆卸后,必须按原位置重新安装。

11. 膨胀阀的检查

膨胀阀的拆装

膨胀阀的作用是将经过干燥过滤器流出的高压液态制冷剂从其小孔喷出,使其急剧膨胀,变成低压雾状体,以便易于吸热汽化;另外,它可起节流作用。这种控制是通过感温元件(感温包内充注有R134a)自动控制膨胀阀开启度的大小来实现的,如图6-36所示。

膨胀阀:前置蒸发器使用的是H型膨胀阀;顶置蒸发器使用的是F型膨胀阀。

12. 空调继电器的检查

检查图 6-37 中每两个端子之间的电阻。"A"端子与"B"端子之间的电阻为∞（无穷），"C"端子与"D"端子之间的电阻，温度在 20 ℃（68 ℉）时为 80～100 Ω。如检查结果符合规定，则进行下一步检查；否则，应予更换。当蓄电池被连接到"C"及"D"端子时，检查端子"A"与"B"之间是否导通，如发现不良，应予以更换。

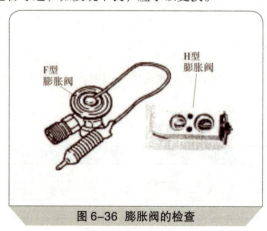

图 6-36 膨胀阀的检查　　图 6-37 空调继电器的检查

13. 空调压缩机的检查

压缩机故障主要有三种形式：漏气、噪声以及压力不足。在绝大多数情况下，压缩机漏气是由轴密封件引发的，检查漏气时，一般使用泄漏测试器，如果小量机油从轴密封件渗漏出，则没有必要更换密封件，设计时允许渗漏少量机油，其目的在于润滑。因此，只有当大量的压缩机油泄漏出来或当使用气体测试器测得漏气时，才必须更换轴密封件。空调压缩机的检查如表 6-14 所示。

表 6-14 空调压缩机的检查

问题	可能原因	处理方法
压缩机有噪声	①旋转阀产生故障； ②轴承阀产生故障； ③气缸或轴产生故障	更换 更换 更换
电磁离合器有噪声	①轴承产生故障； ②离合器片产生损坏	更换 更换
冷气不足	①密封垫产生损坏； ②片簧阀产生故障	更换 更换
不旋转	①旋转阀锁死以致气缸和/或轴以及片簧阀被锁住； ②电磁离合器被卡住； ③由于机油量不足，旋转部件被卡住	更换 更换 更换
机油或液体泄漏	①轴密封件损坏； ②O 形圈损坏	更换 更换

任务二　自动空调系统的检测与诊断

一、自动空调系统的组成与工作原理

1. 自动空调系统的组成

自动空调作为一个自动控制系统，与车上的其他电控系统一样，也有一个控制中枢（自动空调 ECU）、探测仪传感器和执行器等部分。图 6-38 所示为马自达 2 的自动空调系统组成。自动空调控制系统的探测仪传感器一般有室内温度传感器、环境温度传感器、蒸发器温度传感器、阳光传感器、水温传感器等，传感器部分主要专门负责温度、压力信息反馈。执行器部件包括空调冷凝器散热风扇电动机、鼓风机电动机、进气执行器电动机、气流混合执行器电动机、气流模式执行器电动机等，用以控制冷暖气组合，开启或关闭正面、侧面和脚部的出风口。除此之外，还有自检及报警部分。单从上述结构看，现代汽车的自动空调就比手动空调复杂得多。

自动空调系统的电控结构如图 6-39 所示。所谓自动空调，就是自动将室内温度控制在所需水平，并根据环境条件的变化进行调整，如大气温度、日照强度和乘客数量等。也可自动控制空气混合门、鼓风机速度以及排气门和进气门，自动控制和选择温度、气流、出风口和进气口的设置，以让乘客感觉舒适。

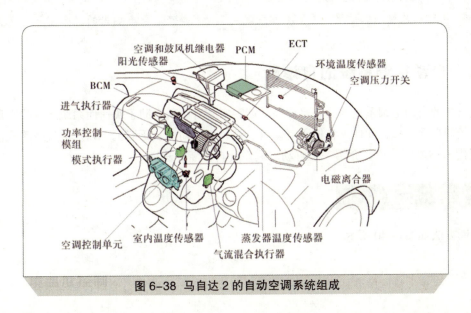

图 6-38　马自达 2 的自动空调系统组成

课题六 空调控制系统的检测与诊断

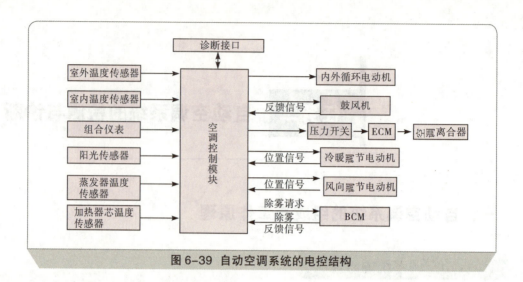

图 6-39 自动空调系统的电控结构

2. 自动空调系统的工作原理

自动空调系统是舒适性装置，汽车内部温度是舒适性的重要指标。车内温度取决于车外温度、空气流量以及太阳辐射的大小。当车外温度超过 20 ℃时，车内的舒适温度只能靠冷风降温达到。开启自动空调时，只需操纵自动空调控制面板上的温度调节旋钮，自动空调系统便会逐渐调节到设定的室内温度和理想的送风方式。

工作原理

- 当室内温度高于设定的温度时，自动空调ECU便会指挥空气混合马达，使气流经蒸发器冷却，同时加快鼓风机速度，并将送气方式改为正面直吹，将冷气效果加强。
- 当车厢的温度低于设定温度时，自动空调ECU便会指挥空气混合马达，使冷空气流经暖风芯加热，同时加快鼓风机速度，将气流方式改为正面及脚部，令车厢内的混合空气传送更均匀。

二、自动空调系统的自诊断

现代汽车的自动空调系统都具有自诊断功能，实施自诊断有助于快速而系统地查找空调系统的传感器、控制单元、执行元件（各伺服电动机、鼓风机电动机、压缩机）以及电气线路连接故障。下面以现代SONATA为例，介绍一下自动空调系统自诊断方法。

1. 自诊断方法

自诊断方法如图 6-40 所示。

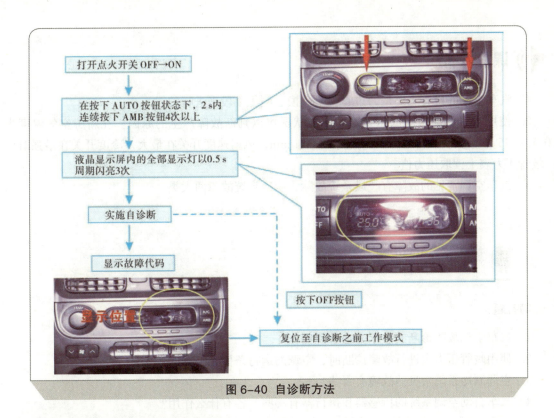

图 6-40 自诊断方法

2. 故障代码表示方法

故障代码表示方法如图 6-41 所示。

例如，故障代码为 11、12 时（连续显示）如图 6-42 所示。各故障代码如表 6-15 所示。

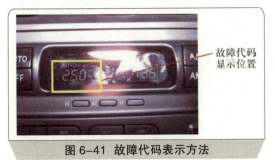

图 6-41 故障代码表示方法

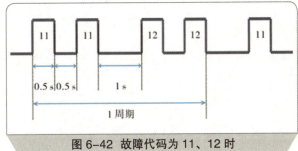

图 6-42 故障代码为 11、12 时

表 6-15 故障代码

故障代码	故障项目	故障代码	故障项目
00	正常	16	水温传感器短路
11	室内温度传感器断路	17	蒸发器表面温度传感器断路
12	室内温度传感器短路	18	蒸发器表面温度传感器短路
13	室外温度传感器断路	19	温度门位置传感器不良
14	室外温度传感器短路	20	温度门电动机驱动不良
15	水温传感器断路		

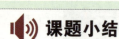 课题小结

1. 汽车空调的检查主要是通过看、听、摸、测等手段来进行的。
2. 使用歧管仪测量高低压管路的压力状况可以判断故障产生的原因。在新鲜空气温度为 30 ℃ ~ 35 ℃，发动机转速为 1 500 ~ 2 000 r/min，风扇速度开关在最大，冷度开关在最强时，从歧管压力表上读取压力值。
3. 汽车空调常见的故障有暖风系统故障、制冷系统故障两大类。

简答题：

1. 汽车空调故障诊断的常用方法有哪些？
2. 使用歧管压力表进行故障诊断时，空调的运行条件是怎样的？
3. 空调制冷系统常见的故障有哪些？
4. 汽车自动空调系统的传感器和执行器有哪些？各有什么作用？

课题七

安全与保护系统的检测与故障诊断

[学习目的与要求]

1. 了解汽车安全气囊系统的组成和工作原理。
2. 掌握安全气囊系统的检测与诊断方法。
3. 掌握中央门锁系统的结构组成及原理。
4. 了解汽车防盗系统的分类和组成。

随着汽车工业的迅速发展和高速公路的开发建设，道路上行驶的汽车越来越多，加上汽车的行驶速度越来越快，进而事故更为频繁，汽车的安全性也就变得尤为重要。汽车安全气囊系统（SRS）是一种乘员辅助保护系统，主要用来防止乘员在前碰撞事故中与驾驶室内饰件发生碰撞。由于其使用方便、效果显著，所以得到了迅速的发展和普及。

课题七 安全与保护系统的检测与故障诊断

任务一 安全气囊系统的检测与故障诊断

一、安全气囊系统的组成和工作原理

1. 安全气囊系统的组成及作用

如图 7-1 所示，安全气囊系统主要由碰撞传感器、安全气囊控制单元（SRS ECU）、安全气囊组件（驾驶侧安全气囊、乘客侧安全气囊、前（后）座侧面安全气囊、座椅安全带拉紧器）、安全气囊系统指示灯等主要部件组成。碰撞传感器作为安全气囊系统中主要的控制信号输入装置，主要检测车辆发生碰撞时的冲击或减速度值，再把信号传递给安全气囊控制单元，ECU 对各传感器输入的信号进行分析处理，判断是否点火引爆气囊，并对系统故障进行自诊断。安全气囊系统指示灯用于指示安全气囊系统功能是否处于正常状态。

安全气囊的认知

安全气囊 SRS 系统的组成

安全气囊 SRS 系统的作用与分类

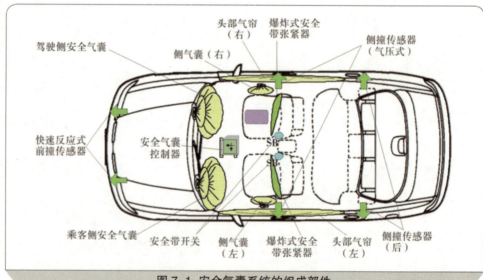

图 7-1 安全气囊系统的组成部件

2. 安全气囊系统的工作原理

安全气囊系统工作时，各传感器不断将车速变化的信息输入 ECU，ECU 不断地计算、分析、比较和判断，并随时准备发出指令。

SRS 系统的控制原理

SRS 系统的控制过程

● 当车速小于 30 km/h 发生碰撞时，前方传感器和其串联的安全传感器同时向 ECU 输入撞车信号，并发出引爆安全带预紧器点火器的指令，而中央传感器发出的信号不能使 ECU 发出引爆气囊点火器的指令。所以，在低速（减速度较小）冲撞时，只要预紧器向后拉紧安全带，就足以保护驾乘人员不撞向前方。

● 在高速（减速度较大）碰撞时，前方传感器和中央传感器同时向 ECU 输入冲撞信号，ECU 在迅速判断后发出指令，同时引爆左右预紧器和双气囊的点火器。安全带向后拉紧的同时，2 个气囊同时张开，吸收驾乘人员因减速度大而产生的冲撞能量，以有效地保护他们的安全。

如图 7-2 所示，当汽车发生正面碰撞事故，安全气囊控制系统检测到冲击力超过设定值时，安全气囊 ECU 立即接通充气元件中的点火器电路，点燃点火器内的点火介质，从而引燃点火药粉和气体发生剂，产生大量气体，在 0.03 s 的时间内即将气囊充气，使气囊急剧膨胀，冲破转向盘上装饰，盖板鼓向驾驶员和乘员，使驾驶员和乘员的头部和胸部压在充满气体的气囊上，缓冲对驾驶员和乘员的冲击，随后又将气囊中的气体放出。它可将撞击力均匀地分布在头部和胸部，防止乘客脆弱的身体部位与车身产生直接碰撞，大大减少受伤的可能性。

此外，气囊爆发时的音量大约只有 130 dB，在人体可忍受的范围；气囊中 78% 的气体是氮气，十分稳定且不含毒性，对人体无害；爆发时带出的粉末，对人体亦无害。

从发生冲撞、传感器发出信号到控制器判断引爆点火器，大约需要 10 ms 时间。引爆后，气体发生器产生大量氮气，迅速吹胀气囊。从发生冲撞到气囊形成，进而到安全带拉紧，全过程可在不到 1 s 内完成。

当气囊被引爆后，由于产生的气体大量涌进气囊，使气囊的压力增高，不利于吸收冲撞能量，所以，在气囊的后面有 2 个排泄压力的气体排放孔，有利于保护驾乘人员的安全。

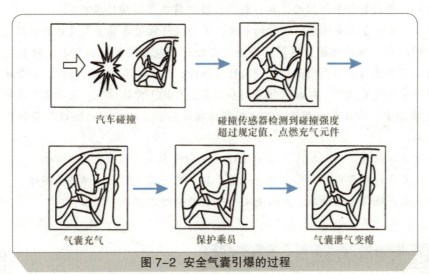

图 7-2 安全气囊引爆的过程

二、安全气囊系统的检测与诊断方法

1. 安全气囊系统检测注意事项

安全气囊系统的诊断
与维修及注意事项

在检修安全气囊系统时，如果不按正确顺序操作，一方面很可能使乘员约束系统（安全气囊系统和安全带预紧装置）在维修过程中意外动作，造成严重事故；也可能使故障不仅不能得以排除，而且还会使安全气囊系统失效，造成在需要乘员约束系统进行保护时它却不起作用；另外，还可能使汽车其他系统不能工作。因此，在检修乘员约束系统时，一定要注意以下几个方面。

● 在对安全气囊系统进行故障诊断时，应首先提取故障代码。因为在安全气囊系统失效时没有故障现象，所以无法根据故障现象进行故障诊断。当安全气囊系统出现故障时，自诊断系统提供的故障代码就成为故障诊断的重要依据。

● 安全气囊系统各零部件的检修和测试必须在点火开关转到"LOCK"位置且将蓄电池搭铁线拆下一段时间（车型不同，断开时间也不同）后才能进行。因为安全气囊系统配有后备电源，若从蓄电池上拆下负极搭铁线不到规定时间就开始维修工作，则很容易因备用电源而使气囊充气张开，造成严重事故。另外，若在拆开安全气囊电线插接器时点火开关不在"LOCK"位置而在"ON"或"ACC"位置，安全气囊系统还会出现故障代码。

由于拆下蓄电池负极搭铁线将会使音响系统自动锁住以及使时钟的储存内容消失，因此在检修之前应首先将存储系统的存储内容（如音响密码等）做好记录，以便在维修工作结束后利用密码使音响系统解锁和重新调准时钟。另外，对于具有存储功能的电动座椅、电动后视镜、电子安全带预紧装置、方向盘自动倾斜和伸缩转向系统在维修时也会因拆下蓄电池搭铁线而使其存储内容丢失，因此在维修工作结束后应重新设置其存储内容。

● 无论发生何种强度的碰撞（即使发生了轻微碰撞，安全气囊并不动作），都应对前碰撞传感器及安全气囊组件进行检查。

● 更换零件时，应使用本车型安全气囊系统的新件，切勿使用其他车辆的零件。

● 不允许对SRS ECU进行敲击、跌落、振动或酸、碱、油、水的浸蚀，若在修理过程中有可能产生对传感器有冲击作用的振动，则应在修理前拆下碰撞传感器。

● 绝对不允许测量安全气囊引爆管的电阻，因为这样做很容易使气囊张开而造成事故。

● 不要拆卸和修理前碰撞传感器、安全气囊组件（包括驾驶员侧和副驾驶员侧）、SRS微电脑以及安全带预紧器，因为它们均为一次性零部件，根本不用拆卸和修理。若前碰撞传感器、SRS微电脑或安全气囊组件（包括驾驶员侧和副驾驶员侧）曾被摔过，或者其上有裂纹、凹痕，或其表面有缺陷等，均应更换新件。不可将前碰撞传感器、SRS微电脑以及安全气囊组件正对热空气或火焰。

● 检查电路时应使用高阻抗（大于$10\text{k}\Omega/\text{V}$）的电压/电阻表。

● 安全气囊系统中各部件的外表贴有标签，其上有使用说明，必须严格遵守。

● 安全气囊系统维修完毕后，应检查安全气囊警告灯工作是否正常。

2. 安全气囊系统的故障诊断方法

安全气囊系统的故障确诊一般有三种方法，即警告灯诊断法（自诊断）、参数测量法和仪器诊断法。

故障码的读取与清除

● 警告灯诊断法。现代轿车一般都配备有自诊断系统，通过对自诊断接口进行相应的操作，即可通过仪表板上的安全气囊警告灯（见图7-3）读取故障码。

● 参数测量法。部分轿车的安全气囊系统配有供故障诊断用的测试接口，在进行故障诊断时，只需测出各接口之间的电压并与手册中的正常电压进行对比，即可找出故障原因。

● 仪器诊断法。故障警告灯闪烁表明系统产生故障，连接相应诊断仪器提取故障代码，然后根据故障代码的提示进行相应的故障排除。

图7-3 安全气囊警告灯

3. 安全气囊系统故障诊断程序

安全气囊故障诊断

安全气囊系统故障诊断程序

● 填写故障分析检查单。向车主询问出现故障时的条件、故障的细节以及检修历史，并详细填写故障分析检查单。

● 检查安全气囊警告灯。对丰田子弹头旅行车而言，当安全气囊系统正常时，若将点火开关置于"ACC"或"ON"位置，位于组合仪表上的安全气囊警告灯应亮6 s左右后熄灭。

如果点火开关在"ACC"或"ON"位置时安全气囊警告灯常亮，则说明SRS微电脑自诊断系统已检测到故障。如果点火开关在"ACC"或"ON"位置时安全气囊警告灯亮6 s后还时而发亮，或者点火开关关掉后仍亮，则可能是安全气囊警告灯电路有短路故障。

如果点火开关在"ACC"或"ON"位置时安全气囊警告灯根本不亮，则说明安全气囊警告灯电路有断路故障。

● 提取故障代码。用警告灯或诊断仪器，按各车型规定的操作步骤触发自诊断系统，使自诊断系统向外输出故障代码。如果自诊断系统输出正常的代码，则可能是安全气囊系统的电源电路出现故障。此时，应检查安全气囊系统的电源电路。

● 清除故障代码。按各车型的规定方法清除故障代码。此步骤的目的是：确认步骤③中出现的故障代码是当前的还是以前出现过的，以防止出现误诊断。如果以前出现过的故障代码在故障排除后不及时清除，该故障码会一直存储在SRS微电脑中。

● 再次提取故障代码。清除故障代码后，先让点火开关通、断5次，通、断时间均为20 s（其目的是让SRS微电脑自诊断系统对安全气囊系统再进行一次检测以发现当前故障，并将该故障以故障代码的形式储存起来），然后再按规定的步骤提取故障代码。如果输出故障代码，则说明故障仍然存在。

● 故障症状模拟。如果在步骤⑤中无故障代码输出，则可按车主叙述的故障条件进行模拟试验，即在模拟车主所描述的故障条件下检查是否有故障代码输出。若有故障代码输出，则可按故障代码指出的故障区域进行检查；若无故障代码输出，则可通过再次查看安全气囊警告灯来确认故障代码是否存在。

● 按故障代码指定的故障区域进行故障诊断。根据故障代码进行诊断，判断故障是在传感器和执行器上还是在线束与插接器上。

● 按故障诊断确定的部位进行修理。

● 按各车型的规定步骤清除故障代码，然后再次提取故障代码。先将点火开关通、断至少5

次，通、断时间均为20 s，然后提取故障代码。本步骤的目的是检查故障是否已排除。

● 确认试验。检查安全气囊警告灯，确认所有故障均已排除。若故障警告灯有指示，则应从步骤②重新开始检查。如果故障警告灯无指示，则说明安全气囊系统的故障已排除，可以将车交给用户使用。

三、丰田汽车安全气囊的检测与修理

1. 初步检查

当点火开关从"LOCK"位置打至"ACC"或"ON"位置时，诊断电路起动气囊警告灯约6 s，进行初步检查。当检测到故障时，警告灯不熄灭，即使过了6 s，警告灯仍点亮。

2. 常规检查

在初步检查中如没有发现故障，约6 s后警告灯熄灭，使发火级做好准备。诊断电路开始常规检查，以检查各个部件、电源和电气配线是否有断路或短路等故障。若发现故障，警告灯常亮，以提醒驾驶员。

3. 诊断码校核

诊断码可由警告灯闪烁方式表示如下：

● 将点火开关打至"ACC"或"ON"，并等待20 s以上。

● 连接TDCL（丰田专用诊断接口）或用跨接线跨接诊断插座的TC和E1两个端子，若警告灯开始闪烁，则显示诊断代码。

如果SRS系统功能正常，则仪表板上的SRS指示灯每秒闪烁2次，每次点亮与熄灭的时间均为0.25 s，高电平时灯亮，低电平时灯灭。如果SRS系统有故障，则SRS指示灯会闪烁显示故障代码。丰田车系安全气囊系统的故障代码均为2位数字，指示灯先显示十位数字，后显示个位数字。同一数字灯亮与灯灭的时间均为0.5 s，十位数字与个位数字之间间隔1.5 s。如果有多个故障代码，则故障代码与故障代码之间的间隔为2.5 s，并按故障代码的数字由小到大顺序显示。故障代码全部输出后，间隔4 s后再重复显示。

● 诊断代码清除。故障排除后，如果点火开关在"ACC"或"ON"位置，那么不将所存储的诊断代码清除，警告灯不会熄灭。此时的清除程序要视存储器类型而异。

常规型只需切断电源即可，若为EEPROM（电子可擦可编程只读存储器）型，即使切断电源，也不能擦除存储内容。此时可使用以下2种方案。

方案一（不使用专用检测器）：

● 将SST（丰田专用维修工具）与TDCL连接。

● 将点火开关打至"ACC"或"ON"约6 s。

● 用 TC 端子起动，在（1.0+0.5）s 周期内，交替地将 TC 端子与各个端子搭铁 2 次，最后将 TC 端子搭铁几秒。

● 在进行清除程序后的几秒内，警告灯会以 50 ms 的周期闪烁，表示诊断代码已经清除。

方案二：使用丰田专用检测器（IT2）将 IT2 与 TDCL 连接，根据检测器屏幕上的提示逐步清除诊断代码。

4. 安全气囊的修理

当安全气囊发生故障时，普遍使用丰田专用检测器（IT2）进行检测。按照以上检测方法检测出的故障，则通过该仪器进行修理。

进入丰田专用检测器（IT2）相应界面，选择 AUTO（自动）。再选择相应车型和出厂年份，然后检测。根据提示逐一清除故障，故障解除后，最后清除故障码。切记要再次进入系统，重新检测一下，确认无误后方可。

5. 安全气囊的废弃

● 首先准备一个蓄电池作为张开安全气囊的电源。

● 使用相应工具，拆下气囊总成。

● 用车辆维修线束绑住气囊总成。在总成上安装 2 个螺母，将线束缠在总成的双头螺柱上，将总成放在轮胎内侧，气囊朝里张开（切记线束要绑紧，否则会由于张开时的冲击而飞出）。

● 检查专用工具的功能。

● 放置轮胎（绑有总成的轮胎下面至少应放置 2 个轮胎；绑有总成的轮胎上面至少应放置 2 个轮胎，顶部轮胎应有钢圈；用 2 条线束将轮胎绑在一起）。

● 安装专用工具。

● 弃置气囊总成。

放开时，总成会很热，所以应将其放置至少 30 min；处理已张开气囊总成时，戴上手套和防护眼镜；不能往张开气囊总成上泼水；操作完成后，一定要洗手。

任务二　中控门锁和防盗系统的检测与故障诊断

一、中控门锁系统的检测与故障诊断

1. 中控门锁系统的结构组成及原理

中控控制门锁系统的结构如图 7-4 所示，主要由控制部分和执行机构组成。其中控制部分主要包括门锁控制器和门锁开关。

汽车中控门锁闭锁器的检查与更换

中央门锁的拆装

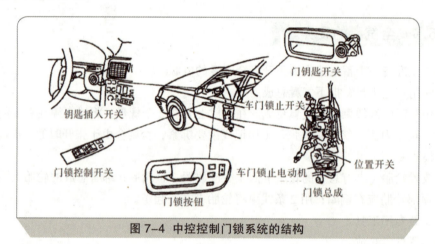

图 7-4　中控控制门锁系统的结构

（1）门锁控制器

① 晶体管式门锁控制器

晶体管式门锁控制电路如图 7-5 所示。

该门锁控制器内部有两个继电器，一个控制锁门，另一个控制开门。继电器由晶体管开关控制，它利用电容器的充放电过程控制一定的脉冲电流持续时间，使执行机构完成锁门和开门动作。

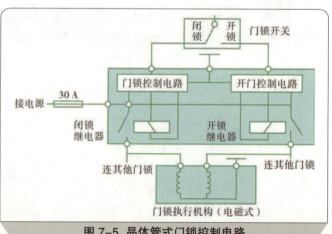

图 7-5　晶体管式门锁控制电路

② 电容式门锁控制器

电容式门锁控制电路如图7-6所示。

该门锁控制器利用电容的充放电特性使开锁或闭锁继电器线圈产生电磁力,接通执行机构电磁线圈,完成开锁或闭锁动作。平时电容器充足电,工作时把它接入控制电路使电路放电,使两电路中之一通电而短时吸合。电容器完全放电后,通过继电器的电容中断使其触点断开,门锁系统不再工作。

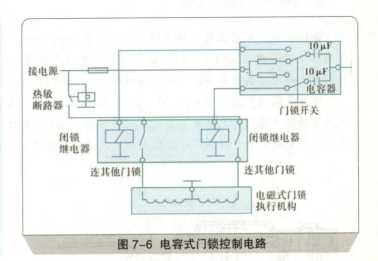

图7-6 电容式门锁控制电路

（2）门锁开关

① 中央控制门锁开关

中央控制门锁开关安装在左前门和右前门的内侧扶手上,如图7-7所示,在车内控制全车车门的开启与锁止。

② 钥匙控制开关

钥匙控制开关安装在左前门和右前门的外侧门锁上,如图7-8所示。当从车外面用车门钥匙开车门或锁车门时,钥匙控制开关便发出开门或锁门的信号给门锁控制ECU,实现车门打开或锁止。车门钥匙的功能是实现在车门外面锁车或打开车门锁,同时车门钥匙也是点火开关、燃料箱、行李箱等全车设置锁的地方共用的钥匙。

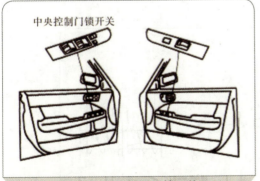

图7-7 中央控制门锁开关

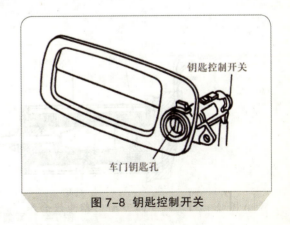

图7-8 钥匙控制开关

③ 行李箱门开启器开关

● 行李箱门开启器装在行李箱门上，结构如图7-9所示，主要由扼铁、插棒式铁芯、电磁线圈和支架等组成。轴连接行李箱门锁。当电磁线圈通电时，插棒式铁芯将轴拉入并打开行李箱门。线路断路器用来防止电磁线圈因电流过大而过热。

● 行李箱门开启器开关位于仪表板下面，拉动此开关便能打开行李箱门，如图7-10所示。不同车的行李箱门开启器开关有所不同，当图7-10所示的行李箱门开启器开关操作时，先用钥匙顺时针旋转打开行李箱门开启器主开关，然后再使用行李箱门开启器开关打开行李箱。

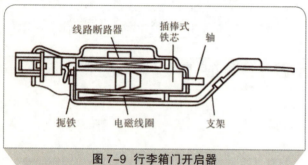

图7-9 行李箱门开启器

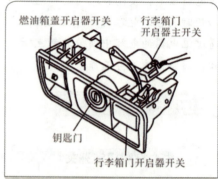

图7-10 行李箱门开启器开关安装位置

④ 门控开关

门控开关是用来检测车门的开闭情况的。车门打开时，门控开关接通；车门关闭时，门控开关断开。

（3）门锁执行机构

门锁执行机构的任务是在外电路的控制下，使其通电极性发生改变，从而改变运动方向，带动门锁连杆机构完成开锁和闭锁的功能。双线圈门锁执行机构如图7-11所示。

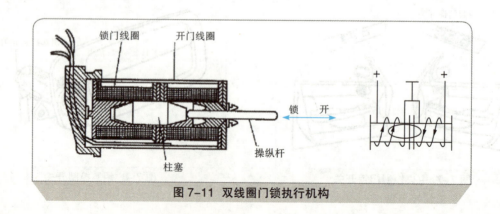

图7-11 双线圈门锁执行机构

① 双向空气压力泵式

双向空气压力泵式中央门锁的执行机构利用双向空气压力泵产生压力或真空，通过膜盒完成门锁的启、闭动作。以奥迪100轿车为例，其前门锁执行机构如图7-12所示，控制电路原理如图7-13所示。

开锁原理

当用钥匙或拉出两前门的任一门锁操纵杆时，连接杆被向上拉起，车门锁执行元件中的门锁开关的开锁触点Ⅰ闭合。控制单元收到此信号后，立即控制双向压力泵转动，系统管路中的气体呈正压，气体进入4个车门及行李舱的执行元件（膜盒）内，膜片推动连接杆向上运动将门锁打开。

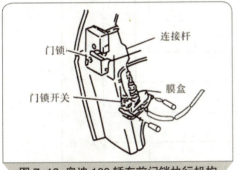

图7-12 奥迪100轿车前门锁执行机构

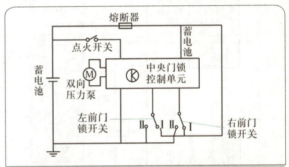

图7-13 奥迪100轿车前门锁控制电路原理

锁车原理

当用钥匙或按下两前门的任一门锁操纵杆时，连接杆被压下，车门锁执行元件中的门锁开关的门锁触点Ⅱ闭合，控制单元收到此信号后，立即控制双向压力泵向另一个方向运转，用以抽吸空气，系统管路中呈负压，各门锁的执行元件进入真空状态，膜片带动连接杆向下运动而将车门锁住。

② 直流电动机式

直流电动机式中央门锁的结构如图7-14所示，主要由双向电动机、导线、继电器、门锁开关及连杆操纵机构等组成。

在门锁总成中（装在车门侧），锁杆控制转动，决定门锁开/关状态。位置开关用于检测锁杆是否进行门锁开/关；门锁开关用于检测锁止机构是否进行门锁的开/关；车门开关直

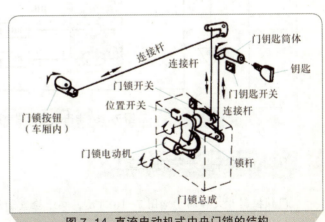

图7-14 直流电动机式中央门锁的结构

接用于检测车门的开/关。此外，锁杆随着门锁电动机的通电做正向或逆向旋转；或把钥匙插入钥匙孔中，以手动方法进行操作；也可按动车厢内的按钮进行多种操作。

2. 丰田威驰轿车中控门锁系统检修

图7-15所示为丰田威驰轿车中控门锁系统电路。

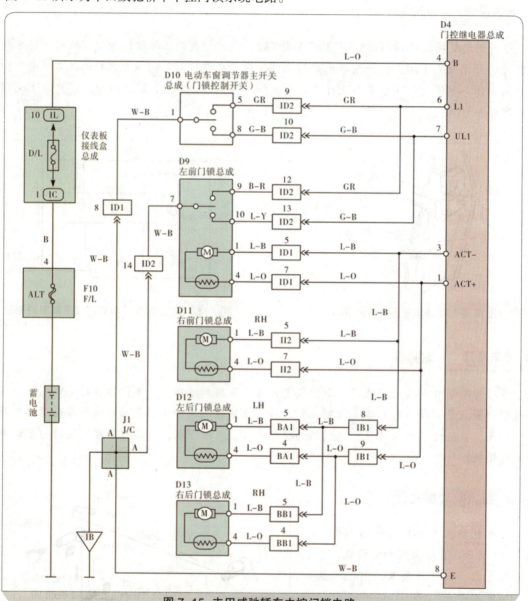

图7-15 丰田威驰轿车中控门锁电路

（1）门锁控制开关的检查

门锁控制开关和端子如图7-16所示，端子检查如表7-1所示。

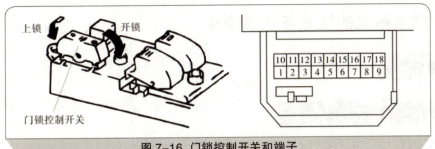

图 7-16 门锁控制开关和端子

表 7-1 门锁控制开关端子检查

端子号	开关位置	标准状态
15	LOCK	导通
—	OFF	不导通
18	UNLOCK	导通

（2）检查门锁电动机

门锁电动机和端子如图 7-17 所示，门锁端子的检查如表 7-2 所示。

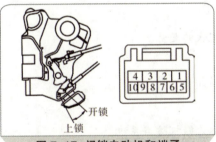

图 7-17 门锁电动机和端子

表 7-2 门锁端子检查

测量条件	标准状态
蓄电池"+"－端子 4 蓄电池"−"－端子 1	上锁
蓄电池"+"－端子 1 蓄电池"−"－端子 4	开锁

（3）检查门锁总成

门锁总成端子和开关如图 7-18 所示，门锁总成端子的检查如表 7-3 所示。

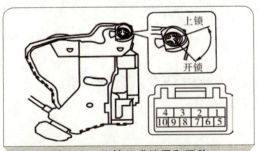

图 7-18 门锁总成端子和开关

表 7-3 门锁总成端子检查

端子号	门锁位置	标准状态
7-9	上锁	导通
—	OFF	—
7-10	开锁	导通
7-8	上锁	不导通
7-8	开锁	导通

二、防盗系统的检测与故障诊断

1. 概述

（1）汽车防盗系统的分类

汽车防盗系统主要有以下几种类型：
- 机械式防盗系统。
- 电子式防盗系统。
- 机电结合的防盗装置。
- 电子跟踪定位监控防盗系统。

① 机械式防盗系统

- 车门锁。
- 轮胎锁。
- 转向盘锁。
- 变速杆锁。
- 制动器锁。

机械式防盗系统虽然成本低，但因不安全可靠而有被淘汰的趋势。

② 电子式防盗系统

电子式防盗系统是目前轿车普遍应用的防盗系统，也称为微机防盗系统。

◆ 电子式防盗系统的功能：
- 服务功能。
- 警惕提示功能。
- 报警提示功能。
- 防盗功能。

◆ 电子式防盗系统的分类：

根据密码发射方式的不同，电子式防盗系统主要分为定码和跳码防盗器两种类型。
电子式防盗系统按照开锁的方式一般可分为以下几种：
- 按键式电子门锁。
- 拨盘式电子门锁。
- 电子钥匙式电子门锁（电子钥匙锁）。

- ●触摸式电子门锁。
- ●生物特征式电子门锁。

电子式防盗系统按防盗功能的不同又可分为以下几种：
- ●断油断电装置。
- ●无线电跟踪装置。
- ●遥控中央门锁。
- ●车身防盗识别系统。

③ 机电结合的防盗装置

机械式防盗装置坚固可靠，电子防盗装置编程密码难解，把两者的优点结合起来则构成了机电结合式的防盗装置。

机电结合类防盗锁利用机械式锁坚固的优点，结合无线遥控操作，使机械式与电子编程密码技术合二为一。其目的是注重防盗，因安装专业化强，因此破解也困难。

"无人油路锁"和"强中强制动锁"是两个典型的机电结合的防盗装置。它们都是用专用工具安装在汽车的底部既安全又隐蔽的部位，用机械方式锁住，用电子方式控制，除车主外，其他人很难破解和拆除。

"无人油路锁"的作用是：用机械方式锁住汽车燃油泵的供油油路，中断供油。

"强中强制动锁"的作用是：用机械方式锁住汽车的制动油泵，使车轮处于制动状况。

这类锁的安装是在使用专用工具的情况下，安装在汽车底部的安全处，因此破解难度相当大，只是价格稍贵。

④ 电子跟踪定位监控防盗系统

电子跟踪定位监控防盗系统是随着卫星通信等高科技电子通信技术的发展而得以实现的，在技术上是先进可靠的。它分为卫星定位跟踪系统（即简称GPS）和车载台通过中央控制中心定位监控系统。

上述两种防盗系统的技术含量都很高，要实施这一系统，应和国家总体高科技整体实力相适应，和国家发展规划匹配，和国家的有关方针政策法律法规吻合。

发达国家已开始试用这一防盗系统，由于条件的限制，我国还没有正式批量使用。不过，随着智能交通和通信技术的发展，该技术必将在我国汽车领域中得以应用。

（2）增强中央集控门锁控制功能的措施

增强中央集控门锁控制功能可采用以下4种措施：
- ●测量门锁钥匙的电阻。
- ●加装密码锁。
- ●使遥控器增加保险功能。
- ●加装意外振动报警器。

2. 汽车防盗安全报警系统的基本组成

汽车防盗系统的基本组成如图 7-19 所示，一般由报警调置/解除装置、传感器（检测器）、防盗电控单元（ECU）、报警装置、防止汽车起动和移动装置等组成。

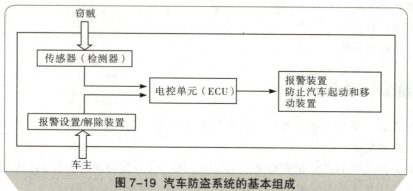

图 7-19 汽车防盗系统的基本组成

（1）报警调置/解除装置

当所有的车门、发动机底部及行李箱关闭时，车主通过报警调置/解除装置使所有的车门锁止，汽车防盗报警系统进入预警状态。当汽车防盗报警系统起动时，设在车内可见位置的工作显示灯开始工作，以保证防盗报警系统正确无误地开始工作，对窃贼也是一种心理威慑。

调置方法可分为主动式与被动式两种。主动式是指用于装置起动的特别操作方式，具有暗号开关或密码电源开关板，其典型的方式是无线电或红外线遥控方式，目前，市场上这种产品较多。这种方式的优点是：在安装上有通用性；缺点是：容易忘记调置，发生疏漏。被动方式对驾车者不要求特别操作，当车门关闭后，防盗报警装置能自动进行工作，不会发生忘记装置起动的疏漏，能够提高其防盗效果。目前，中、高档轿车一般采用这种方式。

（2）传感器

① 传感器的功能

当防盗报警系统工作时，传感器检测汽车有无异常情况发生。当汽车被移动或车门被打开时，传感器将检测到的信号传送给防盗电控单元（ECU）。防盗电控单元对其内部储存的数据进行比较，判断汽车是否正在被盗。如汽车被盗，防盗电控单元输出信号，控制报警装置发出声光报警信号，阻止汽车起动，切断燃油供给。

② 盗车检测方法

传感器主要通过以下方式检测汽车是否处于被盗状态：

- 车门开启操作不正常或车门被撬开。
- 行李箱盖、油箱盖或发动机盖被非法打开。
- 汽车因非法移动而产生振动、车辆倾斜。
- 窗玻璃被打破。
- 采用超声波检测入侵车厢或音响装置、轮胎脱离车辆时的报警方法。但是这种方法有时会发生误动作，并不太受欢迎。

（3）防盗电控单元（ECU）

① 防盗电控单元的功能

防盗电控单元的功能如图7-20所示。

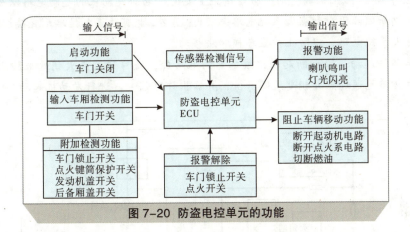

图7-20 防盗电控单元的功能

② 防盗电控单元的组成

防盗电控单元的基本组成如图7-21所示，主要由输入回路、微型计算机、输出回路、A/D转换器等组成。

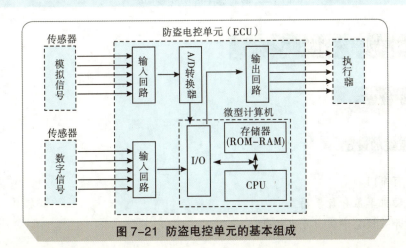

图7-21 防盗电控单元的基本组成

（4）报警装置

当有人非法入侵车厢时，可采用以下方式报警：

- 喇叭鸣叫方式，使喇叭或消声器断续发出鸣叫声。
- 灯光闪亮方式，使转向灯、前照灯、尾灯忽亮忽暗。
- 采用专用喇叭与普通喇叭进行组合的报警方法。
- 指名呼叫，用电波向车主发送警报，与汽车电话线联动，发出盗车信号。
- 利用电波在电子地图上显示被盗车位置，便于警方追踪查找。

（5）防止汽车起动和移动装置

如图7-22所示，阻止车辆起动的防盗措施主要通过切断发动机的起动电路以及通过发动机电控单元间接切断燃油供应和点火系统电路来实现；另外，也有防盗电控单元直接切断起动电路、燃油供应和点火系统电路，以防止被盗车辆非法移动。

防止汽车非法起动，除切断起动机继电器的电路外，还可通过点火钥匙来防止汽车被非法起动。防盗电控单元通过点火钥匙验明身份，并输出许可信号，进行发动机起动。

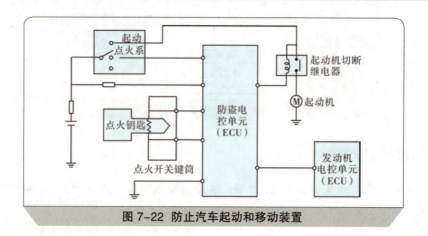

图7-22 防止汽车起动和移动装置

3. 防盗控制系统的故障诊断

（1）系统检查

① 防盗系统的设定

- 关闭所有车门。
- 关闭发动机罩盖和行李箱盖。
- 从点火开关锁芯中拔出点火钥匙。

- 当完成下列任何一项操作时，防盗指示灯开始闪烁，并在执行操作后约 30 s 完成防盗系统设定。防盗指示灯闪烁规律如表 7-4 所示。

- 用钥匙锁住左侧或右侧前门。
- 用门锁无线控制系统锁住所有车门。
- 保持所有后门锁住及一扇前门锁住，不用钥匙锁住另一扇前门（无钥匙门锁）。

表 7-4　防盗指示灯闪烁规律

设定工作后消逝时间	指示灯
约 30 s 内	亮
约 30 s 后	闪烁（亮 1 s，灭 1 s）
备注：防盗系统设定后，车门不能用门锁控制开关锁定或打开，行李箱盖不能用他的开启器开关打开。	

② 解除防盗系统已设定的防盗功能

检查防盗指示灯是否在闪烁，如闪烁，则表明防盗控制系统处于防盗状态。此时，下面任何一项操作完成时，防盗系统的防盗功能即被解除，防盗指示灯熄灭。

- 用钥匙打开左侧或右侧前门。
- 用门锁遥控系统打开所有车门。
- 将点火钥匙插入点火锁芯，并将其转至"ACC"或"ON"位置时（只有在防盗系统从未工作过时，该项工作才可执行）。
- 用钥匙打开行李箱，应注意的是，防盗系统仅在行李箱盖打开时临时解除；在行李箱盖关闭约 2 s 后，防盗系统重新设定。

③ 防盗系统正在报警时的解除

完成下列任何一项操作时，防盗系统的防盗功能被解除：

- 用钥匙打开左侧或右侧车门。
- 用门锁无线控制系统打开车门时。
- 将钥匙插入点火锁芯，并转至"ACC"或"ON"位置。

④ 防盗系统工作状况的检查

检查防盗指示灯是否闪烁。

当完成下列任何一项操作时，防盗控制系统使汽车喇叭和防盗喇叭发声，前灯和尾灯闪烁约 30 s 或 1 min 作为报警。其工作状况根据国家不同有所区别，见表 7-5。与此同时，防盗系统禁止起动发动机，并锁住所有车门（若所有车门未锁住，系统在报警时间内每隔 2 s 重复锁门动作）。

- 用发动机罩盖开启器杆打开发动机罩盖。
- 不用钥匙操纵使任一前门或后门打开。

表 7-5 防盗系统的工作状况

国别	工作状况
欧洲国家（除瑞士外）	防盗喇叭在 30 s 内每隔 0.2 s 响一次
瑞士	防盗喇叭连续响 30 s
澳大利亚和其他国家	汽车喇叭和防盗喇叭在 1 min 内每隔 0.2 s 重复响一次，与此同时，前灯和尾灯闪烁

（2）故障诊断

雷克萨斯 LS400 防盗系统的常见故障及其诊断方法如表 7-6 所示。

表 7-6 雷克萨斯 LS400 防盗系统的常见故障及其诊断方法

故障现象		检修部位	
防盗系统不能设定	①指示灯电路； ②后备厢盖钥匙操纵开关电路； ③后备厢盖控制灯开关电路； ④门控灯开关电路； ⑤位置开关电路； ⑥发动机罩控制灯开关电路		
系统设定后指示灯不闪烁	指示灯电路		
系统设定后	后门打开时	系统不工作	位置开关电路
	发动喇叭不发声		发动机罩控制灯开关电路
在系统发出报警期间	汽车喇叭不发声		汽车喇叭继电器
	电路防盗喇叭不发声		防盗喇叭电路
	前灯不闪		前灯控制继电器电路
	尾灯不闪		尾灯控制继电器电路
	起动机电路未能切断		起动机继电器电路
	后门锁处于打开状态，不能锁住		位置开关电路（后）
系统已设定	点火钥匙转至"ACC"或"ON"时不能消除		点火开关电路
	用钥匙打开后备厢盖时仍能工作		后备厢盖钥匙操纵开关电路
即使后门打开，系统仍维持设定状态	门控灯开关电路		
即使系统未设定	汽车喇叭发声		汽车喇叭继电器电路
	防盗喇叭发声		防盗喇叭电路
	前灯一直亮		前灯控制继电器电路
	尾灯一直亮		尾灯控制继电器电路

课题小结

1. 汽车安全气囊系统（SRS）是一种乘员辅助保护系统，主要用来防止乘员在前碰撞事故中与驾驶室内饰件发生碰撞。
2. 安全气囊系统的故障一般有三种诊断方法，即警告灯诊断法（自诊断）、参数测量法和仪器诊断法。
3. 中控门锁系统主要由控制部分和执行机构组成。其中控制部分主要包括门锁开关和门锁控制器。
4. 汽车防盗系统一般由报警调置／解除装置、传感器（检测器）、防盗电控单元（ECU）、报警装置、防止汽车起动和移动装置等组成。

简答题：

1. 汽车安全气囊系统的工作原理是什么？
2. 检修汽车安全气囊系统时应注意哪些问题？

课题八

汽车检测站检测

[学习目的与要求]

1. 熟悉汽车检测站的检测项目及检测流程。
2. 掌握汽车检测站综合性能检测的要求。
3. 能够识别汽车检测站的类型,并能描述其功能。
4. 能够制定检测工作流程。

任务一　安全与环保性能检测

一、安全与环保性能检测的内容和分类

安全与环保性能检测主要包括两方面内容：一是检查与安全行车相关的项目，如灯光、制动和侧滑等；二是检查与环保相关的项目，如汽车尾气排放情况和噪声等。所以，这类检测站也称为安全环保型检测站，隶属公安部门管理。

根据有关政策法规的要求，汽车的安全与环保性能检测站具有以下几种基本检验功能。

1. 初次检验

《中华人民共和国道路交通管理条例》第十七条规定："车辆必须经过车辆管理机关检验合格，领取号牌、行驶证，方准行驶。"所以，车主在使用汽车之前，必须首先到车管部门指定的检测站对汽车做初次检验，合格之后方可办理登记申请，领取号牌、行驶证等手续。

初次检验的目的，一是保证汽车来源的合法性；二是保证汽车在技术性能方面符合国家有关规定的要求。

2. 定期检验

定期检验就是在用汽车必须按照公安部门的要求，定期到指定的检测站进行安全技术方面的检验。许多国家都有对在用车进行定期检验的要求。通过定期检查，可及时发现技术上的问题。凡检查不合格的，不准上路，必须进行调整或修理。

目前，在我国一般情况下规定汽车每年检验一次，也称为汽车年检。有些场合下可能一年要检验几次。

3. 临时检验

除定期检验之外，在某些情况下，汽车要做临时检查。例如以下几种情况：

- ●新车或改装车领取临时号牌时。
- ●机动车久置不用后，重新使用时。
- ●机动车受到严重损坏，在修复之后、上路之前。
- ●国外、境外汽车经批准在我国境内短期行驶时。
- ●车管部门规定的其他情况（如春运期间的营运车）等。

4. 特殊检验

特殊检验是指在特殊情况下为特殊目的而进行的检验，例如对改装车辆、事故车辆、报废车辆等进行的检验。这类检验的内容和要求往往与一般检验有所不同。

二、检测项目及检测设备布置

1. 检测项目

按照国家标准的规定，安全与环保检测站主要检测以下项目。

（1）外观检查

外观检查属于人工检查项目，要检查的项目很多，主要有：车辆外表，如喷漆、喷字是否完好，牌照是否符合规定等；各种灯光、后视镜、刮水器、喇叭、仪表等设备是否齐全有效；驾驶室及车厢的密封情况，门窗的开闭、门窗玻璃升降是否正常；方向盘、离合器、制动踏板的自由行程是否符合要求；油、水、电、气系统的泄漏情况；转向系统、制动系统和传动系统的各机件是否连接牢固、转动灵活；前后桥、传动轴、车架等装置是否有明显的断裂、损伤、变形等问题；排气管、消声器、燃油箱、蓄电池、减振器、冷却风扇等的连接是否可靠等。

这些检查项目总共60项左右，可大致分成车上和车底两大部分。检查车底部分时，往往在地沟进行。

（2）前轮侧滑量

检查前轮侧滑量时，要使用侧滑试验台。

（3）轴重测量

轴重也叫轴荷，即汽车某一轴的质量。它是为了配合检查制动效果而做的一个检测项目。使用轴重仪测量轴重，有时将轴重仪与制动试验台做在一起。

（4）制动效果检查

制动效果检查是安全检测站最重要的检测项目之一。使用制动试验台检测制动力。

（5）车速表校验

车速表校验要在车速表试验台上进行。

（6）噪声测量

噪声测量包括车内噪声和喇叭声级。使用声级计测量噪声。

（7）前照灯检验

目前，由于在检测站测量近光较困难，所以以测量远光为主。前照灯检验包括前照灯的发光强度和照射方向两个项目，使用的仪器是前照灯检验仪。

（8）排气污染物检测

检查废气排放也是检测站的一项重要任务。对于汽车来说，既要检测汽油车排放的 CO 和 HC，又要检查柴油车排放的烟度。

2. 检测设备布置

首先，要提高检测效率，各工位需要的检测时间应该比较均衡。例如四个工位的检测线，如果第三工位的几个检测项目特别费时间，那就会出现第一、二工位的车辆长期等待，而第四工位长期空闲的局面。

其次，要考虑检测项目的配合问题。例如，称轴重一定要在测制动效果之前进行；测前照灯比较费时，但可与测废气放在同一工位，这样可将测废气与调整前照灯仪的位置同时进行。另外，有的项目是在汽车前面检测（如前轴重、前制动、侧滑、前照灯），有的是在后面检测（如后轴重、后制动、废气、烟度），也有的项目可能在车前、车后（如车速表校验），而汽车在检测线上是只能前进、不能后退的。

最后，还要考虑车间的工作环境。由于在检测废气、烟度和校验车速表时要排放废气，测车速表时噪声也比较大，所以最好不要把这些项目安排在检测线的中间。目前，我国引进的某些国外检测线的布置，一般设置如下几个工位：车体上部的外观检查工位，称之为 L 工位（即灯光与安全装置检查）；将侧滑、制动和车速表的检测放在一起，称为 A.B.S. 工位（A 即侧滑试验台；B 即制动试验台；S 即车速表试验台）；另外把前照灯与废气检测放到一起，称为 H.X. 工位（H 即前照灯检验仪；X 即废气分析仪）；另设车底检查工位，称为 P 工位。

图 8-1 所示为四工位检测线设备布置的一个例子。其中，第一工位为车辆申报和外观检查工位，第二工位为 A.B.S. 及噪声检查工位，第三工位是 H.X. 工位，第四工位是车底检查及结果打印工位。也有的检测线将外观检查和车底检查合并在一个工位。各工位指示器位于该工位的前上方，图中未画出。

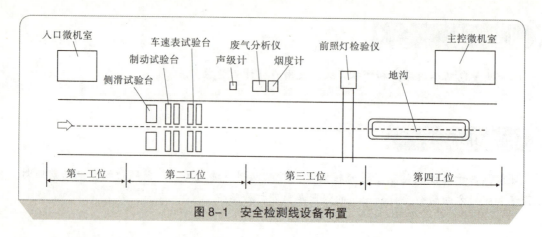

图 8-1 安全检测线设备布置

我国自行设计的检测线不一定都采用这种布置方式，如图 8-2 所示。

目前，国内的检测线都设计成微机控制的自动检测系统。所以，检测线除了需要上述检测设备外，还需要一些控制设备。首先是两台计算机：一台放在检测线入口处，用于输入被检车辆有关信息；另一台则是全系统的主控计算机，放在检测线出口处，用于系统监控、数据采集处理、结果打印和档案管理等。对全自动检测线来说，为了提示各工位检测流程和显示检测结果，常使用工位操作指示器。一般有两种结构形式：一种是灯箱结构，通过点亮灯箱上的某些字牌提示测试操作，或给出测试结果是否合格。图 8-3 所示为一个用于 A.B.S. 工位的灯箱式工位指示器的示例。该图表示侧滑、前制动、后制动、手制动等项目均已被测完，并有了检测结果（其中侧滑检测不合格），现正在校验车速表。另一种是显示屏结构的工位指示器，提示信息的字符和数字直接以 LED（发光二极管）点阵形式显示，图 8-4 表示某一工位的 LED 指示器，显示字符一般只有 1~2 行，不过其中显示的内容可随时变化，用以及时提示工位操作和给出测试结果。

此外，检测线上还需要一些辅助设备，如对讲机、监测器、反光镜和光电开关等。

图 8-2 检测线实景

图 8-3 A.B.S 工位的灯箱式工位指示器示例

图 8-4 LED 点阵式工位指示器示例

三、检测流程

检测流程，即某一汽车接受检测的全过程。现以目前国内大多数检测站所采用的设备和图 8-1 所示检测线布置为例进行说明。国内有些检测站采用了平板式制动试验台取代图 8-1 中滚筒式制动试验台，或依据其他标准进行检测，其检测过程和方法都可能与此不同。

1. 第一工位

一般在检测线入口处设一个红绿灯，当第一工位空闲时，绿灯亮，受检车可以驶入。

在该工位一方面做外观检查，同时要将受检车辆的有关资料输入入口计算机。这些资料包括：车牌号、发动机号、底盘号、厂牌型号、车主、燃料类别、驱动形式、前照灯制、检验类型、检验次数等。同时也要将外观检查的结果输入同一计算机。

检测结束时，程序指示器会显示检测结果。当第二工位无车时，指示器会显示"前进"，提示本工位的车可进入第二工位。

2. 第二工位

进入第二工位后，若是一般后驱动、后驻车制动（手制动作用在后轮）的车，则检测操作按以下程序进行。

- 侧滑检测。让汽车低速驶过侧滑试验台，此时不可转动方向盘。通过后，第二工位指示器即可显示侧滑检测结果。
- 将前轮驶上轴重仪，测量前轴重。
- 将前轮驶上制动试验台，测量前轴制动力。按工位指示器的提示，将制动踏板踩到底，即可测得前轴制动效果，此时指示器会显示检测结果。若结果不合格，允许重测一次。
- 后制动。将后轮驶上制动台，按指示器的提示踩住制动踏板，指示器会显示后制动结果。若不合格，允许重测一次。
- 测驻车制动（手制动）。方法与测量前、后轮制动方法相同，可按指示器的提示拉住手制动杆。若不合格，允许重测一次。
- 车速表校验。将后轮驶上车速表试验台，驾驶员手持测试按钮。慢踩加速踏板（油门），当车速表指示 40 km/h 时，按下测试按钮，指示器显示检测结果。若不合格，允许重测一次。测完后，放松油门踏板，令车轮停转。
- 噪声或喇叭音量测试。按提示要求按喇叭约 2 s，或按要求测量车内噪声。测完后，指示器会显示检测结果。

需要注意的是，检测顺序与驱动轮的位置以及驻车制动器安装位置有关。处理的原则：测完前轮的项目之后再测后轮的项目，以免车辆倒退。例如，不同结构的车采用以下不同的检测顺序：

- 后驱动、后驻车：前制动—后制动—驻车制动—车速表。
- 前驱动、前驻车：前制动—驻车制动—车速表—后制动。
- 前驱动、后驻车：前制动—车速表—后制动—驻车制动。

该工位测完后，若第三工位空闲，则工位指示器会提示"前进"；否则，会显示"暂停"。

3. 第三工位

车进入该工位后，按以下步骤操作。

● 将车停在与前照灯检测仪一定距离处（一般距离是 3 m），面向正前方。前照灯仪会自动驶入，分别测量左右灯远光的发光强度和照射方向。检测结果会在工位指示器上显示，如图 8-5 所示。

● 按指示器要求检测废气或烟度。测废气时，令发动机处于怠速状态，将探头插入排气管，几秒钟之后指示器即显示检测结果。测烟度时，应在发动机怠速状态下，将油门迅速踩到底，几秒钟之后指示器也会显示检测结果。烟度检测要求测三次，取平均值，如图 8-6 所示。

此时若第四工位无车，则指示器会提示车进入第四工位。

图 8-5　前照灯检测

图 8-6　废气检测

4. 第四工位

第四工位以人工方式检查车底情况。看部件连接是否牢固、有无变形、断裂，水、电、油、气有无泄漏等。检测人员通过对讲机或自制的按钮板等设备将结果送至主控微机。工位指示器会给出检测结果。

主控微机汇总检测数据后，经过处理，打印出检测清单。

对检测结果的评价方法是：若某个检测项目中，有任意一个子项不合格，则该检测项目就不合格。只有当该项的全部子项目都合格时，该项检测才算合格。同样，只有全部检测项目合格后，总结果才算合格。只要有一项检测不合格，总结果就不合格，需送修理厂修理，然后再行复检。

这种全自动检测线的检测效率很高，据某检测线实际测算，一辆车全部检测一遍，大约需要 8 min。即使按三个工位算，平均不到 3 min 就可检完一辆车，1 h 可检测 20 辆车。若考虑日常维护，每天按检测 6 h 计，一天可检测 120 辆车，所以检测线的年检能力可达 3 万辆以上。

四、检测站的计算机联网管理

为加强上级主管部门对检测站的管理和数据统计，我国有些省份已开始实施检测站计算机联网工作。各检测站的检测数据可以通过专用通信线传送到车管部门的专用服务器，以便于上级部门对检测站的数据进行查询、监控和统计工作，大大提高了检测站的管理水平。

1. 联网模式

检测站与车管部门计算机联网，一般是通过 DDN 数字 / 数据专用网络或通过电话线网络实现的。前者是推荐的联网方式，而利用电话网传输则是过渡方式。车辆检测数据，从检测站的专用计算机通过网络单向传输到当地车管部门的检测数据服务器。

2. 联网方案

由于各地检测站的建站时间不同，所以各检测站的检测设备及微机软硬件配置差别较大，这给联网工作的实施造成一定困难。各地的联网方案也应因地制宜。以下为某一个检测站与上级车管部门联网的实例，如图 8-7 所示。

以上检测系统联网的方案采用 Windows XP/NT 操作系统平台，可将检测系统与联网软件构筑在同一台计算机内，既节约费用，又便于系统升级。

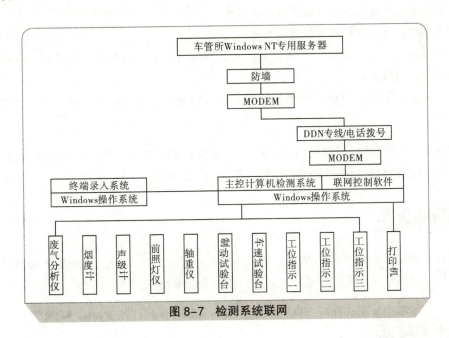

图 8-7 检测系统联网

任务二　综合性能与全自动汽车检测

一、综合性能检测

1. 综合性能检测站的职能

汽车综合性能检测站是隶属于交通监理部门管理的检测站,主要用于对运输车辆进行技术状况的监督和综合性能检验。综合性能检测站的主要任务如下:

- 对在用运输车辆的技术状况进行检测诊断。
- 对汽车维修行业的维修车辆进行质量检测。
- 接受委托,对车辆改装、改造、报废及其有关新工艺、新技术、新产品、科研成果等项目进行检测,提供检测结果。
- 接受公安、环保、商检、计量和保险等部门的委托,为其进行有关项目的检测,提供检测结果。

可以看出,综合性能检测站的功能比安全—环保检测站要强一些,也是技术上比较权威的检验部门。综合性能检测站可按其职能的不同,分为A、B两级。

(1) A级站

A级站是能够承担汽车技术状况检测、车辆技术等级评定检测、维修质量检测,并接受有关部门委托,对汽车及相关项目进行检测的汽车综合性能检测站。

(2) B级站

B级站是能够承担汽车技术状况检测和维修质量检测的汽车综合性能检测站。

可以看出,在A、B两级检测站中,以A级站功能较强。

2. 对综合性能检测站的一般要求

(1) 检测项目及设备要求

综合性能检测站的检测项目与设备要求如表8-1所示。

表 8-1 汽车综合性能检测站检测项目与设备要求

序号	检测项目		检测设备	设备要求	
				A 级站	B 级站
动力性	发动机功率		汽车发动机检测仪	√	√
	底盘输出功率		汽车发动机检测仪	√	*
	加速时间				
经济性	等速百公里油耗		汽车底盘测功机(或五轮仪)、油耗仪	√	√
制动性能和滑行性能	轴载质量		轴(轮)重仪	√	√
	制动力		制动检测仪(制动试验台)	√	√
	制动力平衡				
	车轮阻滞力				
	驻车制动力				
	制动系统协调时间				
	制动踏板力		制动踏板力计	√	√
	驻车制动装置操纵力		操纵力计	√	√
	ABS 性能		ABS 检测仪	*	*
	滑行距离或滑行时间		汽车底盘测功机	√	√
转向操纵性	侧滑量		侧滑检测仪	√	√
	车轮定位		车轮定位检测仪	√	√
	转向角		转向角检测仪	√	√
悬架特性	振幅或频率		悬架性能检测仪	*	*
	吸收率				
	左右轮吸收率差				
废气排放	汽油车废气排放		废气分析仪	√	√
	柴油车废气排放		烟度计	√	√
前照灯	前照灯发光强度		前照灯检测仪	√	√
	前照灯光轴偏移量				
车速表、里程表示值			车速表试验台(或汽车底盘测功机)	√	√
汽车噪声	客车内噪声		声级计	√	√
	驾驶员身旁噪声				
	车外噪声				
车身防雨密封性			喷淋装置	*	×
汽车侧倾角			汽车侧倾角检验仪	*	×
整车外观			轮胎气压表、钢卷尺、漆膜光泽测量仪、钢板尺、轮胎花纹深度尺	√	√
发动机诊断			汽车发动机检测仪、发动机示波器、曲轴箱窜气量检测仪、气缸压力表	√	√
底盘诊断			车轮动平衡机、汽车底盘间隙检测仪、传动系统游动角度检测仪、不解体探伤仪、测温计、秒表	√	√

注：√—必须执行项；*—选择执行项；×—不执行项。

（2）对计算机系统的要求

综合性能检测站采用计算机系统的，应满足下列要求：

- 采用计算机系统后，应不影响原检测设备所具有的功能。
- 采用计算机系统后，系统的示值误差应不低于原检测设备的精度要求。
- 当计算机及其附属设备、接口等出现故障时，原检测设备应能正常工作。

（3）对检测站人员的要求

- 各级站应配备站长、技术负责人、质量负责人和专职检测员。
- 技术负责人、质量负责人应具有相应专业中级以上（含中级）技术职称。
- 全体检测人员必须经专门培训、考核，取得岗位合格证书。

3. 综合检测站设备布置

现以 A 级综合检测站为例进行说明。

检测站一般设计成两条检测线，一条是普通的安全检测线，另一条是综合检测线部分。

（1）安全检测线部分

安全检测线有三个工位。

第一工位：除车辆数据录入之外，包括车速表、废气（或烟度）和侧滑。之所以把这几个检测项目放在一起，是考虑它们的污染都比较大，置于检测线入口处，有利于通风。

第二工位：包括灯光、喇叭和外观检查，所以该工位有一条地沟。

第三工位：包括轴重、制动以及主机打印等。

（2）综合检测线部分

综合检测线也有三个工位，这里对有关项目和设备稍加解释。

第一工位的设备包括发动机综合分析仪、油耗仪和底盘测功机等。发动机综合分析仪是测试发动机功率、点火等工作状况的仪器，底盘测功机和油耗仪用于测量汽车的驱动力、功率、加速性等动力性能和燃料消耗情况。

第二工位的设备主要包括传动系统游动角度检测仪、气缸漏气量检测仪和润滑油质检验仪等，分别用于测量传动系统游动角度、气缸漏气量和分析润滑油质量。

第三工位主要包括车轮动平衡机、前轮定位仪、转向角度测试仪、方向盘测力计等设备。其中车轮动平衡机用于检验和校正轮胎动平衡，前轮定位仪可测量前轮定位的四个参数，转向角度测试仪用于测量前轮最大转向角度，方向盘测力计可测量转动方向盘时所用的力。

需要说明的是，综合检测站中，安全检测线一般是自动检测线，而综合检测线由于有些设备需手工操作，所以一般是手动线。

二、全自动汽车检测系统简介

1. 微机控制系统的总体要求

（1）检测数据要准确

作为计量器具，每一种检测设备都会有一定的误差，而且计算机在进行数据采集和数据处理过程中又难免会产生一些误差。人们总是希望检测结果的数据足够准确，清单上的每项检测结果的误差都应在该检测项目的允许误差范围之内。为此，要从硬件和软件两个方面设法保证检测系统的精度。例如，在硬件方面，放大电路的线性度要好，A/D 转换（下面要介绍）度要足够高，系统要具有较高的稳定性和抗干扰性等。在软件方面，要采用诸如数字滤波和曲线拟合等技术。

（2）系统可靠性要高

检测站的工作环境是比较差的，由于汽车连续通行，存在较多烟尘、噪声、振动和电磁干扰，同时，受气候影响，环境温度也经常变化，而全自动检测线每天要连续工作好几个小时，不能因环境干扰或自身系统故障而中断，所以对系统的可靠性要求很高。为此，硬件系统要采取许多措施，软件上要有系统自检功能。

（3）实时响应要快

由于检测线有好几个工位同时工作，计算机既要随时采集数据，又要及时发出提示信息，还要打印数据结果，所以计算机输入输出的数据量很大。为了应付繁忙的工作，一方面，计算机本身要具有较高的性能（速度快、容量大）；另一方面，软件上要采用适当的查询、中断和分时处理等技术。

（4）人机界面要好

人机界面是软件设计问题。要做到显示画面清晰美观，操作使用方便，主控微机能监控全线各工位的工作情况，便于查阅检测数据，入口微机要便于数据的录入等。

2. 两种基本的系统设计方案

（1）集中控制方案

集中控制方案是以一台主机直接控制整个检测现场的方案。作为一个实例，集中控制系统如图 8-8 所示。现以主控微机为中心，说明系统是如何工作的。

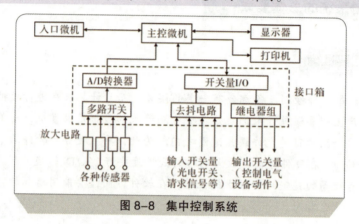

图 8-8 集中控制系统

① 与入口微机通信

被检汽车的资料信息从入口微机输入后，即以串行通信方式送入主控计算机。

② 模拟量输入

很多连接到微机系统上的检测仪器设备，在测量时都会输出小的电信号（mA 或 mV 级信号），它们与被测物理量成一定函数关系（大部分是正比关系，少数是某种曲线关系）。这些可连续变化的电信号称为模拟信号或模拟量。其中有些小信号来自传感器的输出（如轴重、制动、侧滑等），也有些来自测量仪表的信号输出端（如废气、烟度、声级等）。图 8-9 中将这些小信号统统看成传感器信号。

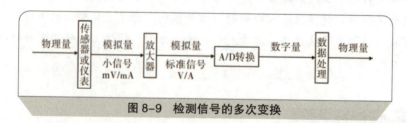

图 8-9 检测信号的多次变换

③ 开关量与数字信号输入

检测线上有不少开关，如感受车辆通过的光电开关以及车速测试请求按钮等。这些信号被称为开关信号或开关量。对计算机来说，这些开关量就是以 bit（位）为单位的数字信号。

④ 开关量输出

主机要控制很多检测设备的动作，这些控制命令往往是开关量信号，从并行端口输出。例如，要控制入口处的红绿灯转换、制动试验台和车速表试验台的举升器升降、制动试验台驱动电动机的开停、前照灯检测仪的起动和归位等。若工位指示器是使用灯箱制作的，那么每个灯的亮灭也都是开关信号，开关量将更多。图8-8中，"开关量I/O"表示开关量输入/输出端口。另外，微机本身的驱动能力很小，要控制上述这些有一定功率的开关器件，二者中间必须使用继电器。

在系统运行过程中主机的工作

● 随时与入口微机通信，以及时取得被检车的有关资料。

● 数据采集和数据处理。由上述过程和图8-8可知，检测数据送到主机之前，经过了多次变换，送入主机之后，必须首先还原成被测物理量，还要使主机处理的最终结果与被测原始物理量尽可能一致，要排除干扰信号，就需要采用数字滤波、曲线拟合等软件数据处理技术。另外，要判断该检测项目是否合格，还要考虑不同的车型、种类、检测标准等，这些都要由软件进行分析、计算和处理。

● 检测过程控制。全线几个工位要同时检测各自不同的项目，主机必须监视各工位的工作状态，并及时向工位指示器发出相应的控制信息，给检测设备发出动作命令。

● 显示与打印。主机要将检测线工作状况在显示器上以不同窗口或画面的形式显示出来。某车检测结束，还必须马上汇总数据并打印检测清单。

可见，这种集中控制系统的主机工作是非常繁忙的。

（2）分级分布控制方案

分级分布控制系统类似于工业过程控制中的分散控制系统。它由一台主控微机和若干现场控制微机（一般是用单片机或单板机）组成，呈现一种树形结构，如图8-10所示。

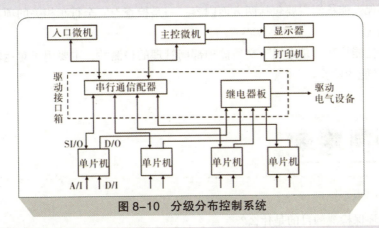

图8-10 分级分布控制系统

分级分布控制系统中，主控微机负责全线过程控制、打印以及数据管理工作，而检测现场数据采集、数据处理、开关量输入输出控制以及数据通信等任务则由单片机承担。所以，每个单片机都包含放大电路、A/D转换器、开关量输入输出和串行通信接口等。图8-10中，A/I表示模拟量输入，D/I、D/O分别代表开关量输入和输出，SI/O表示串行通信接口。一般每个单片机控制 1～2 个检测项目，所以每个工位至少有 1 台单片机（作为示意图，图 8-10 中只画了 4 台单片机，实际可能不止 4 台）。有的检测线设计中，单片机还接有数显电路，可以显示检测结果。这种单片机系统，就成了完整意义的智能化检测仪表。

从图 8-10 可以看出，单片机、入口微机与主控微机之间，全部是以串行通信形式进行信息传输的。但由于主控微机本身并没有那么多串行通信接口，所以使用了一个"串行通信分配器"，它起到"电话总交换机"的作用。

3. 两种方案的比较

集中控制系统现场各工位的全部数据采集、处理、打印、开关量 I/O 以及整个过程控制等都由一台主机完成。所以，集中控制系统的主要优点是：结构简单、硬件设备较少，微机系统资源利用充分，检测线造价较低。其缺点是：主机任务繁重，对主机的要求很高，因为一旦主机出了故障，就会引起全线瘫痪，所以系统的可靠性比较低。另外，由于模拟量的长线传输容易产生干扰，所以有可能影响检测精度。

分级分布控制系统除主机外，还有多台单片机做现场控制。这种方式的主要优点是：各台微机分工明确，任务比较均衡，便于局部调试和维护。由于单片机一般都做成显示仪表，所以若主机出了故障，各工位仍可独立工作，从而提高了系统的可靠性。另外，由于模拟量的采集处理都在下位机进行，通信线传输的都是数字量，所以提高了系统的抗干扰能力。这种方案的缺点是：系统较复杂，需要硬件较多，系统成本较高，维护工作量也比较大。

课题小结

1. 根据检测对象的不同，检测线可以分为汽车检测线和摩托车检测线。其中汽车检测线按汽车吨位大小可分为大车线、小车线等。

2. 安全与环保性能检测主要包括两方面内容：一是检查与安全行车相关的项目；二是检查与环保相关的项目。

3. 汽车综合性能检测站是隶属于交通监理部门管理的检测站，主要用于对运输车辆技术状况的监督和综合性能的检验。

简答题：
1. 汽车安全环保检测的目的是什么？
2. 汽车排气中的主要有害成分是什么？危害现象如何？
3. 对前照灯的检测有哪些要求？四灯制与两灯制的要求有什么不同？
4. 汽车噪声源主要有哪些？控制汽车噪声的措施主要有哪些？